SAINT YVES

ÉTUDE SUR SA VIE & SON TEMPS

SAINT YVES

d'après une ancienne bannière de Tréguier.

SAINT YVES

ÉTUDE

SUR

SA VIE & SON TEMPS

Par M. l'Abbé FRANCE

Vicaire général honoraire

Curé-Archiprêtre de Lannion

2me ÉDITION

SAINT-BRIEUC

IMPRIMERIE-LIBRAIRIE-LITHOGRAPHIE RENÉ PRUD'HOMME
Imprimeur de Sa Grandeur Mgr l'Evêque.
1892

· Monseigneur,

C'est sous les auspices de Votre Grandeur que je désire faire paraître cette nouvelle édition de la *Vie de saint Yves*. Vous avez bien voulu l'autoriser, et je viens humblement vous prier, de vouloir bien en agréer la dédicace.

Dès votre arrivée dans ce diocèse qui a été fier de vous recevoir, comme il est aujourd'hui heureux de vous posséder, vous avez écrit une Lettre pastorale qui est le meilleur abrégé de la vie de notre saint, et préparé ces fêtes magnifiques pour l'inauguration de son tombeau.

Votre Grandeur y a convié toute la Bretagne dans la personne de ses évêques, et sa seconde ville épiscopale, consacrée à saint Yves, n'oubliera jamais, Monseigneur, les splendides et éclatantes manifestations dont elle a été témoin à cette occasion.

Le clergé breton, en particulier, vous en sera éternellement reconnaissant.

Aussitôt après, pour ne parler que d'une partie de vos travaux, vous avez pris en main la cause de l'instruction religieuse des enfants, ces amis de saint Yves, et vous vous êtes empressé, Monseigneur, de favoriser et de fonder, de bénir surtout avec tant de solennité, ces nombreuses écoles chrétiennes qui garderont la foi dans le cœur de ces enfants, et maintiendront dans notre pays, avec les saintes pratiques religieuses, le véritable caractère du breton toujours prêt à se sacrifier pour son Dieu et son pays.

Continuateur du zèle de saint Yves pour le salut des âmes, vous voudrez donc bien, Monseigneur, bénir de nouveau ce petit livre destiné à faire connaître et aimer notre saint national.

Après l'honneur que Votre Grandeur m'a fait de m'associer à sa maison, par le titre qui en est la plus haute expression, j'ose encore espérer qu'Elle voudra bien m'accorder cette inappréciable faveur et agréer les très humbles hommages de son respectueux et dévoué fils en Notre Seigneur.

FRANCE, *vic. gén. hon.*,
Archiprêtre de Lannion.

ÉVÊCHÉ

DE

Saint-Brieuc & Tréguier

—

Saint-Brieuc, le 26 Avril 1892.

MONSIEUR L'ARCHIPRÊTRE ET CHER VICAIRE GÉNÉRAL,

J'accepte avec reconnaissance la dédicace que vous voulez bien me faire de votre nouvelle édition de la *Vie de saint Yves*.

Un de mes premiers actes, en effet, à mon arrivée dans le diocèse, fut de convier auprès de ce tombeau magnifiquement restauré, les évêques de la Bretagne et la Bretagne tout entière. Les voix les plus éloquentes payèrent un glorieux tribut d'hommages et de louanges à notre saint Trécorois.

Pourquoi faut-il que l'une de ces voix et non la moins autorisée ait cessé de se faire entendre ? L'Eglise et la France pleurent encore l'illustre évêque d'Angers ; nous Bretons, nous lui garderons un perpétuel souvenir. Il a loué notre saint Yves avec des accents dignes du plus grand orateur chrétien du grand siècle ; il a célébré, pour servir d'exemple au nôtre « le grand justicier et le grand serviteur des pauvres, dont la mémoire s'est enracinée si profondément dans l'esprit du peuple » ;

et le monument que sa parole lui a érigé durera plus longtemps que le marbre ou l'airain, *monumentum ære perennius*. J'aurais bien aussi à exprimer notre admiration et notre reconnaissance, aux orateurs des deux premières journées; mais vous comprenez le sentiment qui me retient: on n'est bien libre en fait d'éloge qu'avec les morts. C'est pour cela, cher monsieur l'Archiprêtre, que je ne dirai pas de votre livre tout le bien que j'en pense; la première édition avait reçu de justes éloges : la seconde l'emporte sur la première; laissez-moi vous en féliciter.

Agréez, mon cher Vicaire Général, l'expression de mon attachement.

† PIERRE-MARIE,
Évêque de Saint-Brieuc et Tréguier.

PRÉFACE DE LA SECONDE ÉDITION

Notre modeste travail sur saint Yves s'est écoulé rapidement, grâce sans doute à l'importance du sujet et à l'amour du peuple pour notre grand saint.

Il nous a valu bien des éloges et des témoignages d'autant plus précieux qu'ils émanent d'illustres prélats, d'ecclésiastiques distingués et d'hommes de lois d'une grande renommée. Nous ne voulons pas en les produisant, distraire le lecteur qui n'a pour but que de s'édifier et de s'instruire.

A la vue de l'éclat donné par Monseigneur Fallières, notre évêque déjà si breton, à l'inauguration du magnifique tombeau élevé par son prédécesseur à la mémoire de saint Yves, nous avons éprouvé une certaine satisfaction d'avoir eu la pensée d'écrire ce livre pour le faire connaître aux nombreux étrangers qui se sont pressés dans les rues de Tréguier, pendant ces fêtes à jamais inoubliables.

Il y a bien là, si l'on veut, un peu d'amour-

propre national, mais c'est pour la gloire du saint breton dont le culte en a reçu un si grand accroissement.

Une nouvelle édition m'était demandée. Monseigneur Fallières, toujours si bon pour moi, m'ayant autorisé à la faire paraître, je n'y ai fait que de légers changements, à cause de l'accueil si bienveillant du public pour la première. Quelques illustrations que notre sympathique éditeur a bien voulu y ajouter, feront connaître en partie ce qu'il y a de beau et de séduisant au pays de saint Yves.

PRÉFACE DE LA PREMIÈRE ÉDITION

Nous sommes trop éloignés du temps de saint Yves pour connaître les détails de sa vie. Il ne nous reste, pour cela, que les documents écrits et la tradition toujours vivace au pays de Tréguier, sur le saint qui en fait la principale gloire.

Le procès-verbal de sa canonisation, ou du moins une copie assez exacte, trouvée comme par miracle chez un libraire de Leipsick il y a une vingtaine d'années, quelques légendes de bréviaires présentées sous une forme ou une autre, suivant la piété ou le but proposé dans la composition de son office ; son testament, écrit sur la muraille d'abord, puis sur une toile dans l'église de Minihy-Tréguier ; quelques feuillets de son bréviaire avec les restes du manoir de Kermartin et ses reliques pieusement conservées dans le trésor de la cathédrale de Tréguier ; c'est à peu près ce qui nous reste de cet homme merveilleux dont la sainteté a jeté un si vif éclat sur le XIIIe et le XIV^c siècle, au pays et dans la Bretagne tout entière. Rien, par ailleurs, de ses sermons ou de ses plaidoyers, à part deux ou trois causes, entre autres celle de la veuve de Tours, conservées dans le souvenir des hommes de lois, et qui dénotent une grande finesse d'esprit chez notre compatriote.

Nous savons peu de choses sur les rapports de l'humble prêtre avec les hommes de son temps, ou les seigneurs de son pays; on n'est même pas d'accord sur les noms de ses parents, qu'on écrit de différentes manières, ni sur l'époque et le lieu de son ordination ; on l'est encore moins sur la partie de sa vie qui la précéda, et les différents changements par lesquels il passa depuis son sacerdoce.

L'homme disparaît devant le saint !

C'est la mémoire du saint qui couvre d'une brillante auréole tout le pays de Tréguier. Elle projette ses glorieux reflets sur la France tout entière, et la capitale du monde chrétien compte, parmi ses beaux monuments, l'église élevée par la piété des bretons, en l'honneur de saint Yves, non loin de celle de saint Louis, son illustre contemporain. Des fresques, des peintures, des sculptures plus ou moins variées nous le représentent partout, plaidant pour les malheureux ou rendant la justice au pauvre peuple, sans vouloir écouter les riches qui lui offrent de l'or et des présents.

De son bréviaire, conservé au presbytère de Minihy, il ne reste que quelques pages lacérées par les pèlerins trop peu scrupuleux, et qui donnent à peine une idée de cette précieuse relique. Sa chasuble à l'église de Louannec, paraît authentique; il n'en est pas de même de son lit, au manoir renouvelé de Kermartin. Quant aux noms des familles qui ont déposé dans la procédure de sa canonisation, ils ont tellement été défigurés par la traduction latine et l'ignorance des copistes, qu'on les reconnaît à peine, bien que les représentants de ces familles existent encore dans la région de Tréguier qui a fourni le plus grand nombre de témoins.

Si les documents écrits sont relativement rares pour une vie aussi prodigieuse, le souvenir des faits qui l'ont occupée s'est conservé intact dans les traditions du pays. Nos pères n'avaient guère que ce moyen de passer les principaux événements de la vie de chacun, à leur postérité qui en a toujours précieusement conservé la mémoire. Ce sont ces légendes, naïves si l'on veut, mais importantes à étudier, que l'on se transmettait de pères en fils, et sont parvenues jusqu'à nous avec toute la fraîcheur des premières années. Nous y aurons souvent recours.

Après les traditions, viennent les usages que nous aurons aussi à consulter. Plus que tous les autres peuples, les Bretons les ont conservés avec une scrupuleuse fidélité. C'est à ces usages qu'il faut recourir quelquefois ; car à défaut de documents positifs, on peut, dit Dom Guéranger, découvrir la vérité en consultant ce qui se voit encore de nos jours. Tite-Live enseignait déjà que, dans les choses qui se sont passées aux siècles primitifs, on peut regarder comme vrais les faits qui nous apparaissent comme vraisemblables : In rebus tam antiquis quæ similia veri sunt pro veris accipiantur (Hist. de sainte Cécile).

En fait de légendes, nous en avons recueilli le plus possible et visité les lieux qui furent témoins des principaux miracles de la vie de saint Yves et des autres faits qui s'y rattachent. Nous les relaterons ici pour l'instruction de nos compatriotes, notre propre édification et la gloire de ce grand saint, modèle du clergé breton, dont chaque membre, j'aime à le constater, cherche à imiter son zèle et ses vertus.

Ce modeste travail, il n'est pas besoin de le dire, n'a nullement la pensée de surpasser, ni même d'égaler ceux qui ont déjà été publiés sur saint Yves. Comme M. Ropartz, qui restera toujours le véritable historien de notre grand saint, nous puiserons dans ce riche fonds de l'Enquête de canonisation qui n'était qu'imparfaitement connu de son temps ; et puisque la fin de ce siècle est comme une heureuse résurrection du culte de saint Yves, on me pardonnera, je l'espère, de donner au public une vie que j'ai étudiée sur les lieux mêmes, dans ce pays de Tréguier, où tout parle encore, même aux yeux, de sa science, de son zèle et de son ardente charité pour les pauvres, et que Dieu a illustré par les miracles les plus éclatants.

Il était réservé à Mgr Bouché, notre éminent Evêque, qui parle la langue de saint Yves, de réhabiliter son tombeau profané par des mains étrangères, dans nos jours de malheurs. Les Bretons lui en seront toujours reconnaissants.

SAINT YVES

ÉTUDE SUR SA VIE ET SON TEMPS

I

La Bretagne au temps de saint Yves

Le treizième siècle où naquit saint Yves fut, pour la Bretagne, une brillante époque de valeur chevaleresque et de gloire littéraire. Les croisades allaient finir, avec le dernier reflet que leur donna l'héroïsme de saint Louis, mourant glorieusement sous les murs de Tunis. Pendant ces guerres lointaines, la noblesse bretonne avait illustré son blason par l'éclat de ses armes et la générosité de ses sentiments. Presque toutes nos familles avaient pris part à ces pieuses expéditions, et plusieurs de nos chevaliers s'étaient dépouillés de leur fortune pour s'équiper à leurs frais et soulager les pauvres de la Terre-Sainte. Ces traditions de valeur et de dévouement se perpétuèrent dans les campagnes bretonnes, et c'est avec les fils de Croisés que notre province lutta énergiquement pour défendre son indépendance contre les Anglais d'abord, puis contre les Français eux-mêmes.

La trahison de Jean-sans-Terre livra à l'Angleterre le dernier roi de Bretagne, Arthur, qui fut lâchement assassiné dans la tour de Rouen. Avec ce jeune prince, qui devait réunir sur sa tête les couronnes de France et d'Angleterre, s'éteignit tout l'espoir des Bretons, et la France, devenue pour ainsi dire maîtresse de notre belle province, ne laissa à nos souverains que le titre de *Ducs*. Philippe-le-Bel, en l'érigeant en Duché-Pairie, chercha à se l'attacher par une chaîne brillante, mais enfin c'était une chaîne : *Aurea connexit vincula, vincla tamen.* Elle lutta néanmoins deux siècles encore, cherchant toujours à reconquérir son entière indépendance, et devint trop souvent le champ de bataille où se rencontrèrent ses deux puissantes voisines. Malgré tout, elle put conserver sa nationalité, et c'est d'elle-même que la Bretagne se donna à la France, en se réservant ses privilèges qui ne furent pas longtemps respectés.

Pendant ces guerres sanglantes, nos pères, toujours désireux de s'instruire, cultivèrent les lettres et fondèrent des écoles. Au siècle précédent, Abélard traînait à sa suite la jeunesse bretonne, par le prestige de son savoir et les charmes de son éloquence. Cette semence de sciences et de belles-lettres ne fut pas perdue pour notre pays, et Pierre de Dreux, le successeur d'Arthur au duché de Bretagne, put passer pour l'esprit le plus cultivé de son temps. S'il fut quelquefois en lutte avec les nombreuses abbayes qui couvraient la province, il sut du moins favoriser celles où la jeunesse venait puiser, comme à sa source, la vie intellectuelle, source qui fut néanmoins tarie plus d'une fois par nos discordes sanglantes.

Pour mettre les écoles à l'abri de ces commotions trop fréquentes, les Maîtres fondèrent l'Université de Paris. C'est vers ce foyer que se tournèrent tous les esprits sérieux. Pour en rendre l'accès plus facile à leurs compatriotes, quelques gentilshommes bretons fondèrent, à Paris même, des établissements qui, sous le nom de collèges, entretinrent gratuitement les jeunes étudiants pour suivre les cours de l'Université.

Nicolas Galéron et Jean de Guistry dotèrent le

collège de Cornouailles ; Guillaume de Coatmohan
celui de Tréguier, et Geoffroy du Plessis-Balisson
celui de Saint-Malo. C'est à la même pensée que
l'on doit le célèbre collège de Cluny, dont on
admire encore les ruines imposantes. Grand fut
le nombre des prêtres et des hommes éminents
qui profitèrent de ces pieuses fondations dans un
siècle où, malgré tout, les écoles étaient encore
assez rares. Les rois de France firent tous leurs
efforts pour attirer à Paris la jeunesse studieuse
des divers pays ; et les professeurs les plus célèbres
y enseignèrent toutes les sciences connues à cette
époque.

§ I. — La Noblesse.

La noblesse bretonne se partageait en deux
camps, suivant les appréciations des moyens de
conserver l'indépendance de la province. Les uns
regardaient l'alliance française comme la plus
propre à garantir le pays des excursions étrangères ; les autres y voyaient un danger prochain
pour la liberté de la Bretagne, et la combattirent
vigoureusement.

Ces derniers avaient à leur tête le Duc lui-même, Pierre de Dreux, surnommé le Mauclerc. Quoique appartenant à la Maison de France, comme arrière petit-fils de Louis-le-Gros, Pierre lutta tout le temps avec énergie pour défendre son duché contre ce puissant royaume. Il s'allia dans ce but avec tous les ennemis de Blanche de Castille, pour enlever la régence à cette princesse durant la minorité de saint Louis. A la tête de ce complot était Thibaut, comte de Champagne. N'ayant pu, par ses poésies galantes, obtenir la main de la Régente, il eut recours aux armes pour la renverser, et sut attirer dans son parti une foule de seigneurs mécontents.

Pour gagner le Duc de Bretagne il promit d'épouser sa fille ; mais Blanche sut rompre cette alliance en écrivant à Thibaut une lettre d'une tendresse extrême, contre *ce Perron de Brehaigne qui a fait pis au roy que nul homme qui vive.* Désarmé par cette gracieuse prévenance, le Comte de Champagne quitta le parti des conspirateurs, et Pierre de Dreux, resté presque seul, appela à son secours Henri III d'Angleterre, qui accourut en toute hâte et fut reçu solennellement à Saint-Malo.

Pendant la guerre qui s'ensuivit, et ne fut interrompue que par la trêve de Saint-Aubin-du-Cormier, le Duc montra beaucoup d'audace et un courage extraordinaire. Cependant les Bretons et les Anglais s'étant plus d'une fois divisés jusque sur le champ de bataille, il résolut de traiter de la paix, et consentit à faire hommage de son duché au roi de France, dans les mêmes termes que ses prédécesseurs (1235). Après avoir marié son fils Jean, à Blanche fille du Comte de Champagne, Pierre abdiqua dans une assemblée solennelle tenue à Nantes, et déposa la couronne sur la tête de ce jeune prince, qui régna sous le nom de Jean 1er, dit le Roux. Il partit ensuite avec un grand nombre de ses gentilshommes pour la Terre-Sainte, où il avait fait vœu de servir cinq ans. Il y combattit sous le nom de *Pierre de Braine,* chevalier, et dirigea lui-même la *Croisade des Barons,* qui n'eut aucun résultat sérieux.

Neuf ans après, Pierre réunit de nouveau ses chevaliers pour accompagner saint Louis à Damiette. Blessé glorieusement à la bataille de la Massoure, il fut pris par les infidèles. Le Roi le racheta de ses propres deniers ; mais il mourut des suites de ses blessures en regagnant son pays,

et son fils l'enterra à Saint-Yved de Braine, près
de Soissons, où l'on voit encore son tombeau orné
d'une figure de cuivre qui représente Pierre de
Dreux, duc de Bretagne, avec son écu au quartier
d'hermines et une épitaphe. Ce tombeau a disparu
(Ogé). C'était un prince zélé pour la religion, prudent et spirituel. Joinville en fait les plus grands
éloges et rend hommage à ses rares qualités. Il
avait avancé au Roi pour cette croisade la somme
de 68 mille livres tournois, qui représenterait aujourd'hui près de cinq millions (1250).

Ses successeurs ne suivirent pas tous sa ligne
de conduite, et le parti français, soutenu par le
connétable Duguesclin, faillit triompher avec Charles
de Blois, pendant cette longue guerre de la Succession, qui couvrit la Bretagne de sang et de
ruines. L'indépendance nationale put se croire
encore sauvée avec Jean de Monfort, à la bataille
d'Auray (1364), où périt Charles, son compétiteur,
arrachant des larmes à ses ennemis mêmes qui
connaissaient tous la sainteté de sa vie.

La béatification de ce prince et la canonisation
de saint Yves consolèrent ces tristes années qui
virent disparaître l'élite de la noblesse et les plus
beaux noms de la Bretagne. Luttes fratricides qui

coûtèrent la vie à plus de deux cent mille hommes et réduisirent la population du duché à moins de cinq cent mille âmes. Les villes qui jusque là avaient tenu pour le parti opposé, se soumirent au vainqueur. Il fit éprouver à tous, les effets de sa générosité et de sa clémence. La Bretagne jouit désormais d'une longue paix, qui lui permit de reprendre sa prospérité première, et de forcer la France à compter avec la valeur de ses guerriers et la puissance de ses souverains.

§ II. — Le Clergé.

Le clergé, dont la mission est de prêcher l'union et la paix, fut obligé, plus d'une fois, de prendre part à ces guerres malheureuses. Les églises furent détruites et les couvents dévastés. Pierre de Dreux, pour arriver à ses fins, avait persécuté un peu tout le monde, et le clergé lui-même ne fut pas plus épargné que la noblesse et le peuple. C'est le sort ordinaire de la guerre. Les victimes gémissent, c'est naturel, mais aux yeux des chefs, la fin justifie les moyens.

On comprendra que dans cet état de choses, le

clergé ait laissé quelque peu de son côté humain
sur le chemin de l'histoire. Les nombreux réfor-
mateurs qui se sont succédés, ont pu en étayer les
graves reproches que les chroniqueurs ne nous
ont point épargnés. Sortant des guerres civiles et
des expéditions lointaines, obligé ✿ défendre ses
droits et ceux de l'Eglise contre les empiéte-
ments des seigneurs, il lui restait peu de temps
pour se livrer à l'étude et à la prière. D'un autre
côté, des moines, étrangers pour la plupart et
enfermés dans leurs cloîtres, formaient, par l'austérité de leur vie, un contraste frappant avec le
clergé séculier qui était plus en contact avec le
peuple ; et, comme il arrive assez souvent, on
exagéra, en les généralisant peut-être, les fautes
de quelques pauvres prêtres, pour faire ressortir
davantage la sainteté des anachorètes.

Depuis plusieurs siècles déjà, ces religieux s'é-
taient établis un peu partout en Bretagne, près
des cours d'eau, sur les pentes les plus escarpées,
dans les bois solitaires. Le peuple, attiré par la
sainteté de leur vie, accourait près de leurs couvents, se recommandait à leurs prières et s'aidait
de leurs conseils. Nos landes défrichées, des bour-
gades et des villes formées autour de leurs maisons,

1*

des écoles célèbres fondées à Landévenec, à Redon
et ailleurs, la jeunesse bretonne instruite à leurs
leçons, et leurs cloîtres s'ouvrant pour donner asile
à ceux que leurs exemples avaient tirés du vice et
du péché, tels étaient les souvenirs que le peuple
avait pieusement conservés, et leur mémoire fut
entourée d'une auréole de sainteté, dans les légendes suaves qui faisaient le charme du foyer aux
longues soirées d'hiver.

D'autres religieux, mieux organisés, allaient
bientôt prendre la place de ces humbles anachorètes.
Déjà l'abbaye de Beauport, en Goëlo, avait remplacé les solitaires de Saint-Riom ; les Cisterciens
plantaient leur tente au milieu de la forêt de
Bégard où s'était sanctifié un ermite vénéré ;
Beaulieu avait les moines, et Lannion les ermites
de saint Augustin ; Guingamp, les chanoines de
Sainte-Croix du même ordre. Les Bénédictins ajou-
taient à leurs maisons de Landévenec et de Redon,
leurs monastères de Saint-Jacut, de Saint-Melaine,
de Saint-Gildas, de Saint-Méen et de Lanténac, qui
devinrent tous des abbayes célèbres. Les Cisterciens, outre Bégard, tenaient encore le Rélec,
Langonet, Bosquen, Saint-Aubin, Coatmaloën et
Carnoët, pour ne parler que des abbayes les plus

connues de notre région, avec de nombreux prieurés dont nous trouvons la trace dans nos campagnes, sans savoir toujours, d'une manière certaine, à quels ordres ils appartenaient.

C'étaient presque toujours ces religieux qui desservaient les églises bretonnes. Il y avait cependant des prêtres séculiers, ordonnés le plus souvent comme bénéficiers au titre d'une paroisse, et généralement ils exerçaient le saint ministère pendant les premières années, au lieu de leur naissance. Ce n'était pas encore ce que l'on peut appeler le clergé paroissial, attaché à son clocher, vivant dans son presbytère, et dépendant de son évêque. C'est le moment que Dieu choisit, pour susciter en Bretagne un prêtre qui parut au milieu de son siècle avec la triple auréole de la sainteté, de la noblesse et du savoir. Nous avons nommé saint Yves de Kermartin !

Nos ancêtres avaient placé d'eux-mêmes, sur les autels, les saints religieux qui avaient évangélisé leur pays. Yves, l'humble prêtre qui paraît, quoiqu'on en ait dit, n'avoir appartenu à aucun ordre religieux, recevra la canonisation solennelle par les délégués du Pontife suprême, et sera, chez nous, le premier, après saint Guillaume, à être

proclamé saint par l'autorité infaillible du Chef de
l'Eglise. Son culte deviendra même beaucoup plus
populaire que celui de l'Evêque de Saint-Brieuc
dont il aura, plusieurs fois, sans doute, visité le
tombeau, bien qu'on ne le dise pas dans l'histoire
de sa vie.

§ III. — Famille de saint Yves, son manoir, son pays.

Héloury de Kermartin, à qui l'on donne pour pré-
nom Tanaïc, Tancrède ou Savaï, sans signification,
et que je crois être une corruption de Tanguy, saint
breton bien connu, accompagna Pierre de Dreux à
la croisade de saint Louis. Il suivit probablement
le Duc après le désastre de la Massoure, et assista
à ses funérailles. Après avoir rendu les derniers
devoirs à leur héroïque souverain, les chevaliers
bretons rentrèrent dans leurs foyers. C'est à son
retour que le seigneur de Kermartin aura épousé
la fille de l'un de ses compagnons d'armes, Azou,
peut-être Aude du Quenquis, en français du Plessis,
de la paroisse de Pommerit-Jaudy.

Le Quenquis n'est éloigné de Kermartin que d'une

lieue, et est situé sur l'autre rive du Jaudy. De ce mariage naquit d'abord une fille, Catherine ; Yves vint ensuite, puis deux autres filles, et enfin un deuxième garçon dont il y a quelques traces dans l'histoire du Bienheureux, sans que l'on sache au juste ce qu'il devint plus tard.

Le manoir de Kermartin, où naquit le glorieux saint dont nous voulons esquisser la vie, existait encore il y a un demi-siècle à peine. Il se compose, dit le chevalier de Fréminville, « d'un « seul corps de logis dans lequel on entre par une « porte en ogive. A droite de l'entrée est la chambre « qu'habitait saint Yves. On y voit encore le lit « dans lequel il mourut. Les fenêtres qui éclairent « la chambre sont garnies extérieurement de fortes « grilles en fer. Au-dessus est une autre chambre, « éclairée par deux grandes fenêtres à croisées de « pierres. A gauche de l'entrée, est la grande salle « ou salle d'honneur. Son toit et son plafond sont « depuis longtemps écroulés. Cette salle a aussi « deux grandes fenêtres à croisées de pierres. » — *(Antiq. des C.-d.-N.)*

On regrettera toujours que cette maison n'ait pas été restaurée dans sa forme primitive ! Mais, en 1830, on songeait peu à conserver les vieux monuments ! Manoirs, églises, tout a été rebâti *à la moderne,* c'est-à-dire, sans style et sans goût. Après avoir passé par plusieurs mains, à partir du XVe siècle, Kermartin retourna aux Quélen. C'est le pieux archevêque de Paris qui laissa son régisseur rebâtir le manoir de saint Yves, tel que nous le voyons aujourd'hui. Il fit placer au-dessus de la porte d'entrée une plaque de marbre blanc, qui apprend aux pèlerins que là naquit et mourut saint Yves de Kermartin. Les dépendances de la ferme, le puits du milieu de la cour et le pigeonnier du grand courtil ont été conservés, comme au temps de notre Bienheureux. Le lit a dû être restauré un siècle ou deux plus tard, comme on le voit par les fenêtres au style flamboyant représentées sur les volets.

Du manoir de Quenquis il ne reste plus rien. Une motte plantée de hêtres en indique l'emplace-ment dans le parc de Chef-du-Bois, près de la route du bourg au Jaudy. C'était le même plan que Kermartin, ces deux maisons ayant été construites à la même époque. Plusieurs habitations dans le voisinage ont conservé ce même style, n'ayant subi que de légères et indispensables restaurations. Le Quenquis et Kermartin occupent les sites les plus ravissants du pays trécorrois. De Kermartin, la vue s'étend sur de riches campagnes qui, au premier souffle du printemps, se couvrent des fleurs embaumées de leurs mérisiers séculaires. Rien de plus beau que ces champs entourés de *badisiers* en fleurs !

Que de fois, en passant près de leurs troncs noueux qui accusent des siècles d'existence, ne nous sommes-nous pas dit que saint Yves avait béni ces mêmes arbres et mangé de leurs fruits ! C'est Troguéry, où saint Ruellin avait un ermitage, que visitaient saint Iltute et saint Maudez ; Pouldouran, le pays de saint Bergat, qui avait brigué la succession de saint Tugdual ; Trédarzec avec les bois de Kerhir et sa belle vallée de Tromeur, puis les fertiles coteaux du Minihy, où tant de malheureux ont trouvé un asile pour pleurer leurs crimes. Le tout est baigné par les eaux du Jaudy, large estuaire que saint Tugdual, saint Gonéry et tant d'autres saints, ont passé et repassé pour aller prêcher la parole de Dieu dans les campagnes voisines. Comme on aime à évoquer leurs noms en traversant ce passage ! A cette époque, comme aujourd'hui, le Jaudy était sillonné par de nombreux bateaux de pêche qui servaient en même temps à transporter les voyageurs d'une rive à l'autre.

A l'horizon, les sapinières de Goëllo se dessinent sur les nuages ; elles ont abrité saint Riom, saint Budoc et son école ; c'est à leur ombre que s'est assise l'abbaye de Beauport, où saint Yves avait un ami intime qu'il visitait souvent. Au-dessus de Kermartin s'élève la colline de Saint-Michel. Le cheval blanc de la légende y déposa saint Tugdual revenant de Rome, où il aurait quelque temps porté la tiare. De cette colline, l'œil embrasse, d'un côté, la mer avec ses majestueuses beautés, les îles et les rochers qui brisent ses vagues écumantes ; de l'autre, les plaines élevées qui, sous le nom de *Mézous,* environnent la Roche-Derrien, la grande forteresse du pays ; puis le Méné-Bré, avec les souvenirs du barde Guinclan et la chapelle de saint Hervé ; Langoat, le pays de sainte Pompée, de saint Tugdual, de saint Léonor et de sainte Sève, ses enfants ; la forêt de Bégard où saint Bernard serait venu lui-même choisir l'emplacement de son couvent, non loin de Bé-Ahès, où la tradition place la tombe de la fille maudite du roi Grallon, que toute terre bénite rejetait de son sein.

Du Quenquis, on peut apercevoir l'ensemble de la côte trécorroise et son incomparable campagne qui s'étale, avec ses belles moissons, entre les sinuosités du Guindy et les rives du Jaudy, jusqu'à la ville de Tréguier. C'était le Minihy de saint Tugdual qui s'étend sur tout un pays de quatre lieues de rayon. Il était encore couvert de nombreux menhirs surmontés de la croix, et de verdoyants *tumuli*, sur lesquels fleurissaient les ajoncs dorés, comme pour donner un peu de gaîté à ces tristes monuments de la mort. Au loin s'étendaient en lignes droites deux voies romaines, se croisant à la Roche-Derrien, par lesquelles passaient et repassaient sans cesse de lourds chariots de guerre et des hommes bardés de fer.

A chaque coin solitaire, à l'ombre d'un bosquet, près d'une claire fontaine où les Druides avaient pratiqué leurs rites sacrés, s'élevait un temple ou quelque modeste chapelle dédiée à l'un des saints de la pieuse Bretagne. Leurs vies, embellies par la riche imagination de nos pères, se racontaient le soir au foyer de la famille, étaient chantées, en *guerz* bien rimés, aux foires et aux pardons, et transmises ainsi, de bouche en bouche, dans un siècle où l'on écrivait encore fort peu.

Autour de Kermartin, dans un faible rayon, on voyait déjà, outre les chapelles qui existaient dans la ville épiscopale, celle de sainte Pompée à Langoat ;

de saint Gonéry à Plougrescant ; de saint Maudez dans l'île de ce nom ; de saint Pergat à Pouldouran ; de saint Iltute à Troguéry ; de saint Vautrom à Trédarzec ; de saint Aaron à Pleumeur ; de saint Gildas, de saint Golven, de saint Eligen ou Thérésien à Penvénan ; de sainte Eliboubane, dans une île à l'entrée de la rivière ; de saint Sul, de saint Trémeur et de saint L'hévias à Trédarzec ; de saint Gouesnou à Plouguiel ; de saint Guenolé et de saint Léonor à Trévoux ; et une foule d'autres chapelles qui, renouvelées par la piété de nos pères, ont été ainsi conservées à notre vénération. Le jeune Yves de Kermartin aimait à lire et à entendre chanter les *guerz* de ces bienheureux. Plus tard il aura voulu écrire lui-même leurs saintes vies. Ce recueil qui portait le titre de *Fleurs de la Vie des Saints,* aura été égaré avec tant d'autres documents sur lesquels a passé l'oubli des siècles. Est-il étonnant qu'au sein de cette atmosphère de piété, Aude du Quenquis se soit appliquée à en inspirer toute la ferveur à son fils, en lui disant chaque jour : *Vivez, mon fils, de façon à devenir un saint !*

Tel est le cadre brillant où Dieu plaça l'enfance de saint Yves. S'il est vrai de dire que le milieu où l'on vit exerce une grande influence sur le caractère de l'homme, on comprendra que Dieu ait ménagé tous ces moyens pour faire du jeune fils d'Héloury le plus grand saint de la Bretagne et le plus bel ornement de son siècle.

§ IV. — Les contemporains de saint Yves.

Quand nous considérons le grand nombre de châteaux, de gentilhommières et de manoirs qui existent encore au pays de Tréguier, nous pouvons nous le figurer à peu près tel qu'il était au temps de saint Yves. Pour avoir le droit de porter les armes et être déchargé de la servitude et des corvées, il fallait être gentilhomme ou posséder une terre noble. Le besoin d'augmenter sans cesse le nombre des guerriers fit, plus d'une fois, anoblir de nouvelles terres, et multiplier par là le nombre des soldats.

Ces terres n'étaient dans l'origine que de grandes fermes. Le propriétaire les cultivait lui-même, ou les faisait exploiter à son profit par les gens de sa maison. La culture s'alliait parfaitement avec la noblesse ; et, il n'y a pas encore un siècle, les gentilshommes peu aisés se rendaient à leurs champs

le matin, l'épée au côté, et la déposaient au pied
d'un arbre, pendant qu'ils dirigeaient leurs charrues
ou maniaient la bêche et ensemençaient leurs
sillons. Tel devait être Héloury, le seigneur de
Kermartin. Saint Yves lui-même faisait travailler
ses terres ; cela semble résulter du moins de
quelques traits de sa vie. Nous voyons en effet
que, dans une année de disette, il abandonna
toutes les fèves de ses champs aux pauvres qui
mouraient de faim. Une autre fois, son beau-frère
l'empêcha de vendre son cheval de charrue, parce
qu'il n'avait pas encore fait ses semailles ; et une
ravissante légende nous représente le pieux enfant
chargé par son père de garder, contre les oiseaux,
un champ nouvellement semé.

Chaque seigneur tenait cependant à avoir un
hôtel en ville, quand ses moyens le lui permettaient.
Il s'y rendait l'hiver et pendant le carême pour
entendre les sermons dans la grande église. Plus
tard même, on passait la plus grande partie de
l'année dans son hôtel. La ville y gagnait en richesses
et en sécurité, mais la campagne voyait déjà avec
déplaisir cet éloignement de la noblesse rurale.
Aussi quelques seigneurs préféraient-ils avoir leurs
manoirs à une faible distance de la ville, pour

jouir en même temps de l'avantage de la campagne. Typhaine de Pestivien s'était ainsi rapprochée de Tréguier, en fixant son séjour au manoir de Trévern, non loin de Kermartin. Pestivien, d'ailleurs, situé au milieu des bois, n'offrait aucune sécurité en temps de guerre. L'anglais Roger David s'y était installé après avoir enlevé l'héritière de Rostrenen, et il y commit tant de ravages qu'il fallut appeler Duguesclin pour l'en déloger.

Tréguier était déjà une ville importante, grâce à sa position à l'angle de réunion des deux rivières qui la baignent. Elle s'étendait bien au-delà de ses limites actuelles, et ses chantiers restés célèbres purent, un siècle plus tard, fournir à Clisson une flotte de cent voiles et une ville de bois pour opérer une descente en Angleterre. Ses rues étaient étroites et tortueuses, mais ses maisons, dont il ne reste que quelques vestiges, étaient bâties avec élégance. Sa cathédrale devait remonter au VIIIe ou IXe siècle, et était construite en pierre blanche, mêlée au tuffeau vert et au granit du pays. La tour d'Hastings, comme on l'appelle encore, en est un beau reste et donne l'idée de l'édifice tout entier. Il y avait déjà trois paroisses : saint Sébastien de la Rive, saint Vincent de l'Hôpital et le Minihy-Poulantréguier. Cette dernière se desservait dans une des chapelles de la cathédrale, et quelquefois à Notre-Dame de Coatcolvézou, superbe église remplacée, il y a une cinquantaine d'années, par des halles d'une laideur remarquable.

La ville s'est toute renouvelée depuis, et de tous les édifices religieux que nous y voyons aujourd'hui, il n'en existait aucun à cette époque, à part peut-être quelques parties de l'Hôpital où les personnes pieuses se rendaient pour soigner les malades. Saint Yves y allait souvent, et nous le voyons ensevelissant les morts les plus répugnants, coudre le drap qui leur servait de suaire, et couper le fil avec ses dents. Il nous répugne de supposer ou de croire que Tréguier, ce foyer de lumières intellectuelles, depuis deux siècles au moins, fût alors sans école, et cependant, c'est à Kerbors, trève de Pleubian, que le jeune Yves de Kermartin fut envoyé par ses parents, pour ses premières études.

Aux environs de Tréguier, au fond d'une anse formée par le Jaudy, les Gualès avaient déjà leur beau château de Mézaubran, avec une chapelle dédiée à Saint-Joseph d'Arimathie, près d'un chêne magnifique qui existe encore. En face, de l'autre côté de la rivière, était le manoir de Kerinon, ainsi qu'une chapelle bâtie par les Trinitaires à Kerscarbot. Les Templiers avaient tout auprès la commanderie de la Villebasse, avec la chapelle de Sainte-Anne en Troguéry. Les seigneurs du Hallay habitaient Trolong, et les du Rumain le château de ce nom en Hengoat. Pouldouran, presque entièrement entouré d'eau, était un château-fort d'une certaine importance.

En remontant la vallée qui y verse les eaux de l'étang de Bizien, on rencontre l'ancien monastère de Manac'hty qui remplace, croit-on, le premier couvent bâti par saint Brieuc, quand il débarqua dans ce pays. Au coude que fait le Jaudy en cet endroit, s'ouvre une anse assez étendue, qui donne à ce lieu comme l'aspect de trois rivières : *tricorium*, d'où Tréguier, sans doute. Dans un de ces angles, les Cillart avaient construit le château de Kerhir, dont les grands bois descendaient jusqu'au rivage. Les Kerguézec habitaient la vallée de Tromeur, à proximité du Carpont, forteresse importante qui défendait la rivière de Tréguier. De l'autre côté, sur la rive opposée, Kerousy et Keralio avec Leshildry offraient une sérieuse défense, et Kergresk avait sa famille de Halégoat destinée à donner plus tard un évêque au diocèse.

Les Loz, dont un membre rappellera au xviie siècle les vertus et la charité de saint Yves, habitaient le pays de Trélévern : leur château de Kergouanton remonte bien à cette époque. Geffroy de Kerimel, le compagnon d'armes de Duguesclin, songeait déjà à remplacer son manoir de Kermaria par les magnifiques donjons de Coatfrec. Il avait pour voisin Dérien de Coatalio qui accompagna saint Yves dans son pèlerinage de Quintin. Les Boisboissel habitaient le pays de Saint-Brieuc ; mais les Launay occupaient déjà leur terre de Ploézal, et la famille de Tournemine possédait le château-fort de Botloy en Pleudaniel, et plus tard la belle propriété du Barac'h en Louannec. Tous ces noms et d'autres encore se trouveront dans l'enquête de canonisation de saint Yves, où quelques-uns des membres ont déposé, comme témoins des prodiges opérés sous leurs yeux.

On ne saurait passer sous silence les deux familles de Kergoz et de Troézel, où le pieux écolier avait trouvé un ami et un précepteur. Les deux manoirs qui portent ces noms sont au-delà du Jaudy, en Kerbors-Pleubian. Kergoz est une habitation importante, bâtie en partie au xviie siècle sur l'emplacement du vieux château. On y voit encore la grande salle où étudiaient Jean, fils de ce seigneur, et son saint ami. Jean de Kergoz, ou plutôt de Kerhoz est assez souvent confondu avec Yves Troézel, recteur de Pleubian, qui fut le maître d'école de ces deux étudiants et de plusieurs autres jeunes gens. Sa maison était une véritable *école presby-térale*. Ce n'est aujourd'hui qu'une grande ferme ; mais on a conservé la chambre où le vénérable vieillard faisait la classe à ses pieux élèves.

Des trois filles de Tanguy Héloury de Kermartin, l'une avait épousé un riche bourgeois de Tréguier, Rivoalan Tralguin ; l'autre, Yves Allain, de Hengoat ; et la troisième, Yves Conan, habitant aussi Tréguier, mais appartenant, croit-on, à la famille de Penlan de Quemper-Guézennec. Rivoalan est celui qui paraît avoir eu le plus de rapports avec le Saint. Allain pouvait être noble par sa terre de Keringant. Cette maison existe encore sur la route de Ploézal, et paraît avoir été importante.

Le château de Penlan a subi le sort des autres manoirs de cette époque ; ce n'est plus qu'une maison de ferme, au centre d'un village admirablement situé, au-dessus du Trieux, presque au confluent de cette rivière avec le Leff, ayant Botlov en face et la forteresse de Frinaudour à côté. La charrue trace aujourd'hui ses sillons sur leurs tourelles démolies !

C'est probablement en cet endroit que le Saint traversa le Leff à pied sec. Il n'y avait, en effet, que le pont de saint Jacques et celui de Lanleff que le voyageur pût essayer de passer. Près des deux ponts, l'eau de cette rivière, déjà grossie par d'autres cours importants, se précipite avec beaucoup d'impétuosité entraînant voitures, chevaux, et les voyageurs qui n'en calculent pas la profondeur. Les ponts qu'on y voit aujourd'hui sont modernes. Tout en effet se renouvelle autour de ce temple de Lanleff, dont les savants supputent l'antiquité, et recherchent l'origine mystérieuse à cause de sa forme bizarre. C'est une église du XIIe siècle, où saint Yves a dû, plus d'une fois, célébrer la messe et annoncer la parole de Dieu.

§ V. Le Peuple au temps de saint Yves.

Les Bretons conservent leurs vieux usages avec la ténacité qui forme le fonds de leur caractère, et nos campagnes, jusque dans les dernières années, avaient fait peu de progrès dans la culture de leurs terres, comme dans leurs mœurs et leurs habitudes. Nous pouvons donc dire, sans crainte de nous tromper beaucoup, que le peuple était, au temps de saint Yves, à peu près tel que nous l'avons connu il y a un demi-siècle. Le paysan était colon, c'est-à-dire propriétaire de la superficie de sa terre, tandis que le fonds appartenait au seigneur du lieu, au couvent ou à l'église, car les trois vivaient dans une admirable harmonie qu'on a cherché à dénaturer depuis qu'elle est rompue. Il devait donc une redevance quelconque pour son *convenant*, comme on l'appelait alors, et il la payait en nature : quelques gerbes de blé de son champ, une part des fruits et du bétail, des journées de *batteurs*, pour aider le seigneur à faire sa récolte. La plus forte de ces redevances pouvait atteindre le dixième du revenu, d'où le nom de *dîme*, qui est resté depuis à ce genre de paiement, lors même qu'on ne devait que la 30ᵉ gerbe et beaucoup moins encore. Il faut ajouter à cela des jours de corvées pour l'entretien des routes et le transport du matériel de guerre.

Le plus beau privilège du seigneur était de rendre la justice. Ce droit se divisait en trois degrés, différents d'importance et d'étendue. Mais au xiiiᵉ

siècle, la moyenne justice était inconnue, du moins
la *Très ancienne Coutume* n'en parle pas. Est-ce
une dérivation de la justice seigneuriale, ou une
usurpation qui a passé à l'état de coutume ayant
force de loi ? Nous n'en savons rien. Remarquons
cependant qu'à cette époque on n'était pas tendre
pour les coupables : les deux misérables qui avaient
cherché à voler la veuve de Tours que saint Yves
sauva de leurs mains, furent condamnés à être
pendus ! Ce ne serait aujourd'hui qu'une affaire
de quelques jours de prison. Les fourches patibu-
laires étaient en permanence sur le tertre le plus
élevé, et souvent en face de la principale entrée
du château. La sécurité des braves gens n'en
était que mieux garantie, et personne ne s'en
plaignait.

L'affranchissement des communes avait commencé de bonne heure en Bretagne, et nous voyons
figurer les plus beaux noms de notre pays, à la
bataille de Bouvines, commandant les milices bour-
geoises de leurs localités. Ogé en donne la liste
très intéressante à consulter. Les seigneurs, continuellement en guerre, avaient peu de temps pour
juger leurs vassaux par eux-mêmes.

Ils confièrent ce soin à des sénéchaux qui souvent,

hélas ! faisaient un honteux trafic de la justice. Ces désordres frappèrent le jeune Yves de Kermartin, et ne furent pas sans influence sur sa vocation d'avocat pour défendre les pauvres, les veuves et les orphelins.

Les hommes de la côte furent toujours non seulement les meilleurs marins, mais encore les cultivateurs les plus intelligents. Outre les engrais ordinaires, ils savaient, depuis longtemps déjà, employer les goémons ou varechs qui croissent en abondance sur les rochers et au fond de la mer. Ils récoltaient ce précieux végétal de la même façon que de nos jours et avec la même imprudence, hélas ! Un homme de Trédarzec, s'étant placé sur une de ces meules flottantes pour la diriger vers le rivage, tomba à l'eau et ne dut son salut qu'à saint Yves qu'il invoqua dans ce danger suprême.

On a dit du paysan breton qu'il est *marchand à toutes les foires et pèlerin à tous les pardons!* C'est sans doute une exagération, mais il est certain que nul plus que lui ne tient à remplir rigoureusement les vœux qu'il a faits. Les pèlerinages de saint Jacques, de Rome et de Jérusalem ne l'effrayaient guère. Saint Yves les encourageait lui-même. Il envoyait le seigneur de Coatalio à Rome, et graissait de ses mains les souliers d'un pèlerin de Saint-Jacques en Galice.

Un grand nombre de bretons se rendaient de temps en temps dans la Terre-Sainte, et visitaient pieusement tous les lieux témoins de la vie et de la mort de Notre Seigneur. D'autres pèlerinages, moins longs sans doute, mais pénibles encore, attiraient en foule les habitants des localités les plus éloignées. Chaque village s'y rendait à part en chantant les *guerz* du saint Patron. On passait la nuit autour d'un grand feu de joie allumé par le clergé, à la belle procession du soir. On remplissait scrupuleusement ensuite les autres rites usités, tels que de prier devant toutes les reliques, faire quelquefois à genoux le tour du sanctuaire vénéré, l'entourer d'un cordon de cire blanche, boire de l'eau à la fontaine, en distribuant l'aumône aux pauvres, et acheter quelques objets de dévotion pour ses parents et ses amis. Dès la pointe du jour, on assistait à la messe ; puis, à un signal convenu, tous se ralliaient autour de la plus forte voix du quartier, qui commençait un cantique connu, et les chemins se couvraient de nouveau des pèlerins s'en retournant heureux dans leurs villages.

Les foires étaient peu nombreuses encore, et les

transactions à peu près nulles. Elles se tenaient généralement en rase campagne, sur des éminences qui depuis ont conservé le nom de Marhalac'h, lieu du marché. Telles sont les foires de Montbran, de Saint-Jacques, de Ménébré, la foire haute de Morlaix et celle du Marhalac'h en Lanrodec, qui se tient aujourd'hui à Châtelaudren. Les pèlerinages ne furent pas étrangers à la fondation de ces foires. Ainsi celle de Tréguier, qui avait une réputation européenne à cause de ses toiles, fut établie à l'occasion de la visite de toutes les paroisses du diocèse, à l'église de saint Tugdual, le jour anniversaire de sa consécration. On y achetait ces belles toiles que les jeunes filles des environs filaient à la perfection, en échange de la fine bijouterie et des objets de toilette, pour lesquels elles avaient un goût très prononcé. Ce n'est pas là que saint Yves s'adressait pour habiller ses pauvres, mais bien à l'industrie plus modeste de la Roche-Derrien et de Lannion. On y vendait aussi les produits des champs, les céréales et les bestiaux, ainsi que le saumon salé, dont la pêche était très abondante. Comme certains ménages servaient cet aliment à la place de la viande, les domestiques ne se gageaient, dit-on, qu'à condition de n'en manger que deux fois la semaine !

Il y avait des lépreux, moins cependant que dans le reste de la France. Nous ne voyons pas, en effet, qu'un seul se soit présenté à saint Yves pour obtenir sa guérison ; car le *pauper vilissimus* dont il est parlé dans l'Enquête ne signifie pas un lépreux, mais un pauvre extrêmement sale. Ce n'est que plus tard que se sont fondées les léproseries de la Roche-Derrien, de Saint-Laurent, de Plounévez, et d'autres encore.

La lèpre était une maladie terrible et incurable, paraît-il. On reléguait le malheureux qui en était atteint hors de la société des autres hommes. Les lépreux se réunissaient dans les faubourgs et aux portes des villes, pour exercer certaines professions réputées peu honorables. Quand ils rencontraient quelqu'un, ils devaient *lui passer sous le vent,* et dans l'église, aussi bien qu'au cimetière, un endroit à part leur était réservé. Parfois même, ils ne pouvaient assister aux offices que par une ouverture pratiquée dans le mur de l'église, et recouverte d'une espèce de toit qui les garantissait de la pluie, comme on le voit encore à Plounévez-Moédec et à Saint-Laurent. Cet endroit s'appelle le gîte du lépreux : *Toul ar laour.*

Ainsi les maladies, la dîme, la corvée, les ravages

de la guerre et la vénalité des juges, tout était une source de souffrances et de misères pour le peuple. Les pauvres et les mendiants ne furent jamais plus nombreux en Bretagne. Saint Yves a su compatir à leurs maux, et les soulager de son bien qui était loin d'y suffire. Il plaidait gratuitement leurs causes, leur ouvrait les portes de l'archidiacre de Rennes, en attendant qu'il pût les recevoir à sa table, dans son presbytère de Louannec et son manoir de Kermartin. C'est peut-être à ce trait de sa vie qu'il faut reporter l'usage immémorial du souper des pauvres, le soir de sa fête, dans un des hôtels de Tréguier. Ces malheureux qui ont mendié toute la journée, sur la route de Kermartin, feignant ou exagérant certaines infirmités, sans s'épargner quelquefois les uns aux autres les injures les plus grossières, se réunissent en frères, dans la plus grande salle de l'hôtel, pour souper ensemble, des recettes du pardon, oubliant dans la plus douce intimité, qu'ils sont, le reste de l'année, accablés par les misères de la vie. Personne n'en est scandalisé à Tréguier, et plusieurs vont voir *festoyer* les pauvres de saint Yves, ne sachant trop que penser de cette prodigalité d'un jour !

II

§ I. — Naissance de saint Yves, son enfance, sa jeunesse studieuse.

C'est en 1253, le 7 octobre, que naquit, au manoir de Kermartin, sur la paroisse de Poulan-tréguier, de parents catholiques, l'illustre enfant qui devait s'appeler saint Yves. Nous avons dit un mot de ses père et mère que l'histoire laisse désormais dans l'oubli, pour ne s'occuper que de leur fils, dont la sainteté devait jeter un si vif éclat sur la Bretagne-Armoricaine. Il fut baptisé le lendemain, suivant l'usage des familles chétiennes, dans la cathédrale de Tréguier. Ce fut une grande fête au vieux manoir et dans la famille d'Héloury. Yves étant l'aîné des garçons, devait porter les armes, comme son père, et illustrer le blason de Kermartin. Chacun présageait déjà sa gloire future. Sa mère seule pensait à autre chose, et dédiait dans son cœur, à la sainte Vierge, l'enfant que le ciel venait de lui donner.

Depuis longtemps déjà, il était d'usage dans l'église de donner des parrains et des marraines

RESTES DU MANOIR DE KERMARTIN

avant la démolition de 1830.

aux enfants à leur baptème, et l'on prenait au
sérieux l'obligation qui en résultait envers ces jeunes
chrétiens dont on avait accepté d'ètre les parents
spirituels. L'histoire ne parle pas de ceux qui reçurent cette honneur pour le baptème du jeune
seigneur de Kermartin, à moins que son parrain
ne fût Yves de Troézel, le vénérable recteur de
Pleubian, qui pouvait être de sa famille, et prit
tant de soin de sa première éducation. Le nom
d'Yves qui lui fut donné ne semble avoir aucune
signification dans la langue bretonne. Il a dû être
porté par quelque saint ermite au pays de Tréguier
dont on n'aura pas gardé le souvenir. Peut-être est-ce
une abréviation d'Yved, évèque de Rouen, patron
du lieu où les Bretons avaient enterré leur duc
Pierre le Mauclerc, près de Soissons. On en aura
fait Yvo, puis Yrvo, et enfin Ervoan. Les étrangers
au dialecte trécorrois l'auront prononcé comme ils
le pouvaient, et ont fini par l'écrire tel qu'ils le
prononçaient : Euzen, puis Even, nom de famille très
commun encore de nos jours.

Je ne me serais pas étendu aussi longuement
sur le nom de notre bienheureux, si un vieux bréviaire manuscrit du Petit Séminaire de Tréguier
n'avait dit que ces deux noms d'Yves et d'Héloury

lui avaient été donnés par Dieu, comme un présage de sa sainteté future. *Héloury* signifiant *gai, joyeux,* et *Yved* ou *Evode,* bonne odeur, on peut y trouver les explications que le pieux auteur a laissées sous-entendues. Saint Yves fut, en effet, un enfant de bonne *odeur* qui porta la *joie* dans l'Eglise de Dieu.

Nous connaissons peu de choses sur les premières années du jeune Yves de Kermartin. Sa mère ayant révélé à Jean de Kergoz un songe qu'elle avait eu, où Dieu lui annonçait que l'enfant qu'elle portait dans son sein, serait un jour un grand saint dans l'Eglise, elle dut l'élever dans la plus grande piété et ne négligea rien pour lui en inspirer de bonne heure le goût et les sentiments. Douce influence de la mère chrétienne ! Qui de nous n'a pas plus d'une fois versé des larmes attendries sur ces souvenirs peut-être lointains ! On ne comprendra jamais tout ce qu'il y a de mystérieux dans cette vie intime que la mère communique chaque jour à son enfant.

Dès que le jeune Yves put marcher, et même longtemps auparavant, sa mère le présenta à l'église de saint Tugdual, puis à N.-D. de Coatcolvézou où elle le consacra à la sainte Vierge.

Par une heureuse disposition de la Providence,

la statue devant laquelle la Dame de Kermartin avait prié, existe encore aujourd'hui, paraît-il, dans l'église du Minihy ! La sainte Vierge a un croissant sous les pieds et porte sur son bras l'Enfant-Jésus qui tient un petit oiseau par les deux ailes. Quand on a détruit l'église de ce nom, on a eu la bonne pensée de placer dans la chapelle de saint Yves, aujourd'hui église paroissiale, cette statue vénérée devant laquelle se sont agenouillées tant de générations dévotes à Marie.

Yves, que tous les enfants du voisinage aimaient beaucoup, comme on le conçoit facilement, ne manquait pas de visites à Kermartin. A cette époque, d'ailleurs, où les relations lointaines étaient assez rares, les familles se voyaient souvent d'un château à l'autre. Tous, seigneurs, dames et enfants montaient à cheval, et galopaient à travers les plaines et les vallons, le long des sentiers qui servaient de chemins aux voyageurs. Le pieux enfant exerçait déjà une sorte d'apostolat parmi ses jeunes camarades, et plus d'une fois le bon Dieu les rendit témoins des merveilles qu'il opérait en sa faveur. Son père lui confiait la garde de ses champs, peut-être même quelquefois de ses troupeaux, car la vie de château n'était pas ce qu'elle

devint depuis, une vie de désœuvrement et d'ennui
où l'on ne savait que faire pour tuer le temps. Un
jour donc, chargé de défendre le grand courtil,
nouvellement ensemensé, contre les ravages des
innombrables pigeons qui peuplaient les colombiers
du voisinage, Yves reçoit la visite de quelques
jeunes amis de la presqu'île et des environs.

Pour avoir le temps de se livrer à leurs pieux
amusements, prières, processions, messe peut-être,
et chanter comme à l'église de saint Tugdual, Yves
imagina de se faire aider par eux à porter les treillis
de la charrette et une vieille roue de voiture à
l'entrée du champ. Les pigeons qui les regardaient
travailler du haut de leurs donjons, ne durent être
guère effrayés de ces naïves précautions, et cependant les enfants purent s'absenter sans qu'un seul
de ces pillards descendît dans le courtil : un ange
en défendait l'entrée pendant que les pieux enfants
se livraient à leurs saints amusements.

Ce ne fut pas sans doute le seul miracle opéré
autour de Kermartin. Dans les environs, il n'y a
guère de paroisses qui n'aient conservé quelques
souvenirs du passage de saint Yves pendant son
enfance. Il accompagnait son père à plusieurs des
pèlerinages ou pardons qui existaient déjà au pays

SCÈNE DE L'ENFANCE DE SAINT YVES

Miracle des Pigeons.

de Tréguier et en Goëllo. Il y avait, dans cette dernière région, une chapelle dédiée à la sainte Vierge, où un chevalier, revenant de Terre-Sainte, avait apporté une statue de l'Enfant-Jésus emmailloté comme on le voit à Rome dans l'église des franciscains de l'*Ara cœli*. C'est la chapelle de Kerfot. Celle qu'on y voit aujourd'hui est plus moderne, sans doute, mais elle conserve toujours son *bambino*, et le même concours aux fêtes patronales.

Yves se rendit avec son père à cette solennité, et visita en passant l'abbaye de Beauport qui avait été fondée quelques années auparavant, par Allain II, comte de Goëllo, dans le plus beau vallon de cette riche contrée. Le jeune pèlerin fut touché de l'accueil de ces bons religieux, et admira beaucoup l'éclat de leur costume. Il pria devant la Madone qu'on y vénérait, il en fit autant aux pieds de Notre-Dame de Kerfot, puis se mit à courir dans les champs voisins avec ses jeunes camarades. La chaussure des enfants devait être des sabots plus ou moins bien travaillés. Les souliers, appelés en breton *botou-laër*, c'est-à-dire bottes de cuir, et traduits en latin dans l'Enquête par *botoularès*, n'étaient guère en usage que pour les grandes per-

sonnes. Les enfants n'ont rien de plus pressé que
de se déchausser pour mieux courir nu-pieds.
Dans une de ces promenades à travers champs,
Yves se blessa le pied contre une souche de fougères nouvellement coupées. Dans son irritation
momentanée, il maudit les fougères de ce champ,
et, depuis ce jour, pas une de ces plantes n'y a
poussé. On peut encore s'en convaincre aujourd'hui
dans un pays pourtant où la fougère est si commune. On cite plusieurs autres localités où le
même miracle eut lieu et se continue toujours.

On rapporte encore un autre trait de ce qu'on
appelle la *malédiction* de saint Yves au pays de
Goëllo. Cette région et celle de Tréguier qui en
est séparée par le Leff ont de tout temps été plus
ou moins antipathiques. Ce n'était pas le même
diocèse, et les usages différaient des deux côtés. On
y parlait bien le même langage, mais avec un
accent sensiblement varié. Goëllo prononçait du
fond du gosier, Tréguier des dents et du bout des
lèvres. L'un disait *guehëc* pour boisé, l'autre *guézec*.
De là maints quolibets et des plaisanteries d'ordinaire mal reçues. Un brave homme s'étant donc
permis de se moquer du jeune Yves, celui-ci lui
aurait souhaité d'avoir des cornes au front, comme

les bœufs dont son langage imitait l'accent disgracieux. Son vœu aurait été exaucé à l'instant, et la postérité de cet homme continue de porter cette marque de la malédiction du Saint (1). Le village où ses descendants se sont fixés s'appelle encore *Kergornio, la ville aux Cornes.* Ces souvenirs se sont tellement enracinés dans le pays, qu'une histoire de saint Yves ne serait pas complète, si on ne les rapportait sous la simple garantie de la tradition locale, cela se comprendra facilement.

Les habitants d'Yvias veulent de plus qu'il y ait eu, à cette époque, une école dans leur bourg, et que saint Yves l'ait fréquentée. Les légendes mêmes que nous venons de rapporter et d'autres encore, il les attribuent à des chicanes d'écoliers. Yvias est pourtant bien loin de Kermartin ; mais le saint jeune homme s'entretenait avec sa mère à une telle distance. Un de ses camarades à qui il en parla un jour se montra fort incrédule : « Mets tes pieds sur les miens, lui dit Yves, et tu entendras la voix de ma mère. » Le condisciple le fit et entendit parfaitement la voix et comprit les paroles

(1) C'est une espèce de loupe ou excroissance de chair que portent quelques personnes de la contrée.

de la Dame de Kermartin ! Rien, dans les documents que nous possédons, ne justifie cette prétention, bien légitime du reste, des habitants d'Yvias; mais il y a tant de choses qui ont existé et ne sauraient se prouver aujourd'hui que par le souvenir qui en est resté. Il se peut très bien que saint Yves ait suivi, à Beauport, les leçons des savants religieux qui y vivaient alors, et même accompagné, comme petit écolier, pour y passer quelque temps, un de ces religieux désigné pour remplir les fonctions de recteur à l'église d'Yvias. Il y avait, à cette époque, à Beauport, un novice appelé Michel Vivien, que le jeune Yves prit en affection. Michel devint Abbé plus tard, et entretint avec son jeune ami les meilleures relations. Ils ont dû se faire bien des visites à Beauport et à Kermartin ! C'est cet Abbé qui l'assista à ses derniers moments. Il mourut lui-même un an après, à un âge très avancé.

Rien ne frappe plus vivement l'âme de l'enfant que les premières impressions de sa vie. Les chants de l'Eglise, ses augustes cérémonies, les riches décorations de l'autel, l'harmonie de l'orgue, le son des cloches, tout cela se grave profondément et ne s'oublie jamais. Yves aimait à assister aux belles fêtes de Tréguier, comme aux simples messes qui se disaient à Notre-Dame de Coatcolvézou. Il y puisa cette piété profonde qui l'a accompagné pendant toute sa carrière, et a rendu si fructueux, plus tard, son ministère sacerdotal.

Le soir, au foyer de Kermartin, il écoutait avec une grande curiosité, mêlée de la plus profonde tristesse, les récits guerriers de son père et des autres chevaliers qui venaient le visiter. Ces récits développèrent en lui une vive horreur pour la guerre où tant d'hommes perdent la vie ! La vue des pauvres qui venaient mendier à sa porte, le pénétra profondément aussi, et fit naître en lui cet amour des malheureux qui fut la passion de toute sa vie.

Sa mère lui ayant souvent répété *qu'il fallait vivre de façon à devenir un saint,* cette parole deviendra la règle de sa conduite et le programme dont il ne s'écartera jamais. Sa première éducation, ce fut elle qui s'en chargea toute seule, de peur qu'un souffle mauvais ne vînt à ternir la délicatesse de cette âme d'élite. Elle n'avait pas été sans entendre parler des belles fêtes qui eurent lieu à Saint-Brieuc, à l'occasion de la canonisation de saint Guillaume, évêque de cette ville, l'année même de la naissance de son fils. Les cardinaux venus en Bretagne, les nombreux témoins entendus dans l'Enquête, les miracles éclatants dont tout le monde s'occupait et que les pèlerins racontaient avec admiration, au foyer de Kermartin, quoi de plus propre à frapper l'imagination de la pieuse mère ! Qui nous dira ses rêves d'alors, pour l'enfant qu'elle venait de mettre au monde ? Quatre-vingts ans plus tard, ses rêves devinrent une réalité, et des fêtes plus belles encore devaient se renouveler dans la ville de Tréguier.

La châtelaine de Kermartin apprit elle-même à son fils les premiers éléments de la religion, et ses progrès furent très rapides. Son bonheur était d'assister à la sainte Messe et d'apprendre à la servir : *Amabat missas audire.* Quand il eut fait sa première communion, et reçu la confirmation des mains de l'évêque de Tréguier, qui était alors Alain de Lézardrieux, sa mère dut lui choisir un autre maître capable de développer les facultés de son intelligence merveilleusement douée. C'est le moment où commencent sérieusement les soucis d'une mère chrétienne !

Il y avait alors à Pleubian un jeune homme de la famille Héloury, qui touchait au terme de ses humanités. Il s'appelait Jean de Kergoz, du nom de sa terre, et semblait destiné à l'état ecclésiastique, dont il portait déjà le saint habit, avec la tonsure cléricale. Il avait étudié sous la direction d'Yves de Troézel, le vénérable recteur de sa paroisse. C'est à ce pieux jeune homme que le seigneur de Kermartin confia l'éducation de son fils. Jean de Kergoz se montra digne d'une si haute confiance. Il fut le compagnon inséparable de son saint disciple, pendant son séjour à Paris et à Orléans. Le premier aussi, il vint à l'âge de quatre-vingts ans, déposer en faveur du Saint, et attester les vertus héroïques qu'il avait toujours remarquées en lui.

Les deux jeunes écoliers allaient ensemble aux leçons d'Yves de Troézel, que le vitrail de l'église de Minihy nous représente sous la forme d'un vieillard, expliquant quelques passages d'un livre au jeune écolier. Il y a peu d'années je visitais son manoir qui m'inspirait tant de respect et de vénération ! J'étais dans la chambre où avaient étudié nos pieux jeunes gens, avec leur camarade Yves Huet ou Suet, de la Roche-Derrien. Je voyais la place du vénérable prêtre qui leur consacrait ses heures de loisirs, et en face de lui, Jean de Kergoz,

Yves de Kermartin et quelques autres encore. Quel sanctuaire fut jamais plus imposant !

Cependant les années s'écoulaient et le maître d'Yves Héloury avait épuisé la science du recteur de Pleubian, tout en s'occupant sérieusement de son jeune élève. Yves avait profité de ses leçons au-delà de toute espérance, et ses parents résolurent de l'envoyer avec son précepteur, à Paris, pour assister au cours de l'Université de cette ville, alors dans tout l'éclat de sa renommée. Ce fut, on le pense bien, un moment terrible pour eux : il fallait se résoudre à se séparer, pour de longues années peut-être, d'un fils qui faisait la joie et la consolation de la maison. De la demeure du recteur de Pleubian, Yves pouvait venir, pour ainsi dire tous les jours, à Kermartin, où ses vertus et sa tendre piété exerçaient déjà la plus douce influence. Se séparer de lui à l'âge de quatorze ans, alors qu'il semblait avoir le plus besoin de l'appui de ses parents ; le laisser aller seul, pour ainsi dire, dans une ville lointaine, exposé à tous les dangers du corps et de l'âme, il fallait toute leur foi et leur vertu pour se résigner à un tel sacrifice.

A cette époque, un voyage à Paris durait plusieurs jours et n'était point sans danger. Les hommes d'armes, tout bardés de fer, sillonnaient les grands chemins, sur leurs chevaux armés comme eux. Le seigneur de Kermartin se joignit à ces chevaliers pour conduire son fils et ses jeunes amis jusqu'à la capitale de la France. Le départ du jeune étudiant causait une tristesse profonde, non seulement au manoir de Kermartin, mais encore dans tous les châteaux du voisinage, et même parmi les pauvres qu'il aimait déjà à soulager de ses mains. Yves prit congé de sa famille, fit ses adieux à son manoir qui lui rappelait tant de doux souvenirs, salua une dernière fois le clocher de saint Tugdual, et partit avec ses provisions de voyage et les pieuses recommandations de sa mère : « *Souvenez-vous*, lui dit-elle encore, *de vivre de façon à devenir un saint.* »

§ II. — Saint Yves étudiant à Paris.

Arrivée à Paris, au commencement d'octobre 1267, la pieuse caravane s'occupa de trouver un logement pour les jeunes étudiants bretons. Ce n'était pas chose facile. De tous les coins de la France et des pays étrangers, les écoliers accouraient en foule, pour s'instruire aux cours de la grande Université. Il y avait peu de temps que cette école célèbre était fondée, et elle brillait déjà de tout l'éclat de ses illustres maîtres, Albert-le-Grand, saint Bonaventure et saint Thomas d'Aquin. En même temps qu'Yves de Kermartin, arrivaient Duns-Scot, Raymond Lulle, Roger Bacon, devenus dans la suite des savants de premier ordre, et le Dante d'Alghiéri, le grand poète de l'Italie. Saint Louis faisait briller, sur cette pléiade de savants, les rayons de sa gloire et l'auréole de ses éminentes vertus.

Nos jeunes bretons s'installèrent d'abord dans la rue de Fouare, entre celle de la Bucherie et la place Maubert. Il y avait là beaucoup d'autres étudiants, de la Bretagne en particulier. Ils mangeaient en commun, et couchaient dans des chambres plus ou moins spacieuses. Chacun pouvait s'y livrer à ses exercices de piété, pour se conformer aux pieuses recommandations de leurs mères, et à sa propre dévotion.

On s'était borné jusque-là à se conformer plus ou moins aux Ordonnances de Charlemagne. Ce prince avait recommandé aux ecclésiastiques d'établir des écoles pour apprendre la lecture aux enfants : *ut scolæ legentium puerorum fiant*. Dans chaque monastère et chaque diocèse au moins, on devait ouvrir des classes pour apprendre la musique, le chant, le calcul et la grammaire. Dans les bourgs mêmes, disait un cartulaire cité par Launay, les prêtres avaient l'obligation de tenir des écoles publiques, où les parents pouvaient envoyer leurs enfants pour apprendre les belles-lettres.

On ne devait pas refuser de les instruire, mais le faire avec une grande charité, sans rien exiger d'eux pour ce service, ni recevoir autre chose que ce que les parents offriraient de leur propre volonté. Les écoles étaient ainsi établies, près de chaque église, mais surtout dans les monastères et autour des cathédrales. Ce qui manquait à ces différents éléments, encore bien imparfaits sans doute, c'était la liaison et peut-être le contrôle. Pour remédier à ces inconvénients, d'où pouvaient naître bien des erreurs, il s'établit dans quelques villes des écoles centrales qui reçurent de nombreux privilèges. On n'osa pas cependant leur donner le nom d'Université, parce qu'on n'y enseignait qu'une partie des arts libéraux et des sciences encore peu connues. Cet honneur et cet avantage furent réservés à la ville de Paris. Philippe-le-Bel y installa la grande Université d'études, pour montrer que toutes les sciences et les lettres devaient y être enseignées.

On comprend aisément de quelle utilité devait être pour le public et l'Eglise une telle institution. Les docteurs, assurés d'y trouver de l'occupation, avec la récompense de leurs travaux, venaient volontiers s'établir dans cette ville. Les étudiants, non moins certains d'y rencontrer d'habiles maîtres, avec toutes les commodités de la vie, s'y rendaient en foule des pays les plus éloignés. L'émulation était grande entre des jeunes gens de différentes nations, et la doctrine se conservait dans sa pureté, entre ces illustres docteurs qui se surveillaient avec un soin jaloux, toujours prêts à relever la moindre nouveauté qui pourrait se produire dans la doctrine. Ce grand nombre d'étrangers qui venaient se former dans la capitale du royaume, de retour dans leurs pays, y répandaient ce qu'ils avaient puisé aux mêmes sources ; et devenus maîtres à leur tour, ils enseignaient chez eux ce qu'ils avaient appris à l'Université de Paris.

Les autres villes s'étant montrées un peu jalouses des priviléges de la capitale, Philippe crut qu'il pouvait en distraire l'enseignement du Droit Canon,

et réserva d'une manière spéciale Orléans pour ce
cours, en y envoyant les maîtres les plus savants
dans cette matière si importante. La papauté
encouragea l'Université de Paris qui se fit gloire de
s'appeler la Fille aînée des rois, comme la nation s'appelait elle-même la Fille aînée de l'Eglise. Plusieurs
bulles pontificales accordèrent des privilèges aux
écoliers qui la fréquentaient. Ces privilèges devinrent quelquefois si exorbitants, que l'autorité civile
se crut en droit d'intervenir. De là des conflits
dont le recteur profita habilement pour se conserver dans une indépendance qui ne manquait
ni de grandeur ni de fierté. De leur côté, les poètes
et les écrivains ne trouvent point de termes assez
élogieux pour célébrer cette grande institution,
dont la gloire rejaillit sur la ville elle-même. Ils
comparent Paris à Athènes, mais à Athènes régé-
nérée par le christianisme. Telle était l'Université
de Paris, telle était la gloire de cette école, quand
Yves de Kermartin et ses jeunes compagnons se
présentèrent pour en suivre les cours.

La rue de Fouare ou du Feurre, où ils s'éta-
blirent, était ainsi appelée, dit Jaillot, à cause des
bottes de paille dont étaient jonchés les lieux dans
lesquels les écoliers prenaient leurs leçons. C'est

aux environs de cette rue qu'étaient établies les écoles où les maîtres les plus célèbres donnaient leurs conférences. On y était tranquille. Les deux extrémités de la rue se fermaient la nuit, et les écoliers pouvaient s'y livrer au travail sans crainte d'être inquiétés par des tapages nocturnes, trop communs dans les villes d'études.

Yves avait appris, chez le bon recteur de Pleubian, les premiers éléments de la littérature et des sciences. L'ensemble de ces connaissances s'appelait *arts*, et plus tard *arts-libéraux*, et celui qui les enseignait, après les autorisations suffisantes, portait le titre de *Maître-ès-arts*. Restait la *dialectique* ou la *philosophie* qui, au moyen-âge, comme on le sait, avait une très grande importance. Il n'y avait pas encore de livres, et chaque étudiant devait rédiger lui-même les leçons de ses maîtres sur du vélin qui coûtait fort cher. Ces cahiers formaient plus tard sa bibliothèque que l'on conservait bien précieusement.

La philosophie étant subordonnée à la théologie, comme une servante aux mains de sa maîtresse, cette dernière devait la précéder, au moins dans les questions essentielles. On sait quelle part a été faite, dans les études, à cette interminable question des *réalistes* et des *nominaux*, qui a passionné toute cette époque. Pour résoudre ces doctrines, ou du moins les discuter avec quelque avantage, le jeune homme devait étudier les philosophes anciens, Platon, Aristote, et même quelques auteurs arabes, dont la science avait déjà réveillé l'Espagne. Nous pouvons nous figurer par là combien nos jeunes compatriotes durent se livrer au travail, sur leurs bottes de paille, pour profiter des leçons de leurs maîtres, et faire honneur à leur pays de Bretagne.

Nous connaissons peu de chose sur la vie de notre saint pendant ces longues années d'études à Paris. La grande pensée que lui avait suggérée sa mère fut la directrice de tous ses pas dans cette ville, où bien des dangers sans doute se sont rencontrés sur son chemin. Aussi ne sommes-nous pas étonnés d'entendre Jean de Kergoz et ses jeunes compagnons affirmer, plus tard, sous la foi du serment, que sa conduite avait toujours été irréprochable, et sa conversation empreinte de la plus grande piété. Kergoz avait été son compagnon de chambre toute l'année qu'il a habité la rue de Fouare; Yves Suet l'avait connu, dit-il, d'abord étudiant, puis expliquant lui-même, comme Maître-ès-arts, les savantes leçons de ses maîtres ; enfin s'appliquant à l'étude des Décrétales, dans la rue du Clos-Bruneau. Raoul de Potarn, de la paroisse de Lanmeur, déclare qu'il était de notoriété parmi ses compatriotes et ceux qui l'avaient connu au cours de théologie, qu'Yves ne couchait jamais dans son lit, mais bien sur un peu de paille, au coin de sa chambre : *Non jacebat in lecto, sed ad terram cum modico stramine.* Il affirme l'avoir visité lui-même plusieurs fois, et trouvé ainsi couché, quand sa visite n'était pas attendue. Ses compatriotes attestent, de plus, dit le même témoin, qu'il donnait aux pauvres toute la portion de viande qui lui était servie.

Quelle que fût la tranquillité dont il jouissait dans cette rue de Fouare, si paisible sous tous les rapports, Yves dut la quitter un an après, pour être encore plus près des cours de l'Université. C'est dans la rue Saint-Jean de Beauvais qu'il fit sa nouvelle installation. Cette rue longeait le Clos-Bruneau, qui s'étendait jusqu'à la montagne de Sainte-Geneviève. Il y trouva déjà établis quelques-uns de ses compatriotes, et l'on pouvait s'y croire encore en Bretagne. Si la famille faisait défaut, dit M. Ropartz, les souvenirs de la paroisse natale, qui n'est qu'une famille agrandie, se retrouvaient

aux cours publics et à l'humble foyer du jeune
étudiant. Du reste, on comprend le besoin de se
rassembler, entre jeunes gens du même pays, au
milieu de ces vingt-cinq mille étudiants accourus
des divers points de l'Europe, pour se désaltérer
aux sources vives de la science dont Paris était le
foyer.

La montagne de Sainte-Geneviève, où ils aimaient
à prendre leurs ébats, n'était pas seulement témoin
de leurs discussions pacifiques sur les Universaux.
Souvent l'animosité des haines nationales les faisait, hélas, dégénérer en luttes sanglantes. Tous
les écoliers n'étaient pas des Yves de Kermartin. Il
y avait des fils de preux, chevaliers eux-mêmes,
plus habiles à manier la dague que le syllogisme
et le dilemme. Yves fuyait ces assemblées tumul-
tueuses, et se montrait à Paris tel qu'il avait été
en Bretagne, passionné pour l'étude et plein de
ferveur pour les exercices de piété. Entre les heures
de classe et d'étude, il cherchait quelque église
solitaire où il priait avec la foi la plus vive. La
basilique de Notre-Dame, alors presque terminée,
la Sainte-Chapelle où saint Louis venait d'exposer
la couronne d'épines de Notre Seigneur, Saint-
Pierre de Montmartre, où saint Bernard avait pro-

noncé ses vœux, la chapelle des Franciscains qui venaient de s'établir à Paris, et furent probablement ses directeurs spirituels, voilà quels étaient les lieux ordinaires de ses promenades. Il y priait avec la plus grande dévotion, et c'est dans ces pieuses pratiques que le saint jeune homme trouvait un remède contre le chagrin de se voir si loin de sa Bretagne.

Déjà il s'était écoulé neuf ans depuis son arrivée à Paris. Yves y avait étudié avec beaucoup d'assiduité et un succès complet. On croit qu'il fut Maître-ès-arts, et quelques auteurs prétendent qu'il avait même enseigné les belles lettres pendant un certain temps : un témoin affirme avoir assisté à ses leçons. S'il avait suivi cette voie, sa science et sa piété lui eussent permis de parcourir une carrière, où sa renommée aurait égalé ou peut-être dépassé celle de son compatriote Abélard, au siècle précédent. Mais Yves ne cherchait pas à être célèbre ; il devait être un Saint. Il cessa donc d'enseigner pour apprendre encore, et s'adonna avec ardeur à l'étude de la théologie et du Droit-Canon, c'est-à-dire la science de Dieu et la connaissance des lois.

Le roi de France ayant cependant désigné la

ville d'Orléans comme spécialement affectée à l'étude du Droit Canon, les maîtres les plus célèbres y furent envoyés comme professeurs. Paris les vit partir et ne dissimula pas ses regrets. De tous côtés on vantait leur science, et l'on s'attendait à voir un grand nombre d'étudiants les suivre dans leurs nouvelles chaires. C'étaient des savants de premier ordre. Il suffit de nommer Guillaume de Blaye, qui devint plus tard évêque d'Angoulême, et Pierre de la Chapelle, créé depuis cardinal de la Sainte Eglise romaine. Le premier expliquait les *Décrétales,* et le second les *Institutes,* c'est-à-dire les règles du Droit, d'après les Lettres des Souverains Pontifes, et les fondements du *droit romain* qui, alors, et même longtemps depuis, furent les seules lois de la société chrétienne.

Yves, séduit par la renommée de ces illustres maîtres, résolut de quitter Paris où s'était passée une notable partie de son adolescence. Il y avait édifié tout le monde par l'exemple de ses vertus, et son souvenir y fut précieusement conservé. Aussi cette ville fut-elle, plus tard, la première à lui rendre les honneurs publics, en lui érigeant une église. Quelques-uns des plus anciens se rappelaient encore d'avoir rencontré, dans les rues, ce jeune breton marchant avec modestie, la tête humblement baissée, bien que ses traits fussent empreints d'une grande douceur qui lui donnait un air de bonté peu ordinaire. Ceux qui l'avaient vu, dit l'office du Bréviaire du Petit Séminaire de Tréguier, pouvaient à peine se séparer de lui, tant était grand l'attrait de sa personne : *Vix poterant homines ab ejus colloquio et consortio separari, propter ejus amabilem et admirabilem sanctitatem.*

§ III. — Saint Yves étudiant à Orléans.

C'est en 1277 que le jeune Yves de Kermartin se rendit à Orléans, accompagné de Jean de Kergoz, qui ne le quitta jamais ; de Guillaume Pierre et de Yves de Troézel, le neveu du recteur de Pleubian, que nous voyons nommés pour la première fois, bien qu'ils fussent sans doute ses compagnons d'études à Paris. Yves Suet, Henri Fichet et Raoul Potarn se contentèrent des leçons reçues à l'Université et ne vinrent point à Orléans. Les parents de notre pieux étudiant vivaient encore. Jean de Kergoz fit à cette époque un voyage en Bretagne, et se rendit à Kermartin pour leur donner des nouvelles de son élève. Il raconta la conduite édifiante de leur fils, depuis qu'il les avait quittés. « Je m'en doutais bien, répondit la mère, car Dieu m'a révélé dans un songe que mon fils sera un saint. »

Nul doute qu'ils ne fussent pressés de revoir cet enfant bien-aimé, dont la séparation leur avait coûté tant de larmes et de soucis. Yves eût pu, comme ses autres compagnons, rentrer dans son pays, après avoir terminé ses études à Paris ; mais il ne voulait retourner en Bretagne qu'après avoir épuisé la science des maîtres les plus célèbres. Se destinant à la défense des veuves, des pauvres et des orphelins, contre les riches et puissants seigneurs qui avaient étudié avec lui à la grande Université de Paris, il se fit une obligation d'apprendre le Droit à fond, afin de pouvoir soutenir leurs causes devant la science et la subtilité de leurs oppresseurs. C'est la France, dit un poète, qui a fait connaître aux Bretons la force et les secrets de l'éloquence :

Gallia caussidicos docuit facunda Britannos.

C'est aussi chez les Francs qu'Yves, naturellement éloquent, étudia la science du Droit, si nécessaire pour déjouer les ruses des méchants et faire triompher la vérité contre les pièges des innombra-

bles arguties dont on l'enveloppait alors. Tout se
réglait d'après la législation romaine, mais bien
des décrets de papes, qui servaient de fondement
à ces lois, étaient encore ensevelis dans les biblio-
thèques. Tous les jours on en découvrait quelques
nouveaux, et le plus heureux déroutait celui qui
les ignorait encore. Jusqu'au XIIe siècle, on fit
plusieurs compilations de décrétales. Gratien les
réunit en un seul corps d'ouvrage, qui porta son
nom. Au siècle suivant, Raymond de Pennafort
ajouta à ce code les décisions de plusieurs conciles,
et les publia sous le nom de Grégoire IX. Plus
tard, les souverains Pontifes Boniface VIII et Jean
XXII y ajoutèrent quelques autres, et ce corps de
Droit, ou *corpus juris,* reçut alors sa forme
définitive.

Yves déjà savant en lettres et en sciences, qui
avait même commencé l'étude du Droit à Paris,
voyait ainsi s'ouvrir devant lui une importante et
laborieuse carrière. Il s'y livra avec la plus grande
ardeur, sacrifiant d'avance quelques années de sa
jeunesse, pour être plus tard utile à la cause de
Dieu. Ses études à Orléans ne diminuèrent en rien
la rigueur de ses mortifications. C'est alors, dit
Guillaume Pierre, qu'il commença à s'abstenir

complètement de viande, à ne boire que de l'eau, et à jeûner tous les vendredis. « J'ai, dit-il, habité la même maison que lui pendant deux ans, et j'ai pu m'assurer qu'il en était ainsi : *incipiebat abstinere ; socii aliquando bibebant vinum, ipse abstinebat, et feriâ sextâ jejunabat.* » De plus, ajoute le même témoin, il aimait à assister aux messes et aux sermons, et récitait lui-même, presque tous les jours, en son particulier, les Matines et les Heures de l'Office divin, ou du moins de Notre-Dame, et cela de très bonne heure, avant toute autre étude de la journée. « Jamais, continue-t-il, je ne l'ai vu se disputer avec ses compagnons, ni se livrer à leurs jeux bruyants. Jamais je ne l'ai entendu prononcer en vain le nom du Seigneur ou d'aucun de ses saints, ni laisser entendre un mot qui portât tant soit peu atteinte à la pureté ; jamais non plus je n'ai vu en lui un geste qui fût contraire à la décence. »

Yves de Troézel, son autre compagnon, atteste à son tour qu'il a vécu avec Yves de Kermartin, à deux reprises différentes, pendant leurs études à Orléans ; une première fois, deux ans à peu près, et la seconde fois deux ans et demi. Ils n'habitaient pas la même maison ; mais ils se voyaient souvent, et il rend de son jeune camarade le même témoignage que Guillaume Pierre.

Comme le procès de la veuve de Tours n'est indiqué par aucun des témoins de l'Enquête, qu'Albert le Grand est le seul qui en parle d'après les chroniques d'Alain Bouchard, qui l'a copié dans le Dialogue des Avocats d'Antoine Loisel, nous n'avons aucune donnée sur l'époque où s'est passé ce jugement resté célèbre. Nous pouvons donc croire que ce fut pendant son séjour à Orléans. Yves se rendait quelquefois à Tours, où l'on venait assez souvent de son pays, plaider devant l'officialité métropolitaine. Ces visites avaient un double avantage pour lui. Ses compatriotes lui parlaient de Tréguier et de Kermartin, puis il pouvait suivre les différentes manières de procéder des juges et des avocats. Un jour donc il trouva l'hôtesse chez laquelle il descendait en proie à la plus vive douleur.

« Songez, dit-elle, que deux marchands sont venus hier prendre l'hospitalité chez moi. Ils m'ont confié une bougette qui, prétendaient-ils, renfermait de très grandes valeurs, avec défense de la donner que lorsqu'ils seraient présents l'un et l'autre. Or, ce matin, l'un des marchands est venu me dire qu'ils allaient partir, que son camarade l'attendait dans la rue, et qu'il fallait descendre la bougette, ce que je fis aussitôt, sans défiance, pour mon malheur. Maintenant voilà que le second marchand vient m'intenter un procès, pour réclamer la valise. » — « Laissez-moi cette affaire, répondit le jeune avocat ; je me charge de vous tirer d'embarras. Vous avez eu tort de livrer ce dépôt sans la présence des deux marchands, mais le mal n'est pas irréparable. »

Le jour de l'audience arrivé, Yves se présente devant le Juge comme défenseur de la veuve. « Par le plus grand des bonheurs, nous avons, dit-il, trouvé la bougette et nous sommes prêts à la livrer, dès que les deux marchands seront présents, d'après ce qui a été convenu avec eux. » Le plaignant, qui ne s'attendait guère à ce moyen de défense, commença à pâlir, puis s'avoua coupable et dénonça son complice. La valise ne contenait que quelques vieux clous, qu'ils voulaient faire passer pour de l'argent, au détriment de la pauvre hôtesse. A quelques jours de là, convaincus probablement de quelques nouvelles friponneries, les deux marchands furent pendus aux gibets de la ville.

On voit encore, à Tours, entre la cathédrale et l'archevêché, les restes du vieux présidial, et la salle où l'avocat breton gagna son premier procès. Cette cause resta célèbre dans le peuple, et chacun exaltait à l'envi l'habileté de notre jeune compatriote. La réputation de son savoir et de ses talents se répandit dans toute la province, et son pays où il allait rentrer se préparait à lui faire une réception enthousiaste. Il y avait, en effet, quatre ans qu'il étudiait à Orléans, si l'on s'en rapporte au témoignage de Yves de Troézel qui l'a fréquenté dans cette ville, une première fois deux ans et une seconde fois deux ans et demi. *(Test. 46. Yvo Troézel).*

Yves devait avoir vingt-neuf ans. Revint-il directement à Tréguier, ou bien s'arrêta-t-il à Rennes pour compléter ses études théologiques, sous la direction du P. franciscain dont il est parlé dans l'enquête ? Ici les opinions se partagent avec de fortes présomptions de part et d'autre. Nous ne nous arrêterons pas à les discuter ; ce serait trop long, et nous ne convaincrions personne. Nous nous contenterons de prendre le parti qui nous semble probable, et, après tout, le plus raisonnable. Je suivrai les leçons du Bréviaire manuscrit du Petit Séminaire de Tréguier, qui, en cela du moins, est d'accord avec l'office primitif et l'historien d'Argentré, et nous dirons, avec eux, que Yves fut d'abord avocat, puis official, et enfin prêtre et curé. (Office de la translation : antiennes des premières vêpres, page 466 des *Monuments originaux*).

§ IV. — Saint Yves Avocat à Tréguier.

Prétendre que Yves de Kermartin n'a pas été avocat avant d'être official à Rennes et à Tréguier, c'est détruire complètement la tradition tout entière sur la vie de notre Bienheureux. C'est l'avocat des pauvres, des veuves et des orphelins : il plaidait pour eux gratuitement, et poursuivait ses appels jusqu'à ce qu'il n'eût gagné leurs causes. Or, un official est un juge qui rend la sentence et ne plaide pas; et, au XIIIᵉ siècle, ces deux fonctions étaient parfaitement séparées. Yves pouvait cependant appartenir déjà au clergé : il le devait même pour être admis à plaider devant les tribunaux ecclésiastiques. Combien de temps exerça-t-il la profession d'avocat à Tréguier? Nous ne le savons pas au juste. Il ne reste de sa vie que quatre ans, six ans tout au plus, à partager entre son séjour à Tréguier et à Rennes, comme avocat, chancelier et official, à moins d'admettre qu'il continua cette dernière fonction pendant son rectorat de Trédrez et de Louannec, ce qui paraît, d'ailleurs, encore assez probable. Nous rapporterons donc à l'époque de sa vie où il plaidait à Tréguier, quelques causes, sans date certaine, que nous avons relevées au courant de la procédure pour la canonisation.

Il s'agit d'abord d'un gentilhomme pauvre, nommé Richard le Roux, de la paroisse de Trédrez. Richard était en procès contre Yves, abbé de Notre-Dame du Relec, au diocèse de Léon. La pauvreté de sa maison ne lui permettait pas de poursuivre sa cause, et il allait perdre toute sa fortune. Ayant entendu parler de la générosité et du talent d'Yves de Kermartin, il alla le trouver et le supplia de lui venir en aide pour l'amour de Dieu. Yves lui demanda si sa cause était juste. « Je le crois, du moins, répondit Richard, et je suis prêt à l'affirmer sur la foi du serment. » C'est ce qu'il fut obligé de faire, avant que son avocat prît en main sa défense. Il entreprit donc ce procès, assez difficile à cause de l'influence de l'abbé du Relec, et le poursuivit d'appel en appel, à ses propres frais, jusqu'à ce qu'il ne l'eût gagné. Cette famille, très riche aujourd'hui, au pays de Lannion, ïgnore peut-être qu'elle doit à saint Yves la conservation de la fortune de leur ancêtre, et la haute position qu'elle occupe depuis.

L'usure était assez commune à cette époque et causait la ruine des familles honnêtes qui avaient le malheur d'y prêter la main. Telle était une pauvre veuve de Pommerit-Jaudy, appelé Levenez. Un usurier fort connu, nommé Riwal Hardel, qui lui avait prêté quelque argent, voulait s'emparer de son *courtil,* ou petit jardin muré qui entourait sa maison. La veuve n'avait pas refusé de lui rendre la somme, elle demandait seulement un délai, et le prêt était loin de valoir le petit bien de la pauvre femme. Elle eut recours, dans sa détresse, à Yves de Kermartin, dont la science et la sainteté étaient déjà en renom. Comme elle n'avait rien, elle le supplia, dit Yves Suet, de vouloir bien la défendre pour l'amour de Dieu, comme le disent toujours les pauvres au pays de Tréguier. « Oui, répondit Yves, pour Dieu je vous aiderai : *Pro Deo te adjuvabo.* » Il s'enquit encore soigneusement de la bonté de sa cause ; car, comme dit la *Très Ancienne Coutume* de Bretagne, *nul ne doit commencer pled ne autre contens, s'il n'entend avoir bon droit et raison,* maxime qui est encore invoquée par les avocats, et dont saint Yves ne se départit jamais. Le procès de la veuve Levenez fut assez long, le riche Hardel ayant les moyens d'en appeler à toutes les cours ; mais Yves le poursuivit jusqu'à son dernier retranchement et gagna sa cause.

Les mendiants eux-mêmes trouvaient en lui un zélé et ferme défenseur, comme nous le voyons dans le cas du pauvre Constritin, au pays de Tréguier. Je ne sais quelle injustice avait commise contre lui le père d'Yves Catoïc, riche bourgeois de la ville, qui reconnaissait la légitimité de la requête du mendiant, mais dédaignait de lui rendre raison. Le pauvre n'eut d'autres ressources que de s'adresser à celui qu'on appelait déjà l'avocat des malheureux. Yves prit en main, gratuitement, bien entendu, la cause du pauvre mendiant et gagna son procès. C'est le fils du condamné lui-même, Yves Catoïc, qui l'atteste dans l'enquête de la Canonisation.

Un autre pauvre de Pleumeur-Gauthier se trouva sur le chemin d'Olivier Arel, de Lézardrieux. Les droits du pauvre était réels ; toutefois les preuves ne se voyaient pas facilement, et le seigneur avait l'espoir de triompher, grâce à sa fortune ; mais Yves, invoqué par le pauvre pour le défendre, ne

Miracle,
relaté
ci-contre,
opéré par
saint Yves
en faveur
de jeunes gens
de Louannec,
au tribunal
de l'Official
Métropolitain
de Tours.
(Reproduction
du vitrail
de Moncontour
de Bretagne.)

*

céda devant aucune dépense. Enfin, de guerre
lasse, il finit par amener les plaideurs à une réconciliation complète, et Olivier Arel garda pour le
saint avocat l'estime la plus profonde et une grande
reconnaissance.

Il s'est passé, vers le même temps, un fait
extraordinaire dont a parlé Jean de Coëtfrec, et
l'abbé de Bégard s'en est fait l'écho durant la procédure. Il s'agissait d'un jeune homme de Louannec qui avait épousé une fille de sa paroisse.
Celle-ci se refusant à suivre son mari, en appela
aux tribunaux pour faire invalider son mariage.
Yves fut encore appelé pour plaider cette affaire
et défendre le jeune homme. En sa présence, la
fille de Louannec affirmait que réellement elle
avait épousé ce jeune homme et qu'elle ne voulait
pas d'autre mari que lui. Devant le tribunal, au
contraire, elle le niait obstinément. La même
scène s'étant répétée plusieurs fois, la cause fut
portée jusqu'à Tours. L'official qui était chargé de
la juger fut fortement étonné en présence d'un fait
qui lui révélait la sainteté de l'avocat. Ne sachant
comment en venir à bout, il descendit de son siège
et chargea Yves de porter le jugement, ce qu'il fit
pour le plus grand bien des deux contestants.

Une autre fois, c'est une veuve de Tréguier, nommée Alice Hamon, qui avait à se défendre à l'auditoire de Guillaume de Tournemine, contre un nommé Prigent, de la paroisse de Ploézal. L'avocat choisi par la veuve fut Yves de Kermartin. Prigent en avait un autre doué de beaucoup d'audace et de peu de science, à ce qu'il paraît. A défaut de raisons, il accabla son adversaire de toute espèce de noms injurieux. « Trève d'opprobres et d'insultes, répondit Yves avec beaucoup de calme, tout cela n'affaiblira pas ma cause et ne rendra pas la vôtre meilleure. »

Le nombre des procès que plaida Yves de Kermartin devait être bien considérable, en un temps où il n'y avait pas encore de lois écrites et connues du public. Le Droit coutumier n'était pas le même partout ; la rédaction de la *Très Ancienne Coutume* de Bretagne n'ayant pas encore été faite, les causes devenaient difficiles à plaider, et donnaient lieu à bien des chicanes où le plus fort l'emportait souvent. Yves, devenu official et prêtre, a continué, quand l'occasion s'est présentée, de plaider encore à Tours et devant les autres officialités, pour les pauvres et les malheureux auxquels il avait d'avance consacré sa vie. Quand il se fut démis de

sa charge d'official, il redevint encore, comme
auparavant, l'avocat des pauvres, et nous ne pouvons nous expliquer autrement une foule de procès dans lesquels il est intervenu, à différentes
époques de son ministère sacerdotal. « Le glorieux
ami de Dieu, Monseigneur saint Yves, dit Alain
Bouchard, a voulu cette fonction d'avocat exercer
par pitié et par compassion jusques au temps de
son trépas. »

§ V. — Saint Yves chancelier chez l'Archidiacre de Rennes.

Fatigué de ces courses et des procès qui lui
demandaient un travail continuel ; se sentant
attiré vers l'état ecclésiastique, qui lui permettrait
encore de se sanctifier davantage et de faire plus
de bien aux pauvres, Yves profita de l'invitation de
l'archidiacre Maurice pour aller finir son cours de
théologie et d'Ecriture-Sainte chez les religieux
Franciscains de Rennes. Maurice avait entendu
parler de la haute science et du zèle charitable
d'Yves de Kermartin. Il avait même pu le voir à
Rennes où les besoins de ses clients l'avaient

appelé plus d'une fois. Il désira bien se l'attacher, parce que les Rennois étaient *moult litigieux*, espérant ainsi simplifier les occupations nombreuses que lui donnait la gestion de sa mense et faire rentrer plus régulièrement les revenus qui étaient les biens des pauvres. Il s'ouvrit donc de son désir à l'avocat breton qui consentit à se rendre auprès de lui. Devint-il official de l'Archidiacre ? Nous n'en savons rien d'une manière bien positive, bien que quelques témoins le laissent supposer dans l'Enquête. On ne sait pas d'ailleurs en quoi consistaient les fonctions d'un archidiacre à cette époque. Plus tard, s'étant partagé l'administration des diocèses, ils pouvaient user de tous les moyens légaux accordés par le Droit, pour en appeler à leurs tribunaux, contraindre et incarcérer. L'office du Bréviaire du Petit Séminaire de Tréguier dit simplement que l'Archidiacre de Rennes appela Yves de Kermartin pour être son chancelier ou porte-scel, *ut esset suus sigillifer.*

Les tribunaux ecclésiastiques remontaient à Constantin, qui avait permis à chaque évêque de juger ses clercs. Ne pouvant toujours présider son tribunal, l'Evêque se faisait remplacer par un juge, qu'on nommait official. Ce juge devait être prêtre et docteur, ou au moins licencié en théologie et en Droit-Canon. Le promoteur remplaçait près de ce tribunal les fonctions de ministère public, et devait aussi être clerc. Les avocats y prenaient les noms de procureurs postulants, et les greffiers la qualification de notaires apostoliques. Le tribunal ecclésiastique portait souvent le nom d'*Officialité*.

Sa compétence devait, primitivement, comme aujourd'hui encore, se restreindre aux clercs : mais peu à peu elle s'étendit davantage, parce qu'il était admis que toutes les personnes misérables, veuves, orphelins, pauvres, appartenaient à la juridiction ecclésiastique. Enfin, l'Eglise devant décider des cas de conscience, tous les procès ressortissaient plus ou moins directement de ses tribunaux. Au xiiie siècle, les seigneurs se plaignaient de ce qu'ils regardaient comme une usurpation ou un empiètement, et la royauté en profita pour restreindre la puissance du clergé et la juridiction des officialités. La pragmatique-sanction, dite de saint Louis, ne fut que l'écho de ces plaintes et un moyen plus ou moins pratique de diminuer le nombre des procès.

L'Eglise, obligée de se subvenir à elle-même et de soulager les malheureux, avait des biens dont on a exagéré l'importance. Les biens des chanoines s'appelaient *prébendes* et étaient distribués ou affectés aux principaux dignitaires du Chapitre. La portion qui restait en commun s'appelait *mense capitulaire* et forma le fonds sur lequel se prélevait l'argent nécessaire pour les distributions faites aux chanoines. C'est là le revenu dont était chargé l'archidiacre Maurice, et c'est pour le faire rentrer plus régulièrement qu'il appela Yves de Kermartin à sa cour.

L'Enquête de la canonisation ne le dit pas ; mais il faut bien le savoir et le dire une fois pour toutes, cette Enquête n'a pas la prétention de faire l'histoire de saint Yves. Les témoins qui se présentent ont pour but de faire ressortir la sainteté et la puissance, auprès de Dieu, du bienheureux Yves Héloury, et ne parlent qu'incidemment des faits se rapportant à l'histoire de sa vie. Souvent même ils avouent n'être pas bien sûrs de l'époque ni du lieu, ni du nom des personnes. Cette digression nous permettra de poursuivre sans nous arrêter désormais, le récit de la vie de saint Yves, telle que nous l'avons comprise.

L'Archidiacre fut heureux et fier d'avoir trouvé un pareil chancelier. Il avait expérimenté ses

capacités extraordinaires, et malgré l'humilité et
la discrétion de son porte-scel, il avait aussi
découvert ses austérités continuelles. Quand les
jeunes gens du pays de Tréguier venaient à Rennes,
l'Archidiacre profitait de l'absence d'Yves, pour
les mener voir sa chambre. « Voyez, leur disait-il,
en leur montrant son grabat, c'est là que couche
Yves de Kermartin, l'homme le plus savant de
Rennes. Cependant il pourrait bien, s'il le voulait,
avoir une autre chambre et un bien meilleur lit. »
C'était, dit le seigneur de la Roche-Huon, un pauvre grabat formé de quelques morceaux de bois
et de copeaux, avec une poignée de paille ; le tout
recouvert d'un méchant lambeau de toile de chanvre !

Pendant les heures libres que lui laissaient les
devoirs de sa charge, Yves se livrait à l'étude du
Droit canonique et de l'Ecriture-Sainte. Les
Frères-Mineurs, appelés aussi Cordeliers, venaient
de fonder une maison à Rennes. Il y avait, dans
ce couvent, un religieux célèbre par sa sainteté,
nommé Raoul. Yves s'attacha à lui, et suivit avec
assiduité les leçons publiques qu'il donnait dans
son monastère, avec l'aide de ses frères. C'est sous
leur savante direction qu'il compléta son cours de
Droit, dans les rapports que la législation ecclésias-

tique pouvait avoir avec les Coutumes de chaque province.

L'Ecriture-Sainte, qu'il n'avait pas encore étudiée, eut pour lui le plus vif attrait. Aussi s'adonnat-il à cette étude, qui devrait être regardée comme la base de la religion, avec toute l'ardeur de ses jeunes années ; et toute sa vie il continua depuis à porter sur lui le texte sacré qui, lui servait même souvent d'oreiller pour ses heures de repos. Après le cours d'Ecriture-Sainte, la théologie occupait tout son temps libre. On l'enseignait alors, suivant la méthode de Pierre Lombard, le savant évêque de Paris et le maître de saint Thomas d'Aquin ; elle se divisait en quatre parties appelées *Livres des Sentences,* et se basait sur la tradition des Pères de l'Eglise, contre laquelle viendront éternellement se briser les sophismes de toutes les écoles de l'hérésie. Le premier Livre traite de *Dieu ;* le second, des *Anges ;* le troisième, de *Jésus-Christ fait homme,* et le quatrième, des *Sacrements,* y compris la *mort,* le *jugement,* le *paradis* et l'*enfer.* Yves, étudiant ce quatrième Livre sous la direction de Raoul, qui était en même temps le guide de sa conscience, fut tellement pénétré de la crainte des jugements de Dieu et de la nécessité de la pénitence, qu'il augmenta encore ses austérités et se livra à des macérations effrayantes, pour dompter sa chair rebelle.

C'est lui-même qui en fait l'aveu à Guy-Pierre Morel, Frère-Mineur du Couvent de Guingamp, dans sa dernière maladie. « C'est pendant que j'étudiais le quatrième Livre des sentences, dit-il, avec beaucoup de peine et seulement pour obéir, c'est alors que ces grandes vérités firent naître dans mon âme le mépris complet des choses de ce monde et l'amour des biens éternels. Une grande lutte s'est livrée en moi, entre la raison et la sensualité, et je l'ai soutenue pendant huit années. La neuvième année, j'ai cru avoir triomphé de la chair, et j'ai pris un habit de pénitence pour en inspirer l'amour à ceux qui n'avaient pas eu le même bonheur, et pour me faire souvenir moi-même que je n'étais qu'un pauvre et misérable pécheur. »

La dixième année Yves s'habilla plus pauvrement encore, par mortification et aussi pour venir plus facilement en aide aux malheureux. Il y avait à Rennes deux étudiants pauvres de son pays, Olivier Le Floc'h, qui devint vicaire de Tréguier, et Derien Guyomar, qui entra dans l'ordre des Frères-Prêcheurs de Guingamp.

De trois jours en trois jours il leur donnait deux
deniers, somme suffisante pour leur entretien.
Aux grandes solennités de *Noël, Pâques,* la *Pente-
côte* et la *Toussaint,* quand l'archidiacre était absent,
comme le fait remarquer Olivier Le Floc'h, il les
invitait de plus à dîner. On préparait un festin,
comme c'est l'usage à pareils jours, et quand les
tables étaient dressées et les plats servis, Yves
faisait mettre tout le repas dans un grand panier,
puis envoyait Le Floch chercher ses gens, c'est-à-
dire les pauvres, qui s'empressaient d'accourir. Les
portes s'ouvraient au large, et le bienheureux les
servait de ses propres mains et leur donnait à
boire et à manger. Il se mettait à table ensuite
avec ses deux compatriotes, et partageait entre
eux et les domestiques les mets les mieux préparés,
se contentant lui-même d'un pain grossier, de
quelques légumes et d'un peu d'eau puisée à la fontaine Gormaye.

On ne sait pas combien de temps Yves resta
chez l'Archidiacre. Quelques-uns croient qu'il profita de son séjour à Rennes pour recevoir les
ordres mineurs et les grands ordres jusqu'au dia-
conat. Rien ne le prouve cependant, et l'on peut
supposer qu'il voulut rentrer dans son pays, avant

de gravir les degrés irrévocables des ordres sacrés. Il avait fini ses études théologiques et pénétré le sens intime des Saintes Écritures, tout en remplissant avec une grande fidélité les devoirs de sa charge auprès de l'archidiacre. Le Bréviaire du Petit Séminaire de Tréguier laisse entendre que ce dignitaire ecclésiastique, tant soit peu avare, non pour lui sans doute, mais pour les intérêts qui lui étaient confiés, trouvait son chancelier trop prodigue, et qu'il le remercia de ses services. Cela tient peut-être aux grandes réunions de pauvres qui se faisaient pendant son absence, et dont quelques malveillants avaient pu exagérer l'importance.

Quoiqu'il en soit, Maurice l'aimait beaucoup et admirait sa science et sa grande vertu. Aussi, quand le jour du départ fut venu, l'embrassa-t-il en pleurant. On ne se sépare pas d'un saint, sans éprouver intérieurement quelque chose qui ressemble tant soit peu au remords. Pour en atténuer l'amertume, l'archidiacre crut faire beaucoup en lui donnant le meilleur de ses chevaux pour s'en retourner dans son pays. Yves montra, dans cette circonstance encore, combien l'amour des pauvres lui était préférable. Il vendit le cheval pour leur en donner le prix, et s'en retourna à pied à son manoir de Kermartin, qu'il était d'ailleurs bien pressé de revoir.

S'il faut en croire Maurice Geoffroy et ceux qui l'ont copié, notre pieux compatriote fut, comme les bons bretons, pris d'un ennui profond, loin de son pays ! Ce n'était pas cependant sa première absence, et il en était bien plus loin à Paris et à Orléans ; mais il arrive un moment où le besoin de revoir son village, ses parents, est comme irrésistible. D'ailleurs les Rennois, assez difficiles à gouverner, semblaient n'apprécier que bien peu tout le bien que faisait Yves parmi eux. C'étaient, dit Alain Bouchard, des gens *litigieux, brigueux, pleins de subtiles tromperies, habitués à toutes déceptions et nouvelles cautelles de plaidoyeries.*

Il est possible que, pour essayer de tromper la science de l'Official, ce soient les habitants de Rennes qui aient porté à son tribunal cette cause singulière et plaisante à la fois. Un riche seigneur aurait intenté un procès à un pauvre malheureux qui, passant près de sa cuisine, avait respiré l'odeur des mets succulents préparés pour son souper. Yves ne fut guère embarrassé, et pour payer le seigneur de la même monnaie, il fit sonner à son oreille un écu d'or qu'il demandait pour dommages-intérêts, en lui disant que le son suffisait bien pour payer l'odeur. Cette histoire, rapportée par M. Kerdanet, a été répétée plus tard par quelques auteurs du XVIe siècle, et a trouvé sa place dans les ouvrages destinés à l'amusement de la jeunesse. Yves, qui était la droiture même, ne dut pas regretter beaucoup de quitter cette ville où les caractères étaient si peu en harmonie avec le sien. A Tréguier, on l'attendait avec impatience, et il y fut reçu, dit Albert de Morlaix, au grand contentement de tout le monde.

§ VI. — Saint Yves prêtre et official à Tréguier

D'après Dom Lobineau, Alain de Bruc, évêque de Tréguier, aurait réclamé son diocésain en lui refusant des Lettres dimissoriales pour entrer dans les ordres à Rennes. Ce fut donc avec une joie facile à comprendre qu'il vit Yves de Kermartin rentrer dans son pays natal. Sa réputation de savant avocat ne s'était pas perdue au pays trécorrois, et le bruit du succès qu'il avait obtenu à Rennes et de la sainteté qu'il y avait pratiquée, ne le rendait que plus cher à ses compatriotes. Les pauvres en particulier soupiraient après son retour. Instruit autant qu'il était possible de l'être à cette époque, exercé à toutes les pratiques de la plus tendre piété, Yves était mûr pour le sacerdoce. Bien volontiers, les habitants de Tréguier eussent proclamé qu'il fallait l'ordonner, afin de couronner cette vie tout ecclésiastique par le degré qui en est comme la perfection.

Mais, comme tous les saints, Yves redoutait de franchir le dernier pas de la hiérarchie sacrée. Par obéissance pour son Evêque, il consentit à recevoir les *ordres* dans la cathédrale de Tréguier, puis le *sacerdoce*, des mains d'Alain de Bruc, qui eut toujours pour lui la plus grande estime et une vénération profonde. Ce jour fut pour le saint prêtre une occasion de se rappeler tous les souvenirs de sa pieuse enfance, de sa première jeunesse, et des grâces signalées qu'il avait reçues par l'entremise de la Sainte Vierge, dans l'église de saint Tugdual. Jour solennel de son sacerdoce ! Quel est le prêtre qui ne sent pas dans son âme un saint frémissement et les plus suaves pensées, toutes les fois qu'il en évoque le souvenir !

Tout porte à croire que les parents du nouveau

prêtre ne vivaient plus. Ils avaient été enterrés dans un vaste caveau qu'on a découvert dernièrement dans le cimetière, non loin de la chapelle de Minihy, et où le bienheureux désirait tant d'être déposé lui-même. Si leur fils n'assista pas à leurs derniers soupirs, la mère reçut la consolation, dans ce moment suprème, de savoir, par un songe mystérieux, que l'enfant qu'elle avait tant aimé vivait de manière à devenir un saint. Leur autre fils, qui n'est connu que par les tendres soins que sa femme eut pour son beau-frère, avait sans doute suivi la carrière des armes, et accompagné les seigneurs de son pays dans quelque expédition lointaine, où il aura perdu la vie. La Bretagne était-en paix sous le règne de Jean Le Roux qui avait succédé à Pierre de Dreux ; mais les chevaliers, toujours armés, cherchaient des aventures en pays étrangers, pour ne pas perdre l'habitude de guerroyer. Les sœurs du saint habitaient avec leurs maris, et les historiens ne s'en occupent pas davantage. La vie du Bienheureux est le seul point qui fixe leur attention désormais !

L'Eglise voulait que chaque Evèque en ordonnant un prêtre et même un clerc, lui assignât un revenu suffisant pour qu'il pût vivre sans être à charge à

St YVES ENTRE LE RICHE ET LE PAUVRE
placé sur un ancien autel du cimetière de Minihy

personne. Les paroisses étaient des bénéfices auxquels les fondateurs se réservaient le droit de nommer. A leur mort, ce droit revenait généralement à l'Evêque diocésain. Tel était le cas de la paroisse de Trédrez, alors vacante, et ce bénéfice fut attribué à Yves Héloury de Kermartin. Avec Loquémau, sa trève, elle devait offrir des avantages sérieux dont profitera le nouveau recteur pour soulager les pauvres alors si nombreux.

L'ordination d'Yves de Kermartin dut avoir lieu vers l'an 1285. Quoique bénéficier de Trédrez, il n'était pas tenu d'y résider, ou du moins son Evêque pouvait l'en dispenser. C'est ce qui arriva probablement dès les premiers jours après son ordination, car Alain de Bruc, qui connaissait sa haute compétence dans le Droit, en fit aussitôt son official. Il n'est pas question d'un second official, comme nous le verrons plus tard, de sorte que le recteur de Trédrez fut seul à remplir la fonction de juge à la place de l'Evêque. C'était une nouvelle phase dans sa vie. A cette époque, les intérêts du monde et ceux de l'Eglise étaient souvent confondus, et l'official devait être juge, non seulement pour les causes ecclésiastiques, mais souvent aussi pour les causes civiles. Les biens de l'Eglise, légués pour

la plupart par des personnes pieuses, avaient une
destination : quelquefois c'était le patrimoine des
pauvres confié à l'Evêque ; souvent ils étaient destinés et suffisaient à peine à l'entretien du clergé,
aux réparations des églises, aux subventions des
écoles presbytérales et aux nécessités du culte. Ordinairement ces biens étaient disséminés dans les
grandes propriétés seigneuriales, et comme toujours, les intéressés cherchaient à amoindrir ces
revenus. De là des procès sans fin, des usurpations
à arrêter et des droits à faire valoir contre la pres-
cription et la mauvaise foi.

D'un autre côté, des monastères de religieux
étant établis un peu partout, ces établissements
avaient aussi leurs droits, leurs privilèges et leurs
immunités. Les seigneurs, en échange de leurs
libéralités envers les églises, y conservaient le plus
souvent leurs droits de prééminence, de tombes,
et d'autres privilèges encore. Imaginez tous ces
droits, ces privilèges, ces redevances, ces rentes
peu uniformes, ces corvées, ces immunités s'en-
chevêtrant dans une confusion née de la force
même des choses, et vous aurez une idée des difficultés qui pouvaient se présenter journellement
au tribunal de l'Evêque, seigneur spirituel et quel-

quefois temporel de tout un pays ! Ajoutez à cela des droits mal définis, des coutumes locales qui avaient force de loi, et variaient d'un diocèse à l'autre, et souvent même dans deux paroisses limitrophes, et vous comprendrez combien il fallait de connaissances et d'habitude pour débrouiller ce chaos. La vénalité des tribunaux, la pression exercée par les seigneurs sur les juges, l'abandon des droits du pauvre qui n'avait personne pour le défendre, c'était la plaie du siècle qui passait. Yves qui s'était constitué l'avocat des pauvres et des malheureux, était désigné par tous comme devant être leur juge.

Il n'est pas impossible que, dans sa carrière d'avocat, Yves de Kermartin ait commencé à faire le résumé des différentes coutumes locales, pour en constituer un corps de lois qui, depuis, a régi la province de Bretagne. C'est, en effet, une vingtaine d'années après sa mort qu'en a paru la première rédaction. Toutes ces considérations, jointes à la réputation de notre bienheureux, déterminèrent l'évêque de Tréguier à le choisir pour son official. Inutile de dire combien ce choix fut agréable au clergé trécorrois, justement fier de l'éclat dont avait été entouré jusque là leur illustre compatriote.

Yves ne vit dans cette dignité qu'un moyen de plus de faire du bien aux pauvres et d'abréger les procès en réconciliant les parties. Hervé de Coatreven, sacriste de la cathédrale de Tréguier, dit, en effet, qu'il était de sa connaissance qu'une fois nommé official il donnait exactement aux pauvres le tiers de ce que lui rapportait ce bénéfice, qu'il terminait les procès rapidement, en mettant les parties d'accord, à moins qu'il ne s'agît d'affaires matrimoniales, pour lesquelles il était nécessaire de prononcer un jugement. Deux autres témoins vinrent corroborer l'affirmation de Hervé. L'un d'eux l'a vu plusieurs fois, à peine ses émoluments touchés, en verser immédiatement le tiers entre les mains des pauvres qui se trouvaient présents.

Hamon Denis nous apprend que jamais il n'a vu le savant official s'emporter, ni même témoigner son mécontentement aux plaideurs, à moins d'être convaincu qu'ils étaient de mauvaise foi. Alors, seulement, il les réprimandait fortement et paraissait s'irriter quelque peu, puis les engageait à revenir à de meilleurs sentiments, et parvenait, par ses douces et saintes paroles, à les réconcilier tout à fait. Jamais on ne l'a entendu prononcer une sentence sans voir en même temps ses larmes couler avec abondance, à la pensée que lui-même serait jugé un jour !

Les frères Potarn de Lanmeur, dont l'un fut son compagnon d'études, étaient en procès avec leur beau-père, Geffroy de l'Isle, de la paroisse de Plougasnou, pour quelques arpents de terre. Personne ne pouvait les mettre d'accord. Yves lui-même y avait perdu sa peine. Un jour il les rencontra en même temps dans la cathédrale de Tréguier. Il alla aussitôt à leur rencontre, et leur dit, les larmes aux yeux : « Pour l'amour de Dieu, je vous en supplie, faites donc la paix entre vous. » Ils répondirent tous les trois qu'ils réclamaient leurs droits et ne céderaient jamais. Yves devant, dans quelques instants célébrer la messe, leur dit de l'attendre et de prier. « Après la messe, ajouta-t-il, vous viendrez encore me trouver. » Ils assistèrent eux-mêmes au Saint-Sacrifice et sentirent aussitôt quelque chose de changé en eux. Aussi virent-ils avec plaisir le saint prêtre revenir à leur rencontre après la messe. « Monsieur, lui dirent-ils, faites de notre procès ce que vous voudrez ; nous nous soumettons entièrement à votre jugement. » C'est ce qu'ils firent, en effet, et Geffroy ne put s'empêcher d'affirmer qu'il regardait cette réconciliation comme un miracle obtenu par les prières du bienheureux.

Les pauvres étaient toujours l'objet de ses soins les plus tendres, et de son attention la plus délicate. Typhaine de Pestivien, qui a dû subvenir bien souvent à ses dépenses, atteste que pendant son séjour en son château de Trévern, elle a plusieurs fois entendu dire qu'Yves, étant official de l'Evêque de Tréguier, se dépouillait de ses habits à fourrures pour les donner aux pauvres. Quelquefois, ajoute-t-elle, pour dissimuler ses largesses, il portait son costume de juge un jour ou deux, en retirait les ornements qu'il feignait d'employer à un autre usage, puis s'en dépouillait entièrement pour habiller les malheureux. « Au premier jour de son entrée à l'évêché comme official, je l'ai vu, dit Derrien recteur de Trégrom, revêtir des habits convenables à sa dignité, puis le lendemain, il entra à l'hôpital pour les distribuer aux pauvres, et on le vit sortir avec une tunique grossière, et un pardessus plus grossier encore. » Il porta ces vêtements jusqu'à sa mort, c'est-à-dire quinze ans environ, comme l'ont attesté une foule d'autres témoins.

C'est probablement pendant qu'il était official

que les gens du Roi, étant venus à Tréguier pour prélever je ne sais quel impôt exorbitant, voulurent piller la cathédrale pour se faire payer ce qu'ils n'avaient pu arracher aux habitants. Yves avait essayé de les convaincre par la raison et le droit qu'il connaissait mieux que personne ; mais devant leur obstination, il alla passer la nuit dans l'église, pour la garder contre leur brigandage. Dès qu'ils voulurent y entrer par la force et par la violence, il se posa sur leur passage et les fit reculer, sans s'arrêter aux injures les plus grossières dont ils ne cessaient de l'accabler. La victoire lui resta, et il montra par là que s'il savait résister aux efforts de ceux qui cherchaient à opprimer les malheureux, il ne mettait pas moins d'ardeur à défendre par la force de son bras les droits de l'Eglise injustement attaquée.

Il faut sans doute rapporter à cette époque de la vie de notre Bienheureux plusieurs des miracles qui se sont passés à Kermartin et dans les environs de Tréguier. Son manoir était le quartier-général des pauvres. Nous ne devons pas nous attendre encore à cette organisation merveilleuse qui permet de continuer l'œuvre, des établissements de bien-faisance et de charité, tels qu'ils seront constitués

trois siècles plus tard, par un autre apôtre de la
charité chrétienne, saint Vincent de Paul. Le temps
n'était pas encore à la théorie, il fallait d'abord
montrer la pratique de cette vertu au monde, comme
le fit notre divin maître : *cœpit facere*. Ce fut aussi
constamment la maxime de notre saint Yves, et il
nous donne la mesure du modèle le plus achevé de
la charité ; il donnait tout ce qu'il avait, puis
invoquait la puissance de Dieu pour opérer le reste.
Quand il passait dans les rues, il marchait la tête
modestement baissée, saluait tout le monde avec
bienveillance, mais, si c'était un pauvre, il y mettait
plus de respect encore. Sa société ordinaire était
celle des pauvres, et il fuyait autant qu'il le pouvait
la compagnie des riches et des puissants.

Jamais, dit Yves Catoïc, on ne l'a vu refuser
l'aumône. Quand il n'avait plus d'argent, il distribuait le pain de sa maison, souvent la fournée tout
entière. Lorsque le pain était distribué, il donnait
ses vêtements, et plus d'une fois on l'a vu se
dépouiller lui-même pour habiller les pauvres nécessiteux. Comme sa maison ne suffisait pas pour loger
tous les malheureux qui s'y pressaient, il fit bâtir,
tout auprès, un hôpital pour les recevoir, et là,
dit Geffroy, son ancien vicaire, il leur donnait tout

le bien qu'il avait reçu du bon Dieu. Avant de dîner lui-même, il distribuait, de ses propres mains, du pain aux pauvres qui se trouvaient à sa porte. S'il n'y en avait pas assez, il allait les chercher et en invitait même un certain nombre à manger avec lui. Il les faisait asseoir à sa table, partageait avec eux son morceau de pain d'orge, les légumes et les fèves de ses champs, et comme il n'y avait chez lui que de l'eau pour toute boisson, il en faisait boire à ses convives improvisés et buvait ensuite dans la même écuelle. Quand j'ai dit qu'il les faisait asseoir à sa table, c'est une manière de parler, car sa table, à lui, c'était la terre nue sur laquelle il s'asseyait avec ses amis, les pauvres, qu'il regardait aussi comme les amis du bon Dieu. Après le repas, il mettait discrètement dans le bissac de chacun un gros morceau de pain pour leur souper.

Si les hôtes de Kermartin étaient des malades ou des infirmes, le saint prêtre savait varier son menu : une soupe au lard, une écuellée de cidre, parfois un peu de vin et d'autres délicatesses, qu'il se refusait impitoyablement à lui-même. Quand la nuit était proche, il les retenait à coucher, leur lavait lui-même les mains, les seules fois sans doute où l'eau touchait à leur épiderme endurci, leur servait tout ce qu'il y avait de friandise dans sa pauvre demeure ; puis après avoir préparé, de ses propres mains, un lit pour les coucher, il leur aidait à s'y mettre. Pour lui, il prolongeait longuement dans la nuit son travail et ses prières, jusqu'à ce que la fatigue ne l'obligeât à s'étendre sur la terre humide, dans un coin quelconque de sa chambre. Un jour, lisons-nous dans son office, un pauvre arriva un peu tard à Kermartin, et de crainte d'importuner la maison, il se coucha sur une pierre qu'on montre encore non loin de la porte. Yves, en sortant le matin de bonne heure, heurta ce pauvre tout glacé et presque mort de faim et de misère. Aussitôt il le fait entrer, le couche dans son lit, le recouvre de ses propres vêtements, et pour se punir de cette faute bien involontaire pourtant, se met lui-même, la nuit suivante, à la place du pauvre et prend son sommeil sur cette pierre dure, sans aucune couverture, pendant un hiver très rigoureux.

Dieu, par un miracle que le saint homme dissimulait de son mieux, lui rendait quelquefois les vêtements dont il s'était dépouillé, et remplissait de blé le coffre ou arche qu'il venait de vider pour nourrir les malheureux. Aussi, plein de confiance dans cette bonté infinie, dont la providence s'étend jusqu'aux moindres créatures, Yves donnait toujours et donnait largement. Il n'y avait pas que les pauvres à lui demander l'hospitalité, les religieux mendiants aimaient aussi à descendre chez lui. Rempli de déférence pour eux, à cause de la sainteté de leur caractère et de leurs vœux monastiques, il les recevait, dit Jean de Kergoz, avec une certaine élégance de table et de toilette, leur servait des plats bien préparés et même du bon vin, pendant que lui-même se contentait d'un pain grossier, avec quelques pois chiches et des fèves cuites simplement à l'eau et au sel, encore ce dernier assaisonnement y manquait souvent. Ces bons religieux s'en étant à peine aperçus, s'imaginaient avoir été reçus dans un presbytère richement pourvu. C'est sans doute ce que voulait le bienheureux, autant par charité que par modestie.

A voir le nombre prodigieux des pauvres qui, dans l'année, recevaient l'hospitalité à Kermartin, on est porté à se demander si Dieu ne multipliait pas les mendiants, au pays de Tréguier, pour révéler la charité de son serviteur. « Pour une seule nuit que j'y ai couché, dit Henri Fichet, j'ai vu neuf pauvres logés et hébergés par le saint homme. Le lendemain il leur dit la messe dans sa chapelle, et comme il n'y avait plus de pain dans la maison, il leur distribua, à chacun, avant de les renvoyer, une bonne mesure de farine. »

Un jour il vit arriver chez lui, du pays de Vannes, une sorte de ménétrier nommé Riwalon, avec sa femme et quatre enfants, sans vêtements et sans pain. Yves, qui savait qu'on pénètre souvent jusqu'à l'âme, en soulageant les misères du corps, commença par leur donner des habits, de la nourriture, et sa propre maison pour demeure. Il leur prêcha ensuite la parole de Dieu, et en fit de bons chrétiens. La veuve Riwalon, nommée Cathovad, était âgée de quatre-vingts ans, quand elle vint déposer dans l'enquête de la canonisation du saint. Retirée de la misère morale, plus grande encore que la misère physique, par la charité du saint prêtre, cette pauvre famille lui demeura toujours très dévouée. Amice, l'aînée des filles, resta même à son service, et c'est elle qui alla avertir l'évêque de Tréguier quand elle vit son maître rester plus d'une semaine dans sa chambre, sans rien manger, de crainte qu'il ne fût mort faute de nourriture. Conan, son beau-frère, accourut en toute hâte, et ayant brisé la porte de sa chambre, le trouva en prières, à genoux, sur le plancher. Un ange, disait Amice, a dû le nourrir pendant ce temps, car ses traits n'étaient nullement altérés. Depuis ce moment on ne le dérangea plus de ses extases et il fut encore, quelque temps après, quinze jours sans rien prendre.

Les pauvres ne sont pas toujours bien faciles à soulager : tout leur manque. Comme les oiseaux du ciel et les fleurs des champs, ils sont sans prévoyance, il faut pourvoir à tous leurs besoins. Yves, retournant de la Roche-Derrien, un jour de marché, qui était comme aujourd'hui le vendredi, fit la rencontre d'un pauvre qui paraissait bien malheureux. « Prenez ce pain, lui dit-il, en tirant de sa poche un grand morceau de pain qu'il avait acheté aux portes de la ville, prenez ce pain et que Dieu vous bénisse ! » — « Que voulez-vous que j'en fasse, répondit ce malheureux ? Je vais mourir de froid comme vous le voyez ; je souffre cruellement de la fièvre ; je n'ai pas de vêtements. » Yves n'avait qu'un habit, n'importe ! il s'en dépouille pour couvrir les membres glacés de ce malheureux, puis s'en retourne comme il peut, et envoie Rivoal Le Floc'h, son tailleur, à la Roche, acheter trois aunes de bure, pour lui faire un autre vêtement, qu'il donna encore sans doute, au premier pauvre qui se sera présenté.

Un autre jour, en effet, son tailleur venait de lui apporter une soutane toute neuve qu'il avait travaillée de son mieux, lorsqu'un mendiant entre dans la maison, couvert de haillons. « Essaie cet habit, lui dit Yves, afin que je voie sur toi s'il est bien fait. » Le pauvre refuse d'abord, croyant à une plaisanterie. Le prêtre insiste et le malheureux, tout honteux, consent à revêtir cette soutane. Il lui fallut prendre aussi le capuchon, et Yves l'obligea à garder le tout. « Te voilà désormais très bien habillé, ajouta-t-il avec bienveillance, va maintenant gagner ton pain et que Dieu te bénisse. »

Plus d'une fois Yves laissa ses habits en gage, pour procurer du pain à ses hôtes habituels. C'est pour eux que Dieu lui avait donné du bien, et nous voyons combien largement il distribuait sa fortune. Sa charité a dû être payée par les consolations intérieures les plus suaves. Un jour même il eut le bonheur de recevoir, comme les disciples d'Emmaüs, Notre Seigneur visiblement à sa table. Ce jour donc, dit Yves Suet, j'allai dîner chez lui à Kermartin. A mon arrivée, il venait de distribuer le dernier pain d'une fournée toute entière. Au moment de nous mettre à table, nous vîmes entrer un pauvre tout hideux, couvert de méchantes guenilles : il demandait l'aumône. Yves le fit asseoir à table, en face de lui, puis manger dans sa propre assiette. Le pauvre prit peu de chose et voulut sortir tôt après, comme suffisamment rassasié. Avant de passer le seuil, il se retourna vers nous, et dit en breton : « *Kenavo. Doue vo guenac'h :* adieu, que le Seigneur soit avec vous. » Et ce mendiant, naguère hideux, parut si brillant de clarté, que nous en étions comme éblouis. Yves se prosterna contre terre, la face baignée de larmes. « Ah ! je le vois bien maintenant, s'écria-t-il, Dieu a envoyé un de ses anges pour me visiter. » C'était plus qu'un ange ! C'était Jésus-Christ lui-même ! Yves fut plusieurs jours sans vouloir s'asseoir à cette table, qui avait été sanctifiée, comme un autel, par la présence de Notre-Seigneur !

Nous ne pouvons jamais passer devant cette vaste cour de l'ancien manoir de Kermartin sans nous représenter cette multitude de pauvres, qui recevaient de lui, avec le pain matériel, la parole qui console et ce regard bienveillant qui guérit tant de misères ! Ce miracle de la multiplication des pains, si souvent opéré devant cet antique manoir, semble se renouveler encore chaque année dans la maison bâtie sur ses ruines. Le bon fermier qui l'habite nous a dit plusieurs fois, que le jour du pèlerinage de saint Yves, il donne à tous les pauvres qui se présentent, et Dieu sait s'ils sont nombreux, sans que la provision lui ait jamais manqué !

§ **VII**. — **Saint Yves recteur de Trédrez.**

Trédrez est un joli bourg situé sur un monticule qui domine toute la baie de Saint-Michel-en-Grève. Du clocher de l'église on découvre les côtes de Saint-Efflam, l'isthme du Léon, avec les riches découpures de ses falaises. A gauche sont les plaines de Saint-Milliau, la petite chaîne assez élevée de Plounérin ; à droite, la vaste mer ! Il y a peu de sites plus pittoresques, plus propres à élever l'âme vers le ciel et à nourrir les grandes pensées. Le peuple, primitivement évangélisé par saint Quémau et les saints Evêques de Coz-Gueodet, y est généralement bon ; sa foi est vive comme l'air pur qu'il respire !

Yves de Kermartin était titulaire de cette paroisse depuis son ordination. Il y résidait peu de temps cependant, étant retenu presque toujours à Tréguier, par ses hautes fonctions et les devoirs de l'officialité qu'il tenait à acquitter avec une scrupuleuse exactitude. Il se peut, qu'après sa prêtrise, il ait demeuré quelque temps à Trédrez, et maintenant que les habitants le voyaient plus rarement, ils se laissaient aller à des murmures qui touchèrent profondément le cœur de leur recteur. Sans doute Geffroy Riou ou Jupiter, son vicaire, remplissait le ministère à sa place, mais cela ne leur suffisait pas. Aussi s'opposèrent-ils un jour à son départ pour Tréguier, et Yves dut s'esquiver de son presbytère par une porte secrète qu'on y montre encore. Ce fut sans doute ce qui détermina le saint prêtre à se démettre de son officialité, pour rester avec ses paroissiens, dont l'Eglise, après tout, lui avait confié la garde.

Les habitants de Trédrez ne s'étant pas présentés à l'enquête de la Canonisation, à part Geffroy, l'ancien vicaire de cette paroisse, alors recteur de Tréduder, il nous est bien difficile d'avoir quelque chose de positif sur le passage de saint Yves au milieu de cette population. Il n'est pas besoin cependant de dire qu'il apporta pour l'instruire et la sauver, le zèle, la science et les mortifications, dont il donnait depuis longtemps l'édifiant exemple, et l'on montre encore, dans un carrefour, non loin du bourg, une pierre sur laquelle il se tenait de longues heures à genoux, pour réciter son office et lire les Saintes Écritures. A l'entrée du cimetière se voit une autre pierre assez étroite, qui lui servait, dit-on, d'oreiller, pendant les quelques heures qu'il se livrait au repos. Le presbytère actuel remonte à cette époque, et sauf quelques restaurations devenues nécessaires, saint Yves l'a habité tel que nous le voyons aujourd'hui !

Pendant son séjour à Trédrez, Yves fit la connaissance d'une famille qui lui resta très attachée dans la suite. Typhaine de Pestivien avait épousé le seigneur de Keranrais, le père de l'un des héros du *Combat des Trente,* qui habitait alors le château de Coatrédrez, dans la paroisse de Saint-Michel. Elle avait trouvé dans le saint recteur une direction bien précieuse pour son âme, et comme elle était elle-même très généreuse pour les pauvres, elle se plaisait à joindre ses aumônes à celles du saint prêtre, pour le soulagement des malheureux. La pieuse famille engagea le recteur de Trédrez à visiter avec elle le tombeau de saint Ronan, qui attirait, chaque année, une foule de pèlerins le jour de sa fête. Peut-être était-ce à l'occasion de la *Tourménie,* et pour gagner l'indulgence qui y était attachée. La Tourménie est une procession célèbre qui a lieu encore tous les sept ans, autour de la montagne voisine, en suivant le chemin par où avait passé le corps de saint Ronan, quand il fut transporté par ses disciples, de Hillion, près de Saint-Brieuc, où il mourut, jusqu'au lieu de sa sépulture.

Le long de la route, Yves ne perdait aucune occasion de prêcher la parole de Dieu. Madame de Keranrais étant donc fatiguée, s'arrêta pour se délasser sur la pierre d'un carrefour, par où passaient les pèlerins. Yves commença à expliquer l'Evangile du jour. Le seigneur de Coatpont qui, par hasard, suivait la même voie, voulut se moquer du prédicateur et de ceux qui l'écoutaient : « Voyez-vous, leur dit le bienheureux, cet homme qui passe fièrement, dédaignant d'écouter la parole de Dieu ! S'il y avait eu ici à ma place cinq ou six filles à danser avec le tambour du diable, il se fût arrêté pour danser avec elles. » Le chevalier s'arrêta aussi, mais par la force d'en haut, frappé subitement d'une paralysie qui lui ôta l'usage de ses membres. Sur l'avis de ceux qui l'accompagnaient, il eut recours au saint, avoua sa faute, et pria le saint prêtre de lui obtenir sa guérison. Ce fut pour lui comme le moment de la grâce, car complètement remis de son infirmité, il vécut désormais en bon et fervent chrétien.

En revenant de Saint-Ronan, Yves passa quelques jours à Quimper et fut invité à prêcher dans la cathédrale. Il avait un talent extraordinaire pour le ministère de la parole, et prêchait tantôt en breton, tantôt en latin et même en français, quoique cette langue fût peu connue en Bretagne à cette époque. A Quimper on ne parlait que le breton, et c'est dans leur propre langue que les habitants eurent le bonheur de l'entendre. Longtemps après la mort du saint, on s'entretenait encore de ses sermons et des heureux résultats qu'ils avaient produits dans cette ville.

Après avoir vénéré les restes bénis de saint Corentin, Yves visita les Cordeliers, pour lesquels son affection durait toujours. Il alla ensuite demander la bénédiction du pieux évêque, Alain Morel, qui occupait alors le siège de Quimper, et quitta cette ville pour continuer son voyage avec la famille de Pestivien. Yves se rendit avec elle au château du seigneur Maurice du Mené, non loin du bourg de Landeleau. Le désir de prier sur la tombe de ce saint, dont il avait particulièrement étudié la vie, lui rendait cette visite bien plus chère encore. Il dit la messe dans la chapelle du château, et confessa la mère de Typhaine de Pestivien et ses filles, qu'il détermina par ses pieuses exhortations à se consacrer entièrement à Dieu.

Au château de Landeleau, comme plus tard à Pestivien et à Glomel, qu'il visita encore avant de rentrer à Trédrez, Yves ne diminua en rien sa vie mortifiée, et chaque nuit il couchait sur le plancher de sa chambre, ne mangeant dans la journée que quelques rares morceaux, pour ne pas paraître jeûner, et ne buvant que de l'eau, où l'on parvenait avec peine à verser quelques gouttes de vin. Maurice et lui couchaient dans la même chambre, à cause du grand nombre de personnes dont se composait la famille de Pestivien. Or, une nuit, pendant que ce seigneur dormait profondément, croyant que le prêtre en faisait autant, une voix du ciel le réveilla en sursaut. « Vous dormez dans un bon lit, tandis que le serviteur de Dieu est couché sur la pierre dure, au froid de la nuit. » Maurice tout effrayé de ces paroles, appelle son compagnon de chambre qui avait disparu. Ne sachant que penser de cette voix qu'il avait entendue très distinctement, le chevalier chercha partout le saint prêtre. Il se rappela qu'Yves avait parlé la veille de faire une visite au tombeau de saint Eleau ; il s'y transporta en toute hâte et le trouva profondément endormi sur la pierre qui passait pour le lit du saint ermite. C'est un dolmen situé au village de *Min-glaz,* à une demi-lieue de l'église : on l'appelle toujours la maison de saint Eleau, *ty sant Eleau.*

Du château du seigneur Maurice du Mené, Yves se rendit avec ses compagnons de pèlerinage à Guézec, où les Pestivien avaient une très belle terre, et une superbe habitation. Typhaine, fille de Jean de Pestivien, se trouvait absente lors de la visite du recteur de Trédrez. A son retour elle éprouva bien du chagrin et des regrets très vifs d'avoir manqué cette occasion qui lui aurait procuré le bonheur de s'entretenir avec le saint prêtre. Tout ce que ses sœurs lui racontèrent ne servit qu'à augmenter son regret, et son désir de le voir le plus tôt possible. Ce désir ne se réalisa cependant que plusieurs années après. Yves avait quitté Trédrez, et ce n'est qu'à Louannec, huit ans avant sa mort, qu'elle eut l'occasion de le rencontrer pour la première fois.

Le pieux recteur, après avoir pris congé de ses hôtes, poussa, croit-on, son excursion jusqu'à Nantes, pour vénérer le tombeau de saint Clair, puis regagna son pays par Vannes, Guingamp et Louargat, où il célébra la messe, dans la chapelle du Cleuziou, selon une ancienne tradition, conservée dans les archives de la famille de ce nom, à Lannion.

Yves était encore recteur de Trédrez, lorsqu'un témoin de sa vie nous rapporte qu'il se préparait de longues heures à la célébration de la sainte messe. On l'a vu plusieurs fois verser des larmes abondantes au moment solennel de la consécration, et le reste de sa journée se passait en actions de grâces. Il portait suspendue à son cou une petite custode en argent doré, où étaient renfermées quelques hosties consacrées, afin de pouvoir à tout moment distribuer le saint viatique aux malades. Il marchait toujours ainsi, en la présence de son Dieu, profondément recueilli, la tête enveloppée dans son capuchon, et les yeux modestement baissés. Cette tenue humble et recueillie édifiait au plus haut point ses bons paroissiens, auxquels il parlait cependant volontiers, quand il les rencontrait dans les champs ou sur les chemins de Trédrez ; mais c'était toujours pour les entretenir de Dieu et du

le coin de sa poche, un peu de blé pour verser
dans le coffre traditionnel, qui ne sert que ce jour
là et tout le mois de mai.

Ce n'est pas seulement de son blé et de son
revenu que le saint recteur de Trédrez soulageait
les malheureux, il se dépouillait même, comme
nous l'avons dit, de ses vêtements pour les habiller,
et Dieu s'est plu quelquefois à les lui rendre, non
pas à sa prière, mais à la voix des pauvres qui le
bénissaient en le remerciant avec effusion. Ils ont
toujours conservé chez nous cette touchante habitude de répondre à l'aumône qu'on leur donne, par
ces simples paroles qui sont l'indice d'une foi profonde : *Que Dieu vous le rende : Doue d'ho péo.*
Un jour donc qu'Yves se rendait de Trédrez à
Kermartin, il rencontra sur sa route trois pieuses
femmes qui faisaient le pèlerinage des sept saints
de Bretagne. Ce pèlerinage, assez en usage à cette
époque, consistait à visiter chacune des églises des
premiers fondateurs de la religion dans notre pays,
c'est-à-dire les cathédrales de nos sept Evêchés.
Voyant venir le saint prêtre, qu'elles connurent à
sa démarche, sans l'avoir jamais vu, elles se réjoui-
rent et se promirent bien d'obtenir de lui quelques
paroles d'édification. Le Bienheureux ne se fit pas

prier, et il leur parla avec tant d'onction qu'elles en restèrent tout émerveillées. Au même moment, un pauvre se présente, et le bon prêtre n'ayant rien à lui donner, se dépouilla de son épitoge et la lui mit sur les épaules. Le malheureux s'en alla après s'être confondu en actions de grâces et en bénédictions. Yves continua sa route, et les pèlerines s'étant détournées pour le voir encore une dernière fois, n'aperçurent plus le pauvre, mais le Saint revêtu de son pardessus dont il venait de se dépouiller et que Dieu lui avait rendu.

§ **VIII**. — **Saint Yves recteur de Louannec**.

Il reste comme un nuage sur le départ de saint Yves, de Trédrez. Si les habitants de cette paroisse ne surent pas apprécier un tel trésor à sa valeur, ils ont dû se le pardonner difficilement dans la suite. Plutôt donc que d'attribuer ce changement à des motifs qui se sont altérés dans la mémoire du peuple, il est préférable d'en voir la cause dans la volonté de l'évêque de Tréguier, qui désirait naturellement approcher de sa ville épiscopale, ce savant recteur regardé par tous comme la lumière du diocèse. Yves lui-même pouvait désirer le rapprochement de Kermartin. Là étaient sa maison, sa fortune et aussi sa famille de pauvres dont il cherchait à adoucir la misère. Son père et sa mère étaient morts depuis plusieurs années, et, comme les autres gentilshommes du pays, il exploitait sa terre du Minihy, dans l'intérêt des malheureux. Il quitta donc Trédrez vers l'an 1293, pour se rendre à Louannec, *paroisse très litigieuse,* suivant Albert le Grand, où il fut reçu avec les démonstrations de la joie la plus vive.

Située, comme Trédrez, sur une hauteur qui domine la rade de Perros-Guirec et le groupe des Sept-Iles, l'église de Louannec embrasse, dans son horizon, un des beaux sites du pays trécorrois. Bâtie dans le style roman en sa partie inférieure, elle existait telle que nous la voyons au temps de notre Bienheureux. Il n'y avait qu'un presbytère fort peu spacieux, situé sur un roc, attenant à la chapelle des fonts baptismaux dont il fait partie aujourd'hui. Cette église, agrandie peut-être à cette époque, se compose d'une nef et de deux collatéraux, avec la grande chapelle du Barac'h qui lui sert de transept sud. Elle avait primitivement pour patron saint Emilion, dont la statue sans nom se

voit encore à l'un des autels, et plus tard, saint
Pierre, sans que nous sachions la raison de ce
changement. Aujourd'hui, comme on le conçoit
facilement, le patron de Louannec est saint Yves,
qu'on y a représenté prèchant en chasuble. Une

Chasuble de Saint-Yves conservée à Louannec.

des chasubles dont s'est servi le saint recteur, est
conservée, très précieusement, dans une armoire
vitrée accolée à la sacristie. On en a fait de longues

et savantes descriptions. Tout porte à croire qu'elle est réellement authentique.

Un très beau porche du xive siècle, surmonté d'une flèche en plomb, sert de tour et d'entrée latérale à l'église de Louannec : on y voit une statue de saint Yves debout à côté de la sainte Vierge, et au bas de l'église une autre statue du même saint assis entre le riche et le pauvre, comme on le représente ordinairement. Ces statues sont très anciennes, du xive au xve siècle, selon toute apparence. L'église est assez pauvre en décorations. On y remarque cependant, dans la chapelle du Barac'h, un tableau du xviie siècle assez bien exécuté, représentant la même scène. Les personnages sont richement habillés et de couleurs très vives. Un autre tableau plus sombre rappelle un trait de la vie de saint Bernard. On y voit la sainte Vierge, tenant dans ses bras l'Enfant-Jésus, et laissant couler une goutte de son lait sur les lèvres de son pieux serviteur humblement prosterné à ses pieds.

A quelque distance du bourg de Louannec, sur le chemin de Kermaria-Sulard, ou Notre-Dame de Liesse, on aperçoit dans une touffe d'arbres verts une chapelle bien modeste, mais très bien tenue. C'est le lieu de Kerallain, autrefois gentilhommière d'une certaine importance. Là, saint Yves, revenant de Tréguier, aurait ressuscité un enfant qui venait de se noyer dans l'étang formé par un ruisseau qui coule encore. Un tableau du xviie siècle, qui a quelque valeur, occupe le chevet de la chapelle et donne la physionomie de cette scène touchante. Le saint prêtre a pris entre ses bras l'enfant inanimé qu'on vient de retirer de l'eau. Le père supplie le saint, la mère est abîmée dans sa douleur. Une statue en bois, ancienne aussi, quoique fraîchement peinte, se voit du côté de l'Epître. Saint Yves tient dans ses bras le cadavre de l'enfant de Kerallain, et c'est la tradition constante au pays, que le recteur de Louannec ressuscita cet enfant, au lieu même où s'élève cette chapelle, qui ne serait qu'un ex-voto, en souvenir de ce miracle. Le silence des témoins, lors de l'enquête de la canonisation et l'omission de ce trait merveilleux dans les biographies de saint Yves, étonnent quelque peu, mais n'infirment en rien la tradition locale. Les parents de cet enfant étaient sans doute morts à cette époque, et le petit ressuscité, dont saint Yves avait un instant retardé le bonheur, était allé les rejoindre au ciel.

Non loin du château du Barac'h, sur la route

de Lannion, on voit un reste de *dolmen*, portant sur la plus grosse pierre, à demi-renversée, une légère excavation qu'on pourrait bien prendre pour l'empreinte d'une pelle. Le saint recteur revenant, dit-on, un peu tard, le soir d'une journée de fatigue, n'osa pas se présenter au château et se coucha sur cette pierre pour dormir le reste de la nuit. Ce n'était pas d'ailleurs la seule fois que cela lui arrivait, et ce lieu s'appelait déjà le lit de saint Yves. Un cultivateur des environs qui en voulait au Bienheureux, le trouvant couché sur cet étrange lit, allait l'assommer d'un coup de sa pelle. Yves, réveillé par le juron du paysan, put esquiver le coup dont la marque resta sur le granit.

On ajoute que, pour punir d'une manière exemplaire la méchanceté de cette homme, Yves changea la couleur de ses cheveux qui étaient noirs, en un rouge éclatant, et condamna à la même punition tous ses descendants, jusqu'à je ne sais quelle génération. Est-ce pour réparer cette brutalité de leur ancêtre qu'ils ont érigé deux beaux calvaires en granit, sur les deux principales routes de la paroisse ? L'un est près du bourg et porte le nom d'un recteur de cette famille, et l'autre au bout d'un chemin, non loin de l'endroit où se passa l'histoire de la pelle. Cette histoire a beaucoup de rapports avec celle des fougères d'Yvias. On serait tenté d'y voir des faits s'accordant peu avec la charité bien connue de saint Yves ; mais la Bible nous en fournit de semblables, dans la vie d'Elie qui fit tomber le feu du ciel sur ses ennemis, et d'Elisée où nous voyons des ours sortir du désert pour dévorer les enfants qui avaient insulté le saint vieillard !

Yves allait souvent de Louannec à Kermartin, distant de trois à quatre lieues. On sait très bien le chemin qu'il suivait, et l'on montre aux étrangers les endroits où il s'arrêtait pour prier, prêcher ou confesser les pénitents sur les bords de la route.

A moitié chemin, on voit encore aujourd'hui, au centre d'un carrefour, un calvaire en granit qui porte les caractères du xive au xve siècle. Sa base est ornée de plusieurs sculptures en reliefs très prononcés. L'une de ses faces représente un ecclésiastique absolvant un seigneur pieusement agenouillé à ses pieds. C'est sans doute le châtelain dont on découvre un peu plus loin les donjons à moitié ruinés, mêlés au feuillage des arbres verts. Ce calvaire se nomme *Croaz ar Skillo.*

Un peu plus loin, en s'avançant vers Tréguier,

ÉGLISE DE LOUANNEC
où St Yves était recteur lors de sa mort

une pierre fait saillie au bas d'un talus, près de
la barrière d'un champ. Tout le monde vous dira
que là s'arrêtait le saint prêtre pour finir son
office, lire quelques pages des Saintes-Ecritures ou
faire son oraison en attendant qu'il se présentât
quelqu'un pour demander l'absolution de ses péchés.
Jamais personne ne passe ce calvaire sans faire une
prière ; jamais non plus sans baiser ou toucher de
la main, et se signer ensuite, cette pierre qui,
depuis tant de siècles, a échappé à l'injure du
temps et au vandalisme des hommes. Elle est gardée
par la foi du peuple bien plus précieusement
qu'elle ne le serait par les vitrines de n'importe
quel musée. Dans le champ voisin, un vaste
tumulus arrête les regards par la grandeur de sa
masse ; mais cette masse ne dit rien ou n'éveille
que de sombres souvenirs, et l'humble pierre sur
laquelle s'est reposé un saint, parle au cœur,
inspire la piété et réveille la foi, dans nos tristes
jours traversés par tant de misères et de peines !

C'est à peu près à cette époque qu'un seigneur
de Quintin, Geffroy Botherel, rapporta de la
Palestine une ceinture de la sainte Vierge, que lui
avait donnée le patriarche de Jérusalem. Dans ce
siècle de foi, la présence d'une pareille relique au

pays de Bretagne fut un grand événement, et de tout côté on accourait pour la vénérer. Bien des miracles s'opéraient par le contact de cette ceinture, et Geffroy fit construire une belle église à Quintin, pour y déposer ce riche trésor. Le pieux recteur de Louannec, si dévot à la sainte Vierge, se rendit avec quelques-uns de ses paroissiens à la grande fête qui eut lieu à Quintin, à l'occasion de la bénédiction de cette église. Thomas de Kerimel, gentilhomme de Kermaria, fut un de ses compagnons de voyage. Touché par la conversation du saint, par l'affluence énorme des pèlerins et surtout par la grâce du Ciel, Thomas se convertit entièrement à Dieu et se fit religieux profès, au monastère des Cisterciens de Bégard.

Le souvenir de ce pèlerinage, dont faisait partie Derien de Coatalio, est resté gravé dans tout le pays où passa la pieuse caravane de Louannec. A Pontrieux, Lanvollon, Châtelaudren, la dévotion pour le saint prêtre doit son origine au séjour qu'y fit momentanément notre Bienheureux. A Cohiniac en particulier, les habitants redisent encore quelques légendes qu'on a eu la bonne pensée de consigner dans le cahier de paroisse.

Le saint, dit une de ces légendes, ayant trouvé

les enfants du bourg allant puiser de l'eau à une
fontaine située dans un bas-fond assez dangereux,
annonça que pour le lendemain il aurait changé
cette fontaine de place. On ne le crut pas, bien
entendu ; mais quel ne fut pas l'étonnement, quand,
le jour suivant, on trouva la source transportée
en un lieu bien plus élevé, où l'on peut depuis ce
temps puiser de l'eau sans aucun danger !

A Quintin, les pèlerins durent se loger, comme
ils le purent, un peu partout, à cause de la grande
affluence des étrangers. On y montrait encore, il
n'y a que quelques années, la maison où le saint
avait reçu l'hospitalité, et une inscription déjà
ancienne la faisait connaître aux voyageurs. Tout
a disparu, si ce n'est le souvenir de saint Yves qui
y est conservé par une chapelle érigée en son honneur, et un hôpital portant son nom.

Je ne sais si du temps de Geffroy Botherel la
fête de la ceinture se célébrait avec beaucoup de
pompe à Quintin. Tout porte à le croire en voyant
la dévotion extraordinaire qu'on y a conservée pour
cette insigne relique. Le premier dimanche de mai,
la ville se transforme en un parterre de fleurs ; les
maisons se cachent sous des guirlandes de verdure,
et le soir le reflet de sa splendide illumination

rejaillit jusque sur les nuages. C'est la procession de la Ceinture conservée dans un magnifique reliquaire d'argent doré ! La vieille collégiale est remplacée par une église superbe, la plus belle sans contredit du pays. Elle est dédiée à la sainte Vierge, mais saint Yves y a déjà une verrière, et peut-être une statue y fera revivre son souvenir.

Après avoir rempli leurs dévotions et vénéré à plusieurs reprises cette ceinture de la Vierge, les pèlerins de Louannec regagnèrent leurs foyers, remplis d'une sainte joie et le cœur tout ému de cette explosion de dévotion pour la Mère de Dieu.

On peut croire que plusieurs amis du recteur de Louannec ou de Geffroy de Kerimel, firent partie de ce pèlerinage, entre autres Geffroy de Cabanac, Derien de Kerwézec et Auffret du Rumen, dont la conversion ne fut pas moins remarquable que celle de Kerimel. Le premier était un pécheur public et obstiné. On avait souvent entendu le saint pasteur lui reprocher ses désordres, vraiment scandaleux. Enfin il se rendit à ses pressantes instances et devint un parfait honnête homme. Il vivait encore au temps de l'enquête de canonisation, et s'il ne lui fut pas possible de paraître comme témoin, on put

du moins le citer comme un exemple de l'influence
du saint prêtre sur les âmes les plus endurcies.

Le second menait une vie encore plus débauchée.
Il était noble et riche, et passait son temps à semer
la corruption et le meurtre. Yves, par ses exhortations, son zèle et sa sainteté, le retira du chemin
de l'abîme, et le gentilhomme converti se rendit,
humble pèlerin, au tombeau des Apôtres, pour
expier ses crimes. A son retour il ne chercha plus
qu'à réparer par ses pénitences et ses aumônes
tout le mal qu'il avait fait auparavant par sa conduite criminelle. Le clerc Auffret du Rumen qui
vivait aussi d'une manière peu conforme à la sainteté de son état, rentra en lui-même à la voix de
son zélé pasteur, et fit, à pied, le pèlerinage de
Rome, pour pleurer ses désordres sur le tombeau
des Apôtres. De retour à Louannec, il mérita par
sa conduite exemplaire, et sur les recommandations de son pasteur, d'être élevé à la dignité du
sacerdoce, et vécut en saint prêtre, jeûnant tous
les carêmes au pain et à l'eau.

Yves lui-même continuait ses austérités à Louannec comme à Trédrez, ainsi que sa grande charité
pour les pauvres, charité dont les recteurs bretons,
nous l'avons dit, ont toujours donné l'exemple, à

un degré inférieur peut-être, mais généreusement encore et sans compter.

« Un jour, dit Guillaume de Kersauson, témoin de Louannec, le recteur nous invita à dîner. C'était la cinquième année de son arrivée dans cette paroisse, et la Bretagne souffrait d'une grande disette. Quand nous arrivâmes au presbytère, il n'y avait qu'un seul pain dans la maison, et trois ou quatre pauvres à la porte, attendant l'aumône. Yves prit le pain et en distribua de grandes tranches à ces malheureux affamés. « Arrêtez-le, s'écria le vicaire, ou bien il donnera tout le pain et nous n'aurons rien pour dîner. » Nous n'en fîmes rien, et Yves, qui avait tout entendu, mit de côté la part du vicaire et donna le reste aux mendiants. Le vicaire, qui se nommait Guillaume de Trohas, chercha en vain son morceau de pain qu'il avait déposé sur une petite table : il avait disparu comme le reste, et cependant on n'avait vu personne entrer dans la salle. Tout à coup une petite femme, pas plus grande qu'une naine, frappa à la porte, apportant dans son tablier trois grands gâteaux pour les convives du saint, y compris le vicaire. Elle disparut aussitôt, sans qu'il fût possible de savoir ce qu'elle était devenue. »

La disette était si grande, continue le témoin, que les hommes étaient réduits à manger de la terre. Yves en nourrit miraculeusement un très grand nombre, en se privant lui-même jusqu'à rester huit jours sans rien prendre. Conan de Guernabacon fut témoin lui-même d'un de ces miracles. Se trouvant un jour à Louannec, il fut voir le recteur qui l'invita à dîner. Au même moment arrivèrent une trentaine de pauvres gens, tous affamés, n'ayant rien mangé depuis plusieurs jours. Le saint envoya chercher du pain chez le boulanger. On n'en trouva qu'un de deux deniers. « J'en donnerai, dit-il, pendant qu'il y en aura, et Dieu fera le reste. » Il commença donc à en distribuer des morceaux, et il y en eut pour tous. « Je crois bien, dit Conan, que quand bien même il y en aurait eu mille de plus, le pain aurait suffi pour les rassasier tous. »

Il ne suffisait pas de nourrir les pauvres, il fallait encore les habiller. Yves employait à cela tout l'argent dont il pouvait disposer, après ses abondantes aumônes. C'est à Lannion qu'il s'approvisionnait de grosses toiles et de drap à bon marché. Les tailleurs de Louannec en faisaient des vêtements que le bon recteur distribuait à tous les nécessiteux. Pour lui, il ne portait qu'une soutane, d'un tissu grossier, avec une épitoge d'étoffe brune, et quand le besoin du repos se faisait sentir, il se couchait sur la pierre qu'on montre encore dans le jardin du presbytère, attenant à l'église. Si on l'invitait quelque part, dit Guyomard de Kerallain, il faisait en sorte de ne manger que quelques croûtes de pain avec un peu d'eau rougie, quand il ne pouvait boire son eau pure, dissimulant ainsi, aux yeux des convives, ses mortifications habituelles.

Dieu ne voulait pas laisser cachées toutes ces vertus de son serviteur, et ses paroissiens n'ignoraient pas combien sa puissance était grande. Aussi un terrible incendie s'étant allumé un jour, dans un village assez éloigné du bourg, les habitants vinrent en courant demander l'assistance du saint prêtre. Yves se rendit le plus vite possible sur le lieu du sinistre, et trouva ces braves gens en lutte avec les flammes dévorantes, sans pouvoir se rendre maîtres du feu. Le bon recteur demanda un peu de lait, dont il aspergea les toits brûlants. Aussitôt le feu s'arrêta par le plus grand des miracles. Plus tard ce village reconnaissant a voulu porter le nom du bienheureux, sous lequel il est encore connu aujourd'hui.

SAINT YVES ÉTEIGNANT UN INCENDIE

La renommée porta au loin le bruit de ce prodige, et de tout côté on ne parlait que de la sainteté du recteur de Louannec. Dès qu'on le voyait, on se sentait comme rassuré contre tous les malheurs. A une lieue de Tréguier, la route de Lannion traverse la belle vallée du Guindy. Un pont servait à passer la rivière assez rapide en cet endroit. Ce pont, brûlé dans un incendie, fut appelé depuis Pont-Ars ou pont Losquet. Un charpentier de Langoat, nommé Yves de Kerguézennec, avait fait marché de le reconstruire. Les ouvriers ayant mal pris leurs mesures, coupèrent les poutres beaucoup trop court, et il fut impossible de les mettre en place. Le maître, désolé, mesura et remesura plusieurs fois. C'était en vain. Il fallait abattre d'autres arbres et reprendre tout le travail. Tout à coup, on vit arriver le recteur de Louannec, qui se rendait à Kermartin. La confiance commença à revenir. Yves de Kerguézennec lui exposa son embarras en versant des larmes. « Vous n'avez peut-être pas bien mesuré, lui dit le saint prêtre, donnez-moi votre ligne que je mesure moi-même. » Il le fit et trouva les poutres beaucoup trop longues. Peu s'en fallut qu'on ne fût obligé de les diminuer. Les ouvriers ne purent s'empêcher de voir là un miracle éclatant ; ils se jetèrent aux pieds de celui qu'ils appelaient déjà un saint, et le remercièrent avec effusion. Yves se contenta de leur dire de vivre en bons chrétiens et continua sa route. C'est le fils même de l'entrepreneur, alors recteur de Mantallot, qui atteste ce prodige comme l'ayant entendu répéter souvent par son père. Ce pont a sans doute été fait et refait plusieurs fois depuis ; mais le souvenir de l'intervention divine, à la prière de saint Yves, y restera toujours attaché, qu'il soit en bois, en pierre ou en fer, comme maintenant, et nul ne le passera sans invoquer le bienheureux !

§ **IX. — Saint Yves dans le ministère paroissial.**

Dans l'*Office primitif* qu'on a imprimé à la fin des *Monuments Originaux*, il est dit qu'Yves de Kermartin, après avoir été avocat et official, devint prêtre, puis curé, montrant avec soin, par ses prédications, le chemin du ciel aux paroissiens qui lui furent confiés. Le ministère paroissial comprend, sans doute, l'administration des Sacrements de l'Eglise, comme aussi le soin et la visite des malades, et nous savons bien que notre bienheureux ne manqua jamais de remplir ses devoirs de pasteur avec une fidélité et un zèle admirables. Peut-être que les confessions et communions étaient moins fréquentes à cette époque. Saint Thomas d'Aquin nous dit, en effet, dans un de ses sermons, que l'institution de la Fête-Dieu fut, pour les fidèles, comme le point de départ de la fréquentation de la divine Eucharistie : *In eodem tempore cœpit hoc sacramentum à fidelibus frequentari*. Le pieux recteur de Louannec ne fut pas le dernier sans doute à inspirer à ses paroissiens la dévotion au Saint-Sacrement de l'autel. De peur même que les malades n'en fussent privés, il le portait, comme nous l'avons dit, constamment sur lui pour le leur distribuer en cas de danger de mort. Comme le raconte l'abrégé de sa vie, écrit quelques années après sa canonisation, il était toujours prêt à écouter les confessions de ses paroissiens et il leur distribuait la sainte communion avec une grande dévotion. « Souvent, dit un témoin dans l'Enquête, je l'ai vu verser des larmes sur les péchés de ses pénitents, ce qui les portait eux-mêmes à pleurer de leur côté et à se confondre en repentir et en contrition. Ceux qui lui ouvraient leurs consciences ne voulaient plus le quitter, tant ils avaient trouvé de componction et de bonheur dans ses saintes exhortations. »

Un jour, on vit arriver à Louannec un inconnu bien étranger au pays, qui se disait attiré par la réputation du saint. Il venait uniquement pour le voir, l'entendre et se confesser à lui. Après sa confession, il sentit, comme il l'a affirmé lui-même, son cœur pénétré d'une dévotion extraordinaire et d'un repentir dont il n'aurait jamais soupçonné la douceur. Il se prit à pleurer amèrement ses péchés, et résolut de ne plus se séparer du saint prêtre, mais de rester toujours dans sa compagnie et de vivre comme lui. Pendant deux ans, il fut fidèle à venir le visiter souvent à Louannec et à Kermartin, et au bout de ce temps, il demanda à son saint directeur un conseil pour vivre dans la grâce de Dieu, et se sauver plus sûrement. Yves l'engagea à entrer dans l'ordre des Frères-Mineurs, ce qu'il fit aussitôt.

Les malades, le saint pasteur les aimait à l'égal des pauvres. Dès qu'il apprenait que quelqu'un de ses paroissiens était alité, il s'empressait d'aller le voir, et après l'avoir amené, par ses pieuses exhortations, à se confesser, il lui administrait le saint viatique, ainsi que l'Extrême-Onction, ajoutant que, muni des sacrements de l'Eglise, le pauvre malade n'avait plus rien à craindre pour le salut de son âme, et pouvait envisager la mort avec courage et sans aucune inquiétude. Il ne manquait jamais de joindre une aumône à ses pieuses prédications, excitant même chacun à lui exposer ses besoins, avec promesse de les soulager de tout son pouvoir. Dieu lui révélait, sans qu'il fût averti, s'il y avait des malades dans les villages où il passait. « Un jour, dit un témoin, je l'accompagnais pour un petit voyage. Un homme sortit sur son passage, dans la rue des Perdrix, à Tréguier, et vint lui dire en toute hâte : Dom Yves, venez au plus vite confesser un pauvre malade qui se meurt. — Le saint prêtre me dit de continuer seul mon chemin, que pour lui il avait besoin de rester auprès du malade qu'il savait en danger de mort. »

« Les successeurs de saint Yves, dit avec raison M. Ropartz, reproduisent chaque jour, dans nos campagnes, le zèle du pieux recteur de Louannec. Quel est le voyageur attardé qui n'a pas entendu, dans la vaste solitude des champs, le tintement monotone et régulier d'une petite clochette, et qui n'a pas vu la clarté douteuse d'une lanterne glisser le long des haies et des talus ? C'est le recteur qui accourt au premier appel, au milieu de la nuit, malgré la pluie ou la neige, par les chemins impraticables, porter dans la pixide d'argent, le pain du dernier voyage à quelque chaumière isolée et perdue derrière les landes et les bois, à une lieue ou deux du clocher de la paroisse. »

C'est par la prédication surtout qu'un pasteur peut exercer une influence salutaire, souvent irrésistible, sur ses paroissiens. L'ignorance est un voile qui dérobe aux âmes les attraits de la vérité et une chaîne bien lourde qui les tient captives. La parole de Dieu sur les lèvres du prêtre, qu'il soit éloquent comme saint Ambroise, ou simple comme saint Vincent de Paul, déchire ce voile, brise ces chaînes et rend à l'âme la liberté et la vie. Aussi voyons-nous, sans que nous puissions bien nous en rendre compte, le peuple s'attrouper, s'arrêter de longues heures autour de celui qui lui parle de Dieu et de sa religion sainte. Les Galiléens suivaient Notre-Seigneur, oubliant le boire et le manger, tant ils étaient avides d'entendre sa parole. C'était le Maître, il est vrai, mais Jésus-Christ n'a-t-il pas dit aux pasteurs qu'il envoie continuer sa mission : *Qui vous écoute, m'écoute moi-même !*

Yves, en véritable apôtre, prêchait toutes les fois qu'il en trouvait l'occasion. D'après les *Monuments Originaux*, il n'aurait su que la langue bretonne avant d'aller compléter ses études à Paris et à Orléans ; mais, dans ces deux villes, il apprit si bien le latin et le français, qu'il parlait indifféremment dans chacune de ces trois langues. C'est en breton, néanmoins, qu'il avait le plus souvent occasion d'exercer le ministère de la parole sacrée. On le voyait souvent s'arrêter dans les champs, au milieu des laboureurs, avec les artisans, sur le bord des routes, et il trouvait toujours dans son cœur quelques bonnes paroles à leur dire, ou dans sa mémoire un trait quelconque de la vie des Saints à leur raconter. Parfois même, se trouvant en présence de quelques bonnes gens complètement ignorants, il s'arrêtait une partie de la journée à leur enseigner le *Pater* ou Oraison dominicale, et leur recommandait de réciter souvent cette sainte prière. Il n'était pas même nécessaire qu'il y eût un grand rassemblement : il prêchait aussi bien à une bonne femme qu'il rencontrait, pleurant une perte bien sensible, qu'à un auditoire nombreux, et savait laisser de côté l'éloquence et les sciences dans lesquelles il brillait cependant, pour parler sans recherche à ces hommes simples, se mettant toujours à la portée des humbles et des petits, et faisant du bien à tous.

Il parlait avec force contre les péchés de la chair, et s'appliquait, dit un auteur, par ses discours et son exemple à élever la sainte vertu de chasteté au-dessus de toutes les autres vertus : *castitatem præ cæteris virtutibus commendabat.* Aussi les conversions qu'il opérait étaient-elles nombreuses et souvent bien inattendues. Il y avait alors à Tréguier, dit Hamon de Kérousy, deux pauvres filles perdues de mœurs, Alice, fille de Hamon Déote, et Raudaline. Elles suivirent long-temps les sermons du saint prêtre et finirent par se sentir tellement touchées qu'elles lui firent une confession générale de leurs crimes et de leurs désordres, et se convertirent sincèrement. Elles donnèrent dans la ville qu'elles avaient scandalisée si longtemps, l'exemple d'une grande piété et d'une modestie extraordinaire. Leur attachement au zélé pasteur fut tel que, dans la suite, on les appela les sœurs de saint Yves.

Plusieurs filles de bonnes maisons et de noble race, pénétrées par la vertu de sa parole, se con-sacrèrent entièrement à Dieu. On cite, entre autres, Alice, sœur du seigneur de Mûr, qui, après avoir entendu un sermon du saint sur la virginité, renonça aux plus riches établissements pour conserver cette belle vertu. Alain Thomas affirme lui-même que, gagnés par les discours du saint recteur, son épouse et lui avaient vécu pendant plus de vingt-cinq ans dans la continence la plus parfaite.

Yves, dit un témoin, était le prédicateur le plus populaire et le plus suivi de son temps. On quittait l'évêque pour aller écouter le recteur de Louannec ! Né éloquent, dit Dom Lobineau, ce saint prêtre possédait toutes les qualités qui font les bons prédicateurs. Il avait, par son application à l'étude, cultivé et développé au plus haut point ses dispositions naturelles. A la noblesse de la maison, qui lui donnait plus d'autorité pour parler au peuple, il joignait de l'extérieur et une taille élevée. Son air était imposant, et le feu qui brillait dans ses yeux indiquait la pureté de son âme et prévenait l'auditoire en sa faveur.

Quand Geffroy de Tournemine, alors évêque de Tréguier, visitait les paroisses de son diocèse, il se faisait accompagner de Dom Yves, comme on se plaisait à l'appeler, pour prêcher au peuple la parole de Dieu en sa présence. C'est à pied que le saint prêtre faisait ses courses pastorales, bien qu'il eût pu se permettre lui-même d'avoir un bon cheval. Quand l'évêque lui en envoyait un, il le gardait pour ne pas déplaire au prélat, mais le faisait monter par son clerc, et marchait à côté de lui pour pouvoir prêcher tout le long de la route. *D. Yvo post eum incedebat prædicando.* Il y avait en effet tant de charme dans sa parole, que la foule qui l'avait entendu un jour, le suivait encore le lendemain et le jour après, pour l'entendre de nouveau. Dans un de ces pardons que l'on voit au pays de Tréguier, le saint prédicateur ayant cédé la parole, comme il le faisait toujours, à un Frère Prêcheur qui se trouva là par hasard, les assistants faillirent se révolter, et il fallut tout l'ascendant du bon prêtre pour les déterminer à écouter tranquillement le sermon du dominicain.

Avant de commencer sa prédication, Yves priait à genoux avec une grande ferveur et les mains jointes. Quelquefois même il ne se relevait que baigné de larmes ! Souvent ses pleurs éclataient au milieu de son discours, et l'auditoire subjugué y répondait par des sanglots. Prédicateur infatigable, il se faisait entendre le même jour dans plusieurs paroisses éloignées l'une de l'autre par de grandes distances. Il allait ainsi toujours à pied, dit Albert-le-Grand, souvent à jeun, bien que plusieurs briguassent l'honneur de le recevoir à leur table, et s'adonnait tellement à ce saint ministère, qu'il en oubliait le boire et le manger. De retour le soir au logis, après avoir prêché tout le jour, il ne pouvait, dit-il, *tenir sur bout, tant il estoit faible.* Quelquefois, partant le matin de Kermartin, il prêchait le même jour à la cathédrale de Tréguier, à Trédarzec et à Pleumeur-Gauthier. Enfin, un jour de Vendredi-Saint, comme il racontait la douloureuse Passion de Notre-Seigneur Jésus-Christ, dans l'église de Pleubian, la foule disait que c'était la septième église où il prêchait ce jour-là. Après ce sermon, il se trouva tellement brisé par la fatigue, qu'il ne put regagner son manoir qu'appuyé sur le bras de son ancien condisciple, Yves de Troézel, qui était venu l'entendre. Aucun des sermons de saint Yves n'est parvenu jusqu'à nous, mais le fruit de ses prédications et de son zèle apostolique n'a pas été perdu au pays de Tréguier. On a toujours conservé, dans ces campagnes évangélisées par le saint prêtre, l'amour de la religion, un grand fond de piété et des habitudes de mœurs pures qui distinguent en général la jeunesse du pays.

§ **X**. — Saint **Yves** dans sa vie intérieure.

« Les ermites fleurissent dans le désert, loin de toutes les tempêtes humaines, dit saint Antoine de Padoue ; les moines, dans le jardin du cloître, à l'abri des chaleurs dévorantes ; mais l'homme voué à la pénitence fleurit avec gloire dans le champ du monde. » Yves, revêtu de son long manteau de bure blanche, pratiquant la pénitence à un degré qui nous effraie, fleurissant dans le monde, sans la protection du désert, sans l'abri du cloître, c'est bien, semble-t-il, l'idéal de la perfection à laquelle on ne parvient pas sans gloire ; mais cette gloire revient à Dieu principalement, car en couronnant les bonnes œuvres de ses serviteurs, ce sont ses propres dons qu'il couronne, comme on le chantait autrefois dans une ancienne préface qui a disparu de notre liturgie.

Nous ne reviendrons pas sur les mortifications de notre bienheureux, dont nous avons parlé à mesure que nous les avons rencontrées dans sa vie. Nous les compléterons seulement, car elles ont augmenté par gradation, avec le nombre de ses années. « Il ne pouvait pas, dit l'abbé de l'Œuvre, être martyrisé par les Juifs, comme les premiers martyrs ; ni par les païens, comme les seconds ; ni par les hérétiques, comme les troisièmes ; mais il fut le martyr de la pénitence où il n'eut pas d'autre persécuteur que lui-même, et au lieu que les supplices des autres martyrs ne duraient que peu de temps, et qu'ils avaient parfois quelque relâche, ceux de saint Yves durèrent toute sa vie. »

Sa chemise était de grosse toile d'étoupes, rude comme un cilice de crins ; quand elle était devenue trop douce par un long usage, il la donnait à un pauvre pour en prendre une autre plus dure encore. Il se la jetait sur le corps toute mouillée, sans craindre le froid de la nuit. Sur sa poitrine, il portait un véritable cilice qu'il dérobait soigneusement aux regards. Obligé de le quitter quelques jours avant sa mort, il le remit secrètement à un de ses domestiques, pour être porté à un reclus près de la Roche-Derrien, qui l'avait vivement sollicité. Comme si ce n'était point encore assez pour tourmenter son corps, Yves se laissait dévorer par la vermine qui formait comme un cilice vivant autour de ses membres amaigris, et il les cachait, ces insectes qui le dévoraient vivant, avec plus de soin encore que ses autres instruments de pénitence !

Yves dormait peu. Le jour ne lui suffisant pas, il passait une grande partie de la nuit à prier, à lire ou à étudier, et quand il était vaincu par la fatigue, il appuyait sa tête sur ses livres et dormait dans quelque coin de la chambre, les bras croisés sur sa poitrine. Quelquefois il se couchait sur une claie ou un peu de paille, enveloppé d'une mauvaise couverture, sans se déshabiller et ne se déchaussant que bien rarement. Son lit de Kermartin ne lui a peut-être jamais servi. A Louannec, il s'étendait sur un rocher à la porte de l'église, afin d'être le plus longtemps possible devant le Saint-Sacrement.

Hervé de Coatrevan entre à ce sujet dans de minutieux détails qui montrent tout le soin qu'il mettait à dissimuler ses austérités. Dans les presbytères où il était toujours reçu avec une profonde vénération, le saint prêtre se contentait de défaire le lit qui lui était préparé, puis ses longues prières terminées, il s'étendait sur le plancher de la chambre, pour prendre un peu de repos. « Son abstinence et ses jeûnes étaient admirables », dit l'abbé de l'Œuvre. Ce qu'un illustre prélat de nos jours a dit des religieux de la Grande Chartreuse, que ce n'était pas tant pour vivre que pour ne pas mourir qu'ils mangeaient, est très vrai de ce saint curé. A

Paris, âgé de quatorze ans, il donnait aux pauvres la portion de viande qu'on lui servait. A l'âge de vingt-quatre ans, il renonça tout à fait au vin et à la viande, et commença à jeûner tous les vendredis. Mais ce n'étaient là que des coups d'essais de l'austérité extra-ordinaire où il vécut jusqu'à son dernier soupir.

Douze ans avant sa mort, Yves commença à jeû-ner au pain et à l'eau, le carême, l'avent, et tous les jours commandés par l'Eglise ; de plus trois jours par semaine. Le reste du temps, il ne faisait qu'un seul repas de gros pain, avec quelques légumes cuits à l'eau, sans autre assaisonnement qu'un peu de sel ; encore fallut-il plus d'une fois le forcer à prendre cet adoucissement. Ce régime de rigoureuse pénitence, il l'observait partout, fût-il chez l'Evêque ou quelque autre seigneur dont il était parfois obligé d'accepter l'invitation ; et s'il lui arrivait de prendre un peu de vin pour rougir son eau, il en mettait aussi peu que le prêtre verse d'eau dans le vin pour la célébration de la messe. C'est la com-paraison dont se sert le sieur de Pestivien qui l'avait reçu assez souvent à sa table. A son exemple, quel-ques dames de distinction, entre autres Madame Constance de Pestivien, résolurent de faire maigre tous les mercredis de l'année, ainsi qu'il l'est prescrit depuis, aux associés du Tiers-Ordre des Minimes.

Dieu approuva par des miracles cette abstinence de son zélé serviteur. Ainsi, au château de Botloy, Jeanne de Tournemine, depuis longtemps malade, ayant reçu du saint un morceau de pain trempé dans l'eau qu'il buvait, fut subitement guérie et vécut plus de vingt ans après, racontant volontiers qu'elle devait la vie à Yves de Kermartin.

Un autre jour, dit Le Flem, de Louannec, le saint m'ayant envoyé chercher un pain chez le boulanger, je lui apportai le seul convenable que je pus trouver dans la maison. « C'est trop beau, me dit le recteur, est-ce qu'il n'y en avait pas d'autre plus grossier ? — Oui, mais un pain de son seulement que les hommes ne mangent pas. — C'est celui-là qu'il me faut. Allez me le chercher au plus vite. » Yves fit asseoir tous les pauvres autour de sa table, et tout à coup un petit oiseau entra par la fenêtre et vint se poser sur son épaule. Le saint prêtre le prit dans sa main, et l'ayant considéré longtemps, il le renvoya en lui disant : « Va-t-en au nom du bon Dieu. » L'oiseau s'envola et tous les assistants furent convaincus que c'était un oiseau miraculeux, car jamais personne n'en avait vu d'aussi beau dans le pays :

numquam in partibus illis vidit avem similem illi.

Pour résumer, en un mot, toute l'austérité de sa vie, Yves faisait tant d'abstinences, dit Alain Bouchard, que son pauvre corps pouvait à peine les supporter. La prière le soutenait et jamais il n'omit de réciter dévotement son bréviaire, bien qu'il fût accablé par les travaux de son ministère. Ce compagnon de sa vie, qu'il portait constamment avec un exemplaire des Saintes Écritures, on en conserve, nous l'avons dit, quelque débris au presbytère du Minihy. Nous ne pouvons omettre d'en faire la description, d'après M. Sigismond Ropartz, l'éloquent historien de saint Yves, auquel nous avons fait plus d'un emprunt, dans ce chapitre surtout.

« Le volume de petit format manuscrit est sur vélin. Il porte le cachet du XIIIᵉ siècle, les majuscules initiales des rubriques sont enluminées avec une grande simplicité. Les gaufrures de la reliure forment une mosaïque régulière, où s'alternent un agneau crucifère, une rose à cinq lobes et une fleur de lys, ce qui semble indiquer que ce manuscrit a été fait en France et peut-être à Rouen ; le fermoir est en cuivre. Il n'est pas possible de trouver un bréviaire du XIIIᵉ siècle plus modeste, plus simple, plus conforme à la pauvreté volontaire et à l'humilité admirable du bienheureux prêtre qui l'a sanctifié. »

« Chaque jour, continue notre historien, en traduisant avec élégance l'abrégé de la Vie du bienheureux par le P. Maurice, chaque jour, à moins d'empêchements graves, Yves célébrait le saint sacrifice de la messe. Avant de se vêtir des ornements sacrés, il se prosternait au pied de l'autel, les bras en croix, le front baissé et recouvert de son capuchon, et il priait longtemps. On entendait ses sanglots ; les larmes coulaient le long de ses joues amaigries, jusque sur ses vêtements, et il répétait sans cesse : « O Jésus, fils de Dieu, créez en moi un cœur pur, et faites pénétrer jusque dans mes entrailles l'esprit de votre justice. » Il versait d'abondantes larmes en récitant le *Confiteor,* et ses larmes redoublaient pendant le saint Canon. Aux élévations, c'étaient des transports inexprimables d'amour, qui se traduisaient par des effusions et des sanglots. En vain cherchait-il à les dissimuler, les assistants en étaient profondément touchés et mêlaient souvent leurs larmes à celles du saint prêtre. Un jour même, pendant la consécration, on vit un éclair instantané illuminer le calice et l'entourer d'une auréole éblouissante qui s'évanouit aussitôt après l'élévation.

Un autre jour, Olivier de Lanmeur étant entré de grand matin dans la cathédrale de Tréguier, où Yves avait passé la nuit, vit une colombe lumineuse sortir de la sacristie et s'avancer vers l'autel où le bienheureux était prosterné dans l'extase de la prière. Cette lumière remplit tout l'édifice d'un éclat merveilleux, et le sacristain, ayant quitté ses cloches, pour voir ce phénomène de plus près, fut vivement réprimandé par le saint, pour n'avoir pas tinté aussi longtemps que de coutume. « Gardez-vous bien, ajouta-t-il, de parler à qui que ce soit de ce que vous avez vu aujourd'hui. »

« L'oraison du saint prêtre était continuelle. Il parlait peu, si ce n'est de Dieu et de ce qui a rapport au salut des âmes. Quelquefois même il s'enfermait dans sa chambre pour y faire comme une retraite, pendant laquelle il ne buvait ni ne mangeait. Une de ces retraites dura cinq jours, et une autre toute la semaine. Cathovad et les autres gens de la maison ne le voyant pas sortir, s'en furent avertir l'Evêque et quelques chanoines. Comme ils ne purent entrer, on appela Conan, son beau-frère, qui, ayant brisé la fenêtre, pénétra dans sa chambre. « J'aurais voulu, dit le saint troublé dans son oraison, que le ciel vous eût envoyé une bonne maladie, pour vous empêcher de venir céans. »

Bien que la plus grande partie de son temps fût prise par la prière et le ministère paroissial, Yves en trouvait encore assez pour s'occuper d'études sérieuses. Il aimait surtout à étudier la vie des Saints et en recueillait des traits pour ses sermons et ses instructions familières. Il s'appliquait aussi à imiter dans chacun sa vertu favorite ; ainsi, dans saint Martin, il admirait la charité envers les pauvres, et il porta lui-même cette charité plus loin encore que le saint Evêque de Tours, car il ne se contentait pas de partager son manteau avec eux, mais il le donnait tout entier, jusqu'à être obligé parfois de se couvrir de la méchante courte-pointe de son pauvre grabat, en attendant qu'on lui eût fait d'autres habits.

Dans les autres saints, en particulier, saint Augustin, Yves ne voyait que leur grand amour pour Dieu, et nul ne porta cette vertu à un plus haut degré que lui. Pierre abbé de Bégard nous apprend qu'il avait même écrit de sa main un abrégé de la vie des saints les plus illustres, et que ce travail portait le nom de *Fleurs de la Vie des Saints,* œuvre dont la perte ne peut être attribuée qu'à la négligence de ce siècle oublieux, comme dit Tacite, des faits de nature à le faire briller de quelque éclat. Les vertus de ces saints que le pieux recteur avait consignées dans son ouvrage, nous ont du moins été conservées, dit un auteur, par celles dont il nous a donné un si brillant exemple, et c'est notre seule et suprême consolation !

Ce n'est pas pour son seul profit spirituel, que le savant curé breton étudiait la Sainte-Ecriture et la vie des Saints, il aimait encore à en instruire les autres. C'est ainsi, comme nous l'apprend Lanno, recteur de la Roche-Derrien, que Geffroy Kernabat, procureur de l'église de Tréguier, et lui, se rendaient tous les jours, le samedi et le dimanche exceptés, au manoir de Kermartin, pour entendre de la bouche du saint l'explication d'un chapitre de l'Ecriture-Sainte, ou un trait de la vie de quelque bienheureux serviteur de Dieu. Ils furent fidèles à ce pieux rendez-vous, pendant les trois ans qui précédèrent sa mort. Comme il disait la messe de grand matin dans sa chapelle, il avait le temps de faire ses pieuses conférences à ses deux grands élèves avant l'arrivée des pauvres. Il prêchait ensuite à ces derniers et leur distribuait les aumônes accoutumées. A midi, il retenait les deux prêtres à dîner, partageait avec eux son maigre repas, puis priait et étudiait jusqu'à l'heure des vêpres qu'ils récitaient ensemble. Il s'entretenait ensuite avec eux de quelques sujets de piété et leur faisait la conduite, tantôt vers la Roche, tantôt vers Tréguier, pour recommencer le lendemain. On ne sait ce qu'il faut le plus admirer dans ces scènes d'un âge déjà bien éloigné de nous, ou le zèle du saint prêtre ou l'ardeur de ses deux pieux amis, qui avaient compris tout ce qu'ils pouvaient tirer de profit des leçons et des vertus du grand apôtre breton.

§ **XI**. — **Saint Yves restaure la cathédrale de Tréguier.**

Quand le jeune Yves de Kermartin reçut le baptème dans la cathédrale de Tréguier, on ne pouvait guère prévoir que cet enfant était destiné par la Providence à restaurer ce vieil édifice. Nous aurions hésité à introduire ce fait dans notre modeste récit, si nous n'avions été encouragé à le faire par l'autorité du P. Maurice Geffroy, qui écrivait vers la fin du XVe siècle, et sur lequel s'est appuyé le P.

Albert le Grand, autre dominicain, deux siècles plus tard. L'enquête ne parlant pas de cette restauration, leur témoignage n'est devenu sérieux que depuis la découverte, par M. A. de la Borderie, de la Vie originale de notre saint, dans un Lectionnaire de la cathédrale de Tréguier écrit au XIVe siècle. En cela il n'y a rien qui doive nous étonner. Les recteurs de nos pauvres campagnes sont chaque année appelés, eux aussi, à restaurer leurs églises, sans ressources le plus souvent, et ils y parviennent par autant de miracles moins éclatants sans doute, mais réels toutefois.

Les premiers successeurs de saint Tugdual, ou au moins de saint Ruellin, qui avait son siège à Tréguier, ont dû songer à bâtir une église convenable pour la dignité du culte. Cette construction n'aura pas sans doute été achevée en un siècle ni deux, mais peu à peu, à mesure que les ressources sont venues ou que le besoin s'en est fait sentir. C'est probablement cette partie achevée en dernier lieu, qui aura été conservée comme un souvenir précieux de l'ancienne cathédrale. On l'a nommée, on ne sait trop pourquoi, la tour d'Hastings. Au rapport du P. Maurice Geffroy, cette vieille cathédrale, *fort caduque, petite, bâtie à l'antique, mal percée, obscure et doublée de simples lambris,* portait tous les caractères du style roman primitif. Le bon Père, épris des merveilleuses églises ogivales qu'il avait sous les yeux, montrait peu d'estime pour ces sortes d'édifices *faits à l'antique.* Yves résolut donc, avec l'aide de Dieu, de restaurer cette église vénérée qui avait abrité nos premiers évêques, et, sans s'arrêter aux plaisanteries de ceux qui lui prédisaient un échec complet, il se mit en quête de secours.

Le duc, la duchesse, les seigneurs de la cour, les barons et gentilshommes du pays, il les visita tous en leur tendant la main. Le peuple donna son obole ; la communauté de la ville, ses économies ; l'évêque, le chapitre et le clergé du diocèse ouvrirent leurs bourses, et il n'y eut personne qui ne contribuât avec joie à cette œuvre, tout à la fois pieuse et nationale. En peu de temps, les matériaux furent sur place et les ouvriers à leurs chantiers. Dieu fit connaître par un prodige combien cette entreprise lui était agréable.

Yves, en effet, ayant appris que le seigneur Pierre de Rostrenen avait de beaux arbres dans sa forêt, lui en demanda quelques-uns pour faire la charpente de la nouvelle cathédrale. Pierre accueillit favorablement la demande du saint prêtre ; il lui permit de faire abattre autant d'arbres qu'il lui en faudrait et à son choix. Yves ne se le fit pas dire deux fois. Après avoir remercié le seigneur, il fit marquer et couper les plus beaux troncs de la forêt. Les familiers du château dénaturèrent les intentions du zélé recteur, et le dénoncèrent à leur maître, comme voulant détruire tout son bois, sous prétexte de restaurer son église. Pierre trop crédule se mit en colère et renvoya avec force injures le bon prêtre qui était venu lui témoigner sa reconnaissance, au nom de saint Tugdual. « Le Dieu pour lequel je travaille, répondit Yves avec douceur, récompense au centuple tous les sacrifices que l'on fait pour lui. Vous pouvez vous en convaincre vous-même. Allez demain dans votre forêt et vous serez témoin de la vérité de mes paroles. »

Le seigneur fut désarmé par cette contenance du saint. Le lendemain donc, Yves ayant dit la messe dans la chapelle du château, tous, seigneur et valets entrèrent dans le bois et furent merveilleusement surpris, en voyant, par le plus grand des miracles, sur chaque tronc coupé la veille, s'élever trois autres arbres beaucoup plus grands et plus majestueux. Le seigneur de Rostrenen, à la vue d'un tel prodige, se jeta aux pieds de dom Yves, lui demanda pardon de ses injures et lui permit de continuer de couper autant d'arbres qu'il lui en faudrait pour achever son œuvre.

Quand le bois fut arrivé à Tréguier et travaillé pour être mis en place, le charpentier s'aperçut que toutes ses poutres étaient trop courtes de deux pieds. Il en fut si humilié que, dans un accès de désespoir, il voulait se pendre. On eut mille peines à l'en empêcher. Dans sa détresse il alla trouver dom Yves, mesura devant lui et le convainquit du fait. Le saint prêtre le consola de son mieux, puis se mit en prière, et, s'étant levé, lui dit avec beaucoup de douceur : « Mon ami, prenez votre ligne et mesurez encore, vous vous serez peut-être trompé. » Le charpentier obéit et trouva toutes les pièces de bois trop longues de plus de deux pieds. Tous les ouvriers, témoins du prodige, furent dans la plus grande admiration, et pleins de confiance en celu que Dieu montrait si puissant, ils travaillèrent avec la plus ardente activité, de sorte que l'édifice fut achevé en fort peu de temps.

Il est fort possible que la nef et les collatéraux de la cathédrale actuelle datent de cette restauration, et que la charpente, qui est si belle, provienne

de ces beaux arbres, multipliés miraculeusement
dans la forêt du seigneur de Rostrenen. Cette forêt
existait probablement dans un de ses domaines,
aux environs de Tréguier, où le bois a cessé de
croître depuis bien des années. Vers la fin du XIVe
siècle, une nouvelle restauration est devenue nécessaire, sans que l'on sache au juste dans laquelle
des parties, et l'édifice, tel que nous l'avons aujour-
d'hui, faisant une équerre avec l'ancienne cathédrale, n'a été achevé que vers le milieu du XVIe
siècle. Quoique petite, c'est, pour l'élégance du
style, pour les proportions et la pureté des lignes,
une de nos plus jolies cathédrales. Saint Yves, qui
l'a presque rebâtie pendant sa vie, sera assez puissant, aujourd'hui qu'on lui a élevé un magnifique
tombeau dans cette église, pour donner les moyens
de l'embellir autant qu'elle le comporte, afin qu'elle
soit digne de Dieu et de ses glorieux patrons, saint
Tugdual et saint Yves, protecteurs de la ville et du
pays de Tréguier !

Olivier de Lanmeur, le sacristain dont nous avons
déjà parlé, parce qu'il avait été témoin de la lumière
éblouissante qui entourait la tête du bienheureux
pendant son oraison, ajoute qu'il vit un personnage
inconnu s'entretenir avec lui et qu'il croyait bien

être saint Tugdual, car cette belle vision disparut à peu près à l'endroit où sont conservées les reliques de ce saint. Que se passa-t-il dans cette conversation de deux saintes âmes, dont l'une était déjà dans la gloire ? Nul ne l'a révélé ; mais il se peut que saint Tugdual recommandât, ce jour-là même, au bienheureux Yves de Kermartin, de lui rebâtir sa cathédrale, et que ce soit pour obéir à cette voix du ciel que le saint prêtre ait entrepris, sans se décourager, une œuvre qu'il termina si heureusement.

Saint André et saint Tugdual étaient honorés comme les patrons de cette première église. Rien que le fait d'avoir été placée sous le patronage d'un apôtre, dénote une très haute antiquité à cette cathédrale. L'église, dédiée primitivement à ce saint, se trouvait à une centaine de pas plus près de la rivière. On n'y voit aujourd'hui qu'une esplanade, et sur un des murs la statue du saint crucifié, avec une inscription du XIVe siècle. Dans la cathédrale on a relégué son image au fond d'une chapelle absidale, et saint Yves a pris sa place à côté de saint Tugdual, comme patron de l'église et du diocèse.

Le charmant cloître qui est annexé à la cathédrale ne fut bâti qu'un siècle plus tard, par Christophe du Chastel, neveu du Cardinal d'Avignon. Ce travail dura sept ans et fut béni l'an 1648, par l'évêque de Sinope, qui se trouvait alors à Tréguier.

§ **XII**. — **Physionomie de saint Yves, son caractère, ses statues.**

Le caractère breton est, en général, empreint d'une sorte de tristesse indéfinissable. Cela tient-il au bruit de la mer qui bat éternellement les rochers de nos côtes, où tant de navires se brisent chaque hiver ! Est-ce un effet de notre langue, ce débris du langage primitif que le breton seul peut parler ! Faut-il l'attribuer à la stérilité d'une grande partie de nos landes, ou à l'ingratitude du sol qui se laisse péniblement arroser par la sueur de nos robustes cultivateurs ? Peut-être doit-on y voir un douloureux souvenir de ces guerres sans fin qui, pendant tant de siècles, ont désolé nos campagnes, détruit nos villes et fait couler à grands flots le sang de nos pères. Il se peut que le sentiment religieux si fortement gravé dans les cœurs, nous ait inspiré cette tristesse de l'exil qui faisait gémir les Hébreux sur les bords de l'Euphrate, au souvenir de la patrie

5*

absente ! Pour le breton, cette patrie est le ciel d'où il lui sera permis de voir encore sa chère Bretagne. Pénétré de cette grande pensée, il voit venir la mort sans crainte et sans horreur, soit qu'il expire au milieu des siens ou sur le champ de bataille où il est toujours prodigue de sa vie.

En Bretagne, le chant, la musique, la poésie, ces manifestations sublimes des sentiments de l'âme, sont comme l'écho de quelque chose qui manque ici-bas. Le poète breton pleure ; son chant est triste, un peu monotone, comme la voix qui l'exprime, et cependant on ne se lasse ni de l'entendre ni de le lire. Le théâtre, chez nous, se borne à quelques tragédies ou à la vie d'un personnage malheureux : on aime à pleurer au spectacle. Les *Barzas-Breiz,* ces délicieuses poésies d'un autre âge, glanées par M. de la Villemarqué dans nos landes fleuries, *Chateaubriand, Brizeux,* pour ne rappeler que les plus brillants de nos poètes, ont touché vivement cette corde si sensible de l'âme humaine, la douleur ! Ils pleurent, ils gémissent, et ceux qui apprennent leurs beaux vers pour les chanter le soir à la veillée, ou bien le lendemain, sur le versant de la montagne, semblent pleurer comme eux. Les instruments de musique vraiment bretons, sont bien primitifs ; mais la corde sensible y domine toujours ; soit qu'ils fassent danser les jeunes gens, aux pardons du bourg et aux noces du village, on croit entendre des pleurs dans leurs cordes humides !

On ne se sent pas cependant malheureux en Bretagne : on s'y plaît, on s'en éloigne le cœur serré et seulement quand il le faut. Nul plus que le breton n'est sujet à ce terrible mal du pays qu'il appelle aussi : *Kleved ar ger*, et contre lequel il n'y a qu'un remède, le retour. Oui, il y revient avec bonheur ! La vue de son clocher, l'angelus du soir, le chant des oiseaux à la tombée de la nuit, cela suffit pour consoler le pauvre voyageur qui regagne son pays et le délasser de toutes ses fatigues. Quelqu'un dira peut-être qu'il n'en est plus de même aujourd'hui. Je n'en crois rien, et, si un jour ce devait être une vérité, je dirais à mon tour avec le moine Gildas : C'en est fait de la Bretagne : *finis Britanniæ.*

Cette digression un peu longue m'est inspirée par la vue du portrait de notre Bienheureux, pris des *Grandes Chroniques d'Alain Bouchard* et placé en tête des *Monuments Originaux.* L'on se représente difficilement saint Yves sous ces traits d'une rudesse exagérée. Il n'y a rien de moins breton, si ce n'est le petit nain qui l'accompagne et qui lui arrive à peine aux genoux. L'artiste avait sans doute bonne intention : il a voulu peindre la pénitence, mais on ne défigure pas les personnes pour cela. Ce ne doit pas être le portrait de saint Yves : il n'y a ni la coupe de la figure qu'on peut prendre sur son chef vénéré à Tréguier, ni le menton saillant, ni les pommettes osseuses, ni les méplats qu'on se figure aisément. Qu'on cherche les moyens de représenter sur ses traits l'austérité de la pénitence et des mortifications, rien de mieux ; mais la beauté de la figure doit toujours se traduire à travers ces ombres.

Saint Yves, après tout, n'était pas continuellement plongé dans cette tristesse qui est au fond du caractère breton. Dans une des hymnes de son office, il est dit qu'il conservait toujours la même gaîté sur ses traits, et la même tenacité dans ses desseins, sans jamais s'abandonner à une joie immodérée, ni se laisser abattre par les difficultés : *Una vultûs hilaritas*, etc. Il plaisantait volontiers avec ses pauvres, tout en graissant de ses mains les souliers d'un pèlerin de saint Jacques, se moquant gracieusement de l'un d'eux qui apportait un pain trop beau, puis d'un autre qu'il venait d'habiller de sa propre soutane.

Il recevait avec une grande cordialité les moines mendiants qui descendaient chez lui, et les obligeait à prêcher quand l'occasion se présentait. A Rennes, il a dû passer de bonnes soirées avec ses chers compatriotes de la Roche-Derrien et de Pommerit-Jaudy, sans compter les pauvres qui accouraient chez l'archidiacre, pour causer avec le saint et recevoir de lui l'aumône de la charité. D'ailleurs, dit une leçon de son office, il y avait quelque chose de séduisant dans sa personne, et lorsqu'on avait fait sa connaissance, on ne pouvait plus s'en séparer. Il y a toujours, dans la physionomie d'un saint, un certain reflet qui révèle ses vertus et les qualités de son âme. Les païens eux-mêmes pensaient qu'il devait en être ainsi de leurs divinités, et Enée, jeté par une tempête sur les côtes de la Lybie, y rencontra la déesse sa mère, sous la forme d'une princesse ; mais à son maintien, à sa démarche, il reconnut bientôt en elle une déesse de l'Olympe : *Et incessu patuit dea !*

Si l'on veut faire une représentation des traits de saint Yves, il faut avoir égard à ces considérations, ainsi qu'à l'époque de sa vie que l'on aura en vue. Avocat, il était encore jeune, une trentaine d'années au plus. Official ou recteur, on doit lui donner une figure un peu plus âgée, mais jamais décrépite. A cinquante ans les bretons sont encore pleins de vigueur, et les macérations ne défigurent pas en général. Daniel et ses compagnons avaient aussi bonne mine dans le palais du roi de Perse que les jeunes gens de leur âge, élevés dans le raffinement du luxe et de la bonne chère.

Ces différences de physionomie de saint Yves, nous les trouvons dans les nombreuses statues qui le représentent sur nos autels, dans nos chapelles et les moindres oratoires élevés en son honneur. Toutes ne sont pas sans doute également bien réussies, mais on aime à voir cette variété et les efforts de nos modestes artistes, pour atteindre à la perfection dont ils voyaient l'idéal. La plastique nous a privés de cette étude intéressante à tous les points de vue. Un type unique a été adopté, puis modelé et distribué partout. Avec un riche polychromage, ces statues plaisent assez aux yeux : elles coûtent relativement peu, et les vieilles statues de saint Yves sont condamnées au feu pour leur faire place dans nos églises !

On a fait une collection bien intéressante, quoique peu complète, des estampes reproduisant les traits de notre bienheureux ; il serait facile d'en faire autant pour ses statues en les reproduisant par la photographie. Tout cela ne nous donnerait pas encore le vrai type de saint Yves, mais nous pourrions au moins nous mettre ainsi en communication d'idées avec tous ceux qui ont honoré avant nous l'illustre saint qui fait la gloire de notre pays. Il y a certaines choses qu'il ne faut jamais omettre, sous peine de n'être pas compris : sa liasse de papier, son bréviaire pendu au bras, la bourse de ses aumônes et sa barrette à quatre angles (1). Avec ces signes caractéristiques, le paysan breton comprendra toujours saint Yves. Les savants préféreraient l'aumusse, le grand manteau à fourrures, et cependant nous avons vu le peu de cas qu'en faisait le saint durant sa vie. Faut-il cependant, par je ne sais quel esprit de réalisme qui travaille notre époque, représenter le saint en haillons, nu-pieds, la tête découverte ? Non. Il y a quelque chose de divin qui doit rejaillir jusque sur les traits d'un bienheureux. En peinture, cette pensée se traduit par un nimbe ou auréole ; en sculpture, on lui donne des vêtements qui sentent un peu la transfiguration.

(1) Ces signes iconographiques peuvent être simplement de convention pour distinguer les images des Saints.

Au moyen-âge, la dévotion du peuple allait jusqu'à habiller ces statues des étoffes les plus précieuses, et nous nous rappelons avec bonheur ces strophes que chantaient les Bretons, en marchant contre les Anglais, au fameux combat des Trente :

> Mar deomp d'ar ger war hor c'hiz,
> N'im a roïo d'ac'h hu ar gouriz,
> Hag ar chupen aour hag ar clenv,
> Hag ar vantel glaz liou an env ;
> Ma laro an dud o sellet,
> Aotro San Kado beniget :
> Koulz ar baros ag an c'ouar,
> San Kado na n'eusqet e bar.

« Si nous revenons du combat, nous vous ferons don d'une ceinture et d'une cotte d'or et d'une épée et d'un manteau bleu comme le ciel. Et tout le monde dira en vous regardant, ô seigneur saint Cado béni : Au paradis, comme sur terre, saint Cado n'a pas son pareil ! » C'est naïf si l'on veut, mais c'est touchant, et cette piété de nos pères remue toutes les fibres de notre âme. Que faut-il davantage ! C'est toute une poésie d'un autre âge que nous sommes heureux de rencontrer de temps en temps, pour nous remettre des tristesses du nôtre.

§ **XIII.** — **Dernières années de Saint Yves. Sa mort.**

Le saint recteur de Louannec continuait, au
milieu de fatigues sans nombre, sa vie de mortification et de zèle sacerdotal. La renommée portait au loin les prodiges qu'il opérait, chaque jour,
par ses prières et ses prédications. Il n'était pas
une paroisse qui ne désirât l'entendre prêcher, et
pour répondre à toutes les instances, il était
obligé de se multiplier au-delà de ce que permet
la prudence humaine. Dieu seul pourrait nous
dire toutes les conversions qu'il opérait. Les audi-
teurs le suivaient d'une paroisse à l'autre, et les
démons, tremblant à sa voix, sortaient des malheureux qu'ils possédaient, pour rentrer dans leur
affreux séjour. « Un jour, dit Yves L'Hauspice ou
L'Hostis, j'entendis parler de quelqu'un qui était
possédé du démon. Je l'amenai au recteur de
Louannec, et il me suivit sans difficulté. Yves l'in-
terrogea et lui demanda si c'était vrai que le diable le possédait. — Oui, répondit ce malheureux,
et très souvent il me tourmente en me faisant
entendre sa voix. — Commencez, lui dit le saint,
par confesser tous vos péchés. — Après sa con-

fession, continue le témoin, interrogé de nouveau, il répondit : Je sens la présence du démon, il me menace de toutes sortes de tourments et me demande pourquoi je l'ai conduit ici, promettant de me faire bien expier ma faute, la nuit prochaine.

— Il en a menti, dit le saint ; vous resterez ici, vous mangerez et dormirez chez moi, et l'on verra si le démon ose encore vous attaquer. »

Ce malheureux prit donc l'hospitalité chez le bon recteur ; Yves bénit le lit où il le fit coucher et veilla toute la nuit dans l'étude et la prière. Le possédé dormit très bien, ce qui ne lui était pas arrivé depuis trois ans, et se trouva complètement guéri. — « Rendez grâce à Dieu, dit le saint prêtre, et de mon côté j'en ferai autant. Retournez ensuite chez vous, aimez à entendre la messe et les sermons et faites l'aumône autant que vous le pourrez. Priez Dieu et observez ses commandements, afin que le démon n'ait plus recours sur vous. »

Ce possédé s'appelait Alain de Tresleveur, du diocèse de Tréguier. Plusieurs témoins ont attesté ce prodige, entre autres Hamon Le Flem, reclus de la paroisse de Louannec, et Guillaume, le propre fils du possédé, qui entre dans les détails les plus affreux sur les souffrances que son père endurait de la part du démon. Cette guérison ne fut pas sans doute la seule opérée par le saint prêtre, mais c'est celle dont les circonstances ont été relatées avec le plus de développements par un témoin oculaire.

Yves pressentait que sa fin approchait, et dans l'ardeur de son zèle, il se livrait avec plus de force encore au ministère de la parole et au soin des âmes. Il interrompit cependant un instant ses travaux pour faire son testament et disposer en œuvres pies, des biens dont il avait hérité de ses parents. Voici l'abrégé de ce document. « Moi, Yves Héloury, je lègue par ce testament à la chapelle que j'ai fondée en l'honneur de notre Seigneur Jésus-Christ, de sa très sainte Mère, du bienheureux saint Tugdual, son confesseur, avec la maison qui y est contiguë, bâtie par moi, de mon propre bien et de la part d'héritage qui m'est échue de mon père Héloury et de ma mère, située dans les limites du Minihy, autant que me le permettent les usages et coutumes, avec l'autorisation d'Alain de Bruc, évêque de Tréguier, savoir : trente livres à prélever sur les dîmes du Quenquis et les biens échangés, tels qu'ils existent maintenant, pour venir en aide à la dite chapelle et aux prêtres qui la desservent et devront y célébrer l'office divin à perpétuité, avec l'agrément dudit seigneur évêque. Mes autres biens, s'il s'en trouve après ma mort, ce que je n'espère guère, à part quelques livres dont je me sers pour les fidèles, je les lègue encore aux prêtres qui desserviront ma chapelle et devront y résider continuellement. Que Dieu me soit en aide et accorde la vie éternelle à mes successeurs. Ainsi soit-il. Fait le vendredi après la fête de saint Pierre-aux-liens, l'an mil deux cent quatre-vingt-dix-sept. »

Nous ne rapportons que le sens de ce document, la seule chose qui restait de la main de saint Yves et qui a été brûlée pendant la révolution avec d'autres manuscrits précieux. Nous voyons par la phrase qui suit le texte du testament, que cette chapellenie avait été fondée trois ou quatre ans auparavant, en 1293. M. Ropartz fait remarquer cependant avec raison que c'est une faute de copiste, et que la chapelle de Kermartin ayant été dotée du temps d'Alain de Bruc, il faut lire 1283 pour date certaine. Cette rectification explique le passage où le bienheureux déclare posséder ce patrimoine, avec l'autorisation du seigneur évêque de Tréguier. Saint Yves n'a rien légué aux pauvres, parce qu'il espère bien leur donner toute sa fortune avant de

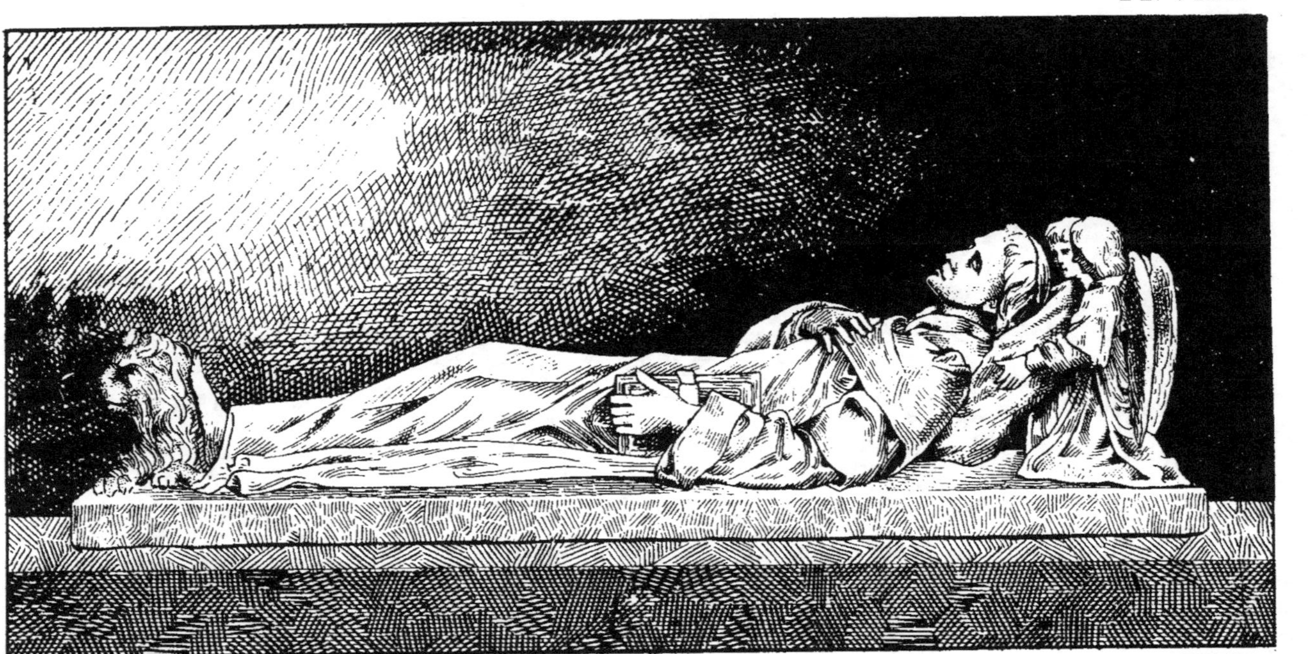

STATUE DE St YVES COUCHÉ SUR SON TOMBEAU

d'après Valentin.

mourir, et ne garder que le strict nécessaire pour la desserte de sa chapellenie.

Nous croyons devoir placer ici un extrait d'un aveu de 1601, dans lequel on énumère tous les biens attenants à cette fondation.

« Vénérable et discret Barthélémy Mathurin, chanoine et trésorier de Tréguier et chapelain de la chapellenie de saint Yves de Kermartin, tient sous la dite seigneurie de Kermartin, à cause d'icelle chapellenie : tous et chacun des héritages et terres, qui appartiennent à la dite chapellenie, lesquelles ont été données à la dite chapelle, par le dit saint Yves, et lesquelles il avait eu de partage, pour son droit avenant de la dite maison de Kermartin, de laquelle il était fils et juveigneur, lorsque, augmentant la fondation qui était auparavant en icelle chapelle, il y donna pour plus ample dotation et fondation, tout ce qui lui comptait de droit avenant de la succession de ses père et mère, réservant à ses successeurs, concurremment avec le dit seigneur, évêque de Tréguier, le droit de patronage et de présentation de chapelain au dit saint Yves, lorsque le cas y échoit.

« De quoi sont les successeurs seigneurs de Kermartin en bonne et valable possession immémoriale

jusqu'à présent. Desquelles terres la déclaration en
suit : les maisons, portes, galerie, étables, jardins,
vergers, colombier, bois de haute futaie et une
pièce de terre de jouxte, en laquelle est situé
le dit colombier, joignant et s'entretenant ensemble
et d'un endroit sur la dite chapelle, d'autre sur
le chemin menant du dit lieu de Kermartin à la
fontaine Saint-Yves, d'autre sur autre chemin
menant de la dite fontaine à la dite chapelle.
Item, une autre maison, porte, aire, jardin et
courtil de jouxte, où demeurait jadis Jean Hervé,
avec une pièce de terre illec adjacente appelée....
joignant et s'entrelaçant ensemble, et d'un endroit
sur terre Geffroy le Lagadec, et d'autre endroit,
sur le chemin menant de la dite chapelle à la fontaine de Monsieur saint Yves, quitte de rente et de
chefs rentes. » Suit un autre extrait détaillant les
biens des seigneurs de Kermartin, où l'on voit
qu'ils partageaient avec les seigneurs de Coatmen,
de Pommerit et du Verger, l'honneur de porter
l'Evèque de Tréguier, pour son installation, depuis
la cathédrale jusqu'à l'église de Notre-Dame de
Coatcolvezou, et de là au palais épiscopal, avec le
droit de partager avec eux tout ce qui restait du
souper de l'évèque, y compris linge et vaisselle.

C'est peut-être aussi le moment de répondre à une demande que l'on se fait souvent en visitant l'église paroissiale de Minihy-Tréguier : à savoir si c'est la chapelle bâtie par saint Yves, et dont il est parlé dans son testament. Si ce n'est pas l'église actuelle, où était donc cette chapelle primitive, avec la maison contiguë ? Nous croyions avoir trouvé dans cette construction tous les caractères des monuments du XIIIe siècle : fenêtres assez élancées, magnifique chevet avec une belle verrière, le tout ressemblant à une chapelle absidale d'une église non achevée qu'un bon recteur a terminée, au commencement de ce siècle, par une tour en plein cintre avec une flèche ogivale, qui semble avoir été prise à une construction bien antérieure. Les archéologues ont cru devoir la classer parmi les monuments du XVe siècle. Nous nous rendrons volontiers à leur avis, en maintenant toutefois, qu'à cette époque l'église primitive a subi des modifications dans le style de ce siècle, mais qu'au fond la chapelle actuelle est bien celle qui fut bâtie par saint Yves. Il est facile de voir qu'il y a eu une réédification à partir de la base des fenêtres, par les parties de murailles conservées et qui sont terminées en retrait, particulièrement à l'endroit où est adossée la toile du testament de saint Yves, due aux soins de Mlle de Parthenaye.

Ce testament était jusqu'au XVIIIe siècle tracé sur l'enduit du mur, et les anciens se souviennent encore d'en avoir vu les caractères à moitié effacés.

Une avenue de hautes futaies faisait communiquer cette chapelle avec le manoir de Kermartin, et la maison contiguë a été remplacée au XVIe siècle par la belle construction qui n'en est séparée que par le chemin, et qu'on appelle toujours la maison du chapelain : *ty ar chapalan*. Elle est précédée d'une cour spacieuse où l'on entre par deux portes en ogives, l'une pour les voitures et l'autre pour les piétons. Quatre tourelles la flanquaient aux angles, et l'une d'elles donnait entrée sur le grand courtil, où l'on voit toujours le pigeonnier, avec le chemin de la fontaine, une des plus belles sources du pays.

Au côté nord de la chapelle et presque au chevet, on distingue les armes de Coetquis ; aux clefs de voûtes, quatre autres écussons, dont deux entièrement frustes. Les deux autres sont de Lantillac et de Traouwas. Ce sont sans doute les seigneurs qui ont fourni aux dépenses nécessaires pour la restauration de 1480. Jean de Coetquis était évêque de Tréguier, et de Lantillac chanoine de la cathédrale. Les armes de ce dernier se voient encore sur un enfeu de cette église, près de la chaire, et dans l'intérieur du cloître. L'Evêque de Tréguier ayant été constitué par saint Yves comme patron de la chapellenie de Kermartin, c'est à lui que revenait le droit de nommer les chapelains et de les mettre en possession des biens légués par le saint prêtre. En 1601, Guillaume du Halegoët, alors évêque, en fit le récolement que nous avons donné plus haut et qui nous a été fourni gracieusement par le propriétaire actuel, M. Guillerm. Le bénéfice était peu considérable, mais il suffisait à l'entretien du modeste chapelain.

Depuis la fondation de sa chapellenie, Yves venait encore plus souvent à Kermartin. Il avait présidé à la construction de la chapelle et maintenant il voulait s'assurer par lui-même de tous les détails du service religieux. Il l'avait dédiée à la sainte Vierge, en souvenir de sa consécration à cette bonne Mère, dans l'église de Notre-Dame de Coatcolvezou. Trois jours avant sa mort, il y dit sa dernière messe, car, par une faveur toute spéciale, Dieu lui avait révélé ce jour, quelques semaines auparavant. Il confia ce secret à Typhaine de Pestivien : « Je pressens, lui dit-il, par la faiblesse de mon corps, que le terme de ma vie approche, et c'est pour moi un grand sujet de joie. Et s'il plaisait à Dieu de hâter ce moment, je m'en réjouirais encore davantage ; mon plus grand désir est de voir ce corps se dissoudre et mon âme s'envoler vers le ciel ! » Ces paroles jetèrent cette pieuse dame dans des transports de tristesse inexprimables.

« Père bien-aimé, s'écriait-elle dans sa douleur, demandez donc au Seigneur de retarder encore ce moment terrible, à cause de nous et de tous ceux qui vous aiment ! Cruelle mort, c'est ainsi que tu viens nous séparer ! Que je suis malheureuse ! Pourquoi me quittez-vous, et à qui m'abandonnez-vous dans ma désolation ! Ce n'est pas seulement à cause de moi, mais pour ce peuple qui ne vit que de vos paroles et de vos bienfaits ! Je vous en supplie, restez encore quelque temps au milieu de nous ! Saint Martin, au moins, ne refusait pas de vivre plus longtemps si c'était nécessaire pour le bien de son peuple ! » Le saint prêtre lui répondit : « Si vous m'aviez vu, moi ou quelqu'autre, revenir victorieux d'un combat, vous vous réjouiriez avec moi, et maintenant que Dieu, se contentant du peu que j'ai fait pour lui, veut bien me donner le prix de mon travail, vous versez des larmes et vous vous laissez aller à la douleur ! Jugez vous-même si c'est raisonnable ! » Ces jours d'angoisses se passaient dans des adieux touchants sans que le saint prêtre, qui se voyait mourir, ralentît en rien ses exercices de piété ou ses devoirs de pasteur.

La semaine où il mourut, bien que son corps fût broyé par la douleur et la maladie, il ne cessa pas de célébrer la messe ni d'entendre les confessions. Il continua même ses prédications comme à l'ordinaire, et le mercredi, nous dit le P. Maurice Geffroy, il célébra avec ferveur et une plus grande dévotion encore sa dernière messe, dans sa chapelle de Kermartin. Pendant le saint sacrifice, il versa des larmes abondantes et fit entendre des soupirs et des gémissements qui durèrent longtemps. Il était si faible qu'il fallut lui aider à revêtir les ornements de la messe, le soutenir à l'autel, et empêcher ses bras de tomber pendant l'élévation de l'hostie et du calice. Ce furent les abbés de Beauport et de Bégard, avec le seigneur de Kerimel, archidiacre de Tréguier, qui lui rendirent ce dernier service. Cet affaissement extrême ne l'empêcha pas d'aller, aussitôt après la messe, confesser les quelques personnes qui sollicitaient de lui cette grâce suprême.

Le jeudi, ne pouvant plus ni célébrer ni tenir debout ou assis, Yves se coucha sur son pauvre grabat et força longtemps ses lèvres défaillantes à prononcer les prières qui lui étaient habituelles. Bien plus, à mesure que ses membres s'affaiblissaient, il semblait que son esprit, se dégageant peu à peu de sa prison, avait des élans de ferveur plus forts et plus touchants. Il montrait le ciel à ceux qui l'assistaient dans ses souffrances, les consolait par ses paroles édifiantes, et leur prêchait encore le royaume de Dieu. L'Evêque de Tréguier, Mgr Geffroy de Tournemine, s'empressa d'aller bénir le pieux mourant. Quelques membres de l'officialité et des chanoines de la cathédrale vinrent aussi le visiter, et firent tous leurs efforts pour le décider à laisser mettre un peu de paille, au moins, dans son lit et sur la pierre où reposait sa tête. « Non, leur répondit-il, je ne mérite pas cet adoucissement, et j'ai tout ce qu'il me faut. » Les mains jointes, et les yeux fixés sur un crucifix peint à la muraille, il continua ainsi de prier avec la plus grande ferveur.

Le lendemain, ses paroissiens et ses amis, ayant appris que leur bon pasteur n'avait plus que quelques instants à vivre, accouraient en foule pour le voir une dernière fois, en faisant entendre partout leurs cris de désolation. Cette démarche le toucha vivement, mais il leur fit dire de ne pas se donner la peine de venir ; bien plus, de se consoler parce qu'il était dans l'état où il voulait être depuis longtemps, et qu'il avait demandé au bon Dieu de mourir ! Le samedi, à l'approche de la nuit, se sentant de plus en plus défaillir, le saint prêtre se confessa à Geffroy de Lanno, recteur de la Roche-Derrien, et supplia de ne pas tarder davantage à lui donner la communion du corps de son Sauveur. Après avoir reçu le Saint-Viatique avec la piété la plus édifiante, il demanda aussi à recevoir l'Extrême-Onction. Ce dernier sacrement, qui console et qui purifie, lui fut administré, avec une grande solennité, par Hamon Gorrec, vicaire de Tréguier, en présence de l'officialité, des chanoines et des prêtres de la ville, aussi bien que d'un nombre considérable de fidèles accourus de tous les côtés.

Le pieux mourant répondit aux psaumes et à toutes les prières liturgiques avec une touchante dévotion, sans perdre de vue un instant le crucifix

placé en face de son lit. Après la dernière onction,
il perdit la parole, mais ses lèvres baisaient toujours amoureusement la croix, et il en fit le signe
plusieurs fois sur lui-même durant la nuit. Quand
le jour commença à poindre, ses regards se tournèrent vers le ciel, et il rendit son âme à Dieu à
l'âge de cinquante ans.

C'était le dimanche dans l'octave de l'Ascension,
le 19 mai, l'an 1303, jour désormais célèbre et
cher aux Bretons. La mort, en frappant le saint
pasteur, n'avait pas laissé son empreinte sur ses
traits vénérés. Sa figure était radieuse, quelque
chose de divin se reflétait sur son front, et jamais
il n'avait paru aussi beau. On aurait pu douter de
sa mort, tant son visage semblait sourire !

Ce ne fut qu'un cri de douleur dans tout le pays,
quand on apprit cette fatale nouvelle. On se répétait à travers les sanglots : Dom Yves est mort !
C'est un saint ! Oui, un saint !

§ XIV. — Funérailles de saint Yves. Miracles sur son tombeau.

Pendant les deux jours que le corps du bienheureux fut exposé, le manoir de Kermartin ne se

désemplit pas un instant. De tout côté on se pressait pour contempler une dernière fois ces traits vénérés, où brillait déjà comme l'auréole de la gloire du ciel. Chacun voulait lui baiser les mains et y faire toucher quelque objet de piété ; ses paroissiens versaient des larmes de désolation, et les pauvres faisaient entendre des cris déchirants !

Pendant ce temps, ses funérailles se préparaient. Yves aurait voulu être enterré près de sa chapelle, dans le tombeau de ses parents ; mais l'évêque donna l'ordre de lui préparer une tombe dans sa cathédrale. Le lieu de sa sépulture dut être un de ces enfeus creusés dans les murs de nos vieilles églises. Ce mur ayant été détruit par le duc Jean V, pour la construction de sa chapelle, le tombeau du saint aura été reculé jusqu'au milieu de la nef latérale, où Mgr Bouché, successeur de Geffroy de Tournemine, lui a érigé un superbe monument.

Les chemins qui menaient à Kermartin se couvrirent bientôt d'une foule immense : tous voulaient assister à l'enterrement du saint prêtre. C'est à peine si le cortège pouvait avancer : il fallait s'arrêter à chaque instant pour laisser les fidèles toucher le cercueil et donner cours à leurs sanglots. L'évêque, entouré de son clergé et d'une foule de seigneurs, vint recevoir le corps à la porte de sa cathédrale, et après la cérémonie funèbre, souvent interrompue par les cris de douleur, l'humble prêtre fut déposé dans ce sépulcre, que tant de prodiges devaient bientôt rendre si glorieux ! On chanta pour lui une octave de services, selon les prescriptions de l'Eglise, bien que chacun fût convaincu que son âme si pure et si belle était déjà dans la gloire !

Le silence ne se fit pas longtemps autour de ce tombeau. Avant la fin de l'octave, le chevalier Alain de Keranrais, passant par la cathédrale, aperçut un jeune homme couché sur la tombe du bon curé. La terre était fraîchement remuée et aucune pierre ne le couvrait encore. « Que faites-vous là, dans cette posture, lui demanda le chevalier ? » — « Seigneur, répondit-il, je remercie le saint prêtre qu'on a enterré ici il y a sept jours. J'étais aveugle et il m'a rendu la vue. » Le bruit du miracle fit en peu d'instants le tour de la ville. Le jeune homme était du village de Coat-ar-groas, en la paroisse de Langoat. Il s'appelait Guyon, fils de Hamon ou Omnès. Tout le monde le savait aveugle, et après sa guérison il fut interrogé presque avec autant de curiosité que l'aveugle-né de l'Evangile.

Bientôt une foule d'aveugles et d'autres malades vinrent prier sur le tombeau du bienheureux Yves de Kermartin.

Un aveugle de Rocamadour, qu'on voyait tous les jours dans la ville mendier de porte en porte, conduit par un petit chien, alla lui-même s'y prosterner plein de confiance dans la puissance du saint prêtre, et le soir même on le vit se promener complètement guéri ! Ce miracle, dit Typhaine de Pestivien, causa une joie inexprimable dans toute la ville !

Margille, fille de Pierre, seigneur de Lanmeur, avait sur l'œil droit une tache de la grosseur d'un pois. Sa mère ayant entendu parler des miracles qui s'opéraient sur le tombeau du bienheureux, la voua à celui qu'on vénérait déjà comme un saint, et promit, si sa fille était guérie, de venir nu-pieds jusqu'à Tréguier pour lui rendre grâces. Le lendemain, la taie était disparue, et la pieuse mère fit son pèlerinage comme elle l'avait dit, ne cessant d'exalter partout la puissance et la bonté du saint prêtre ! Deux autres guérisons de la vue, moins importantes sans doute, mais non moins miraculeuses, furent obtenues par la même protection, pour Théophane, fille de Derien, pauvre mendiant de Prat, et Pétronille, épouse de Guillaume Arvarec, de la paroisse de Trégrom.

Even, fils de Eude Donval, de la paroisse de Plounévez, atteste sur la foi du serment, qu'à l'âge de dix ans environ, se trouvant près du moulin des Moines de Bégard, sur la grande rivière, il fut accroché par la roue et entraîné sous le tournant. Une femme qui était là par hasard, le voua à saint Yves. Aussitôt le moulin s'arrêta par miracle. On retira le pauvre enfant qui avait une horrible blessure à la tête, et l'œil arraché de son orbite. Le vœu fut renouvelé et Even se trouva immédiatement guéri, sans qu'il restât d'autre trace qu'une petite lésion au front. D'autres guérisons se sont fait attendre quelquefois plus longtemps. Alors les habitants, aussi familiers avec leur saint compatriote que les Napolitains à l'égard de saint Janvier, ne lui ont pas épargné les reproches : « Ah ! bienheureux saint Yves, s'écriait une pauvre fille qui demandait, depuis plusieurs mois, la vue pour sa mère, on dit que vous faites beaucoup de miracles, mais cela ne paraît guère pour moi, qui vous demande depuis si longtemps la guérison de ma pauvre mère ! » Elle s'éloignait tristement de Tréguier quand sa mère s'écria : Mais je vois très bien ! et, sans attendre sa fille qui pleurait de joie et de reconnaissance, elle courut toute seule jusqu'à l'église, et se prosterna sur la tombe du saint pour le remercier. C'est Auffret, abbé de Bon-Repos, qui atteste ce miracle passé sous ses yeux.

Lavinie, veuve de Hervé le Clerc, de la paroisse de Coatréven, voyant sa fille Julie, âgée seulement de douze ans, complètement aveugle depuis deux mois, promit au saint thaumaturge une rente à payer tous les ans sur son tombeau, s'il voulait la guérir par la vie ou la délivrer par la mort : *per mortem aut per vitam.* Le bon saint Yves, excusant sans doute cette demande insensée d'une mère affolée par la douleur, rendit la vue à la pauvre enfant, qui vint sur sa tombe le remercier de cette faveur signalée.

Il serait trop long d'entrer dans les détails de toutes les guérisons obtenues par les aveugles, grâce à l'intercession du saint prêtre. Notre intention n'est que de rapporter quelques-uns des miracles de tous genres opérés sur son tombeau, et que nous avons relevés dans le procès de canonisation. Voici les plus connus de ces miracles :

Raimond, fils d'Alain le Roux, de la paroisse de Bourbriac, était tombé sous le moulin de Henri

Duaut. Quand il en fut retiré il avait cessé de respirer et son corps n'était qu'une plaie. Geffroy Morvan le voua à saint Yves et promit, si l'enfant revenait à la vie, de déposer un cierge de la grosseur de son corps sur le tombeau du bienheureux. Aussitôt l'enfant commença à respirer et fut complètement guéri, sous les yeux d'un grand nombre de témoins qui ont attesté ce miracle devant les juges enquêteurs.

Azénor, veuve de Guyon, de la paroisse de Prat, promit de jeûner trois jours par semaine, si le saint voulait rendre la vie à son fils Alain, qui venait de mourir dans la nuit. L'enfant fut ressuscité et vécut encore douze ans, n'ayant qu'une légère infirmité à l'une des narines. La mère et les sœurs ont attesté ce miracle qui fit une impression profonde sur toute la contrée.

Aymar, fils de Hamon de Kerguézai, se baignant dans la rivière qui passe à Lannion, tomba au fond de l'eau et y resta deux heures. On venait de l'en retirer et il était couché sans vie sur le rivage, quand ses parents arrivèrent en courant : « Grand saint Yves, s'écria la mère, rendez-moi mon fils et il sera à vous toute sa vie ! » Aussitôt l'enfant ouvre un œil, puis l'autre, lève les mains comme

s'il fût sorti d'un long sommeil et appelle sa mère !
C'est elle-même qui atteste ce miracle, ainsi qu'une
de ses tantes, et Hervé son camarade qui se bai-
gnait avec lui.

Yves, fils de Savine, veuve Rivoalan, de la
paroisse de Plouguiel, mourut le Jeudi-Saint à
l'âge de cinq ans. On se préparait à l'enterrer
le dimanche de Pâques, quand la mère s'écria :
« O saint Yves, rendez-moi mon fils et il vous
sera voué toute sa vie. Je promets de plus de
déposer sur votre tombe bénie un cierge de la
longueur et de la grosseur de son corps ! » Aussitôt
elle commença à prendre la mesure de l'enfant qui
revint à lui et ne retourna au Ciel qu'à la fête de
Noël. Lorsque les prêtres arrivèrent quelques instants après pour procéder à la cérémonie funèbre,
ils furent merveilleusement surpris de voir le jeune
ressuscité venir lui-même au devant d'eux, et les
prier de remercier avec lui le grand saint Yves qui
l'avait rappelé à la vie !

Alain, fils d'Yves Cadiou, de la paroisse de Pleubian, était tombé, à l'âge de dix-huit mois, dans une
fosse pleine d'eau. Il en fut retiré glacé par la mort et
porté chez ses parents à un bon quart de lieue de là.
Sa mère, le voyant mort, se hâta de le vouer à

saint Yves et l'enfant revint à la vie. Il est venu lui-même témoigner de ce prodige, dont tout le monde du voisinage l'avait instruit, et la maison où il habitait a toujours une statue du bienheureux sur sa façade : elle porte le nom de *Toul-ar-voen*.

Pareil miracle fut opéré pour Jean, fils de Pierre le Corre, de Lanmeur, qui était tombé sous la roue d'un moulin, à Morlaix ; pour Jean, fils de Jeanne le Vau, de la paroisse de Pleubian, qui s'était noyé dans une fontaine, et un autre enfant tué d'un coup de pied de cheval. Ils furent ressuscités par la protection de saint Yves, ainsi que six autres dont il est question dans l'enquête de canonisation, sans parler d'une dizaine de pauvres femmes qui n'ont dû qu'à l'intercession du saint prêtre, de conserver et de mettre au monde en vie, les enfants morts dans leurs seins. Nous allons continuer de rapporter, en abrégé, quelques autres miracles encore opérés sur le tombeau du bienheureux.

Une femme, de la paroisse de Plestin, Catherine Autred, avait été frappée d'une paralysie complète. On la porta sur le tombeau du saint où elle passa sept semaines à prier avec beaucoup de ferveur. Comme elle n'obtenait pas cependant sa guérison, malgré ses supplications et ses larmes, on l'attacha

de nouveau sur son cheval, et elle s'éloignait dans
la plus grande tristesse. Avant de perdre de vue
le clocher de Tréguier, elle voulut jeter encore une
dernière fois les yeux sur cette église bénie où
reposait le corps de celui qu'elle avait invoqué en
vain. « Grand saint Yves, s'écria-t-elle, il sera donc
dit que vous n'aurez pas pu guérir une pauvre
femme comme moi ! Que dirai-je dans mon pays
quand on parlera de votre puissance. Oh ! que je
voudrais vous devoir ma guérison ! » Comme elle
disait ces mots, elle se vit environnée d'une grande
lumière ; une chaleur bienfaisante se répandit dans
ses membres engourdis : c'était la guérison. La
pauvre femme descendit seule de cheval et retourna
à pied de Pontlosquet à Tréguier, pour rendre
grâces au bienheureux et prier sur son tombeau.
Elle est venue elle-même, avec les personnes qui
l'accompagnaient, attester ce prodige devant les
commissaires de l'enquête. Pareille grâce fut obte-
nue par un homme de Guérande, qui priait depuis
cinq semaines dans l'église de Tréguier et était per-
clus des deux jambes.

Un noble Espagnol de Fontarabie, nommé Don
Miguel, ayant craché dans la main d'un pauvre qui
lui demandait l'aumône au nom de Dieu et de saint

Yves, fut saisi d'une fureur telle que personne ne
pouvait le retenir. Il voyait, dit-il, un homme vêtu
de blanc qui le frappait et allait le tuer. Deux mate-
lots le lièrent et le transportèrent sur son navire,
dans le quai à Tréguier ; mais sa fureur n'en devint
que plus violente. Le capitaine le voua à saint Yves,
le fit descendre pour être porté sur le tombeau du
saint, et fit dire des messes et donner d'abondantes
aumônes aux pauvres en son nom. Deux jours après,
il fut parfaitement guéri. Laurent le Saint qui a
rapporté ce miracle, en relate un autre plus merveilleux encore. Il s'agit d'un homme de Niort qui
a été pendu trois fois le même jour. Il avait invoqué saint Yves et la corde cassa autant de fois. C'est
lui-même qui est venu à pied remercier le grand
saint de l'avoir sauvé de la mort. Il était nu-pieds,
en chemise et la corde au cou, excitant par ses larmes de reconnaissance l'admiration de tout le
monde.

Nous passons, dit Dom Lobineau, un nombre prodigieux d'autres miracles, d'hydropiques guéris, de
tempêtes apaisées, d'incendies éteints, de personnes
délivrées qui étaient sur le point de périr dans des
naufrages. Le peu que nous avons rapportés
suffisent pour faire voir combien était grand, auprès

de Dieu, le crédit du saint prêtre, puisqu'il daignait, pour le glorifier, suspendre ainsi les lois de la nature.

Tant de merveilles avaient porté au loin le nom et la gloire d'Yves de Kermartin. La France entière et les nations voisines étaient remplies du bruit des miracles de premier ordre opérés par son intercession. Aussi Jean III, duc de Bretagne, s'empressa-t-il de se rendre à Avignon, auprès de Clément V, pour demander la béatification d'un homme dont Dieu avait si hautement manifesté la sainteté, les mérites et la gloire. Beaucoup d'autres princes se joignirent au duc pour obtenir du Saint-Siège cette grâce et cette faveur.

Sur ces entrefaites, Clément V vint à mourir. Les mêmes démarches furent recommencées auprès de Jean XXII, son successeur. Le roi de France Philippe de Valois, et la reine Jeanne sa femme, s'associèrent à la demande du duc de Bretagne, et Yves de Boisboissel, évêque de Tréguier, fut chargé de présenter la requête au Souverain Pontife. Il fut accompagné par le frère du duc, Guy comte de Penthièvre et de Goëllo, et plusieurs autres gentils-hommes bretons. Les évêques de la province et plusieurs autres prélats, ainsi que l'Université de

Paris, joignirent leurs instances aux prières des Bretons. Jean XXII reçut avec bienveillance les envoyés du duc à Avignon, et résolut de procéder à l'enquête canonique, sur les vertus et les miracles du saint prêtre breton, Yves Héloury de Kermartin.

§ XV. — Enquête pour la Canonisation de saint Yves.

Les commissaires nommés par le Souverain Pontife pour examiner la cause du bienheureux Yves de Kermatin furent : Roger, évêque de Limoges, prélat d'une grande sainteté et neveu du cardinal Pierre de la Chapelle, qui avait été le digne maître du jeune étudiant à Orléans ; Aquilin, évêque d'Angoulême, neveu de Guillaume de Blaye un autre de ses maîtres, et Aimery abbé de Saint-Martin de Troan près de Caen. Ils s'étaient adjoint le R. P. Maurice, abbé de Sainte-Croix de Guingamp ; Maître Pierre du Closeau, d'Angoulême ; Barthélémy, prieur de l'église des Granges au diocèse de Bourges ; Guillaume, chanoine du Mans et d'Autun ; Jacques, chanoine d'Angoulême ; Raoul, archiprêtre de Tiroza, de Limoges ; Jacques, recteur d'Asso en Languedoc et Jean d'Allemand, de Limo-

ges, notaires apostoliques, avec Roger Polin, du diocèse de Bayeux, notaire impérial. Comme interprètes
de la langue bretonne, ils avaient choisi : Auffray,
abbé de Bonrepos, en Cornouailles ; Hervé de Ploer-
mel, chanoine de Saint-Brieuc et de Vannes ; Olivier
de la Cour, clerc, et Jacques, recteur de Mesquer,
au diocèse de Nantes, tous notaires apostoliques, à
l'exception du vénérable abbé de Sainte-Croix. C'était
le seul enquêteur du diocèse de Tréguier, comme
simple représentant et porte-voix des trois cents
témoins, qui avaient paru dès le commencement
devant la commission. Le 23e jour de juin, ils jurèrent, par l'organe de cet Abbé, les mains levées
vers la cathédrale de Tréguier, que *Yves Héloury
avait été bon et fidèle catholique, homme d'une grande
vertu, que pendant sa vie et après sa mort, Dieu
avait par son intercession opéré les plus grands
miracles.*

Cette première enquête fut achevée le 4 août
1330. Elle s'était ouverte solennellement la veille
de la Saint-Jean, dans la maison de l'ancien trésorier de la cathédrale, Geffroy de Tournemine. Elle
s'appelle aujourd'hui la maison du Duc Jean, dans
la rue Colvestre. L'évêque de Tréguier leur présenta
les lettres de commission du Pape et ses lettres de

procuration. Après les premiers témoins produits par l'évêque, Mgr de Boisboissel, il s'en présenta plus de cinq cents autres de toutes les parties de la Bretagne et de différentes provinces de la France. Ils se rendirent tous à l'église cathédrale, et virent le tombeau du bienheureux entouré d'un grand nombre de pèlerins, d'aveugles, de paralytiques, de furieux, de malades de toutes sortes qui faisaient des vœux et des prières pour obtenir leur guérison. Ils comptèrent vingt-sept batelets d'argent suspendus ; de plus une grande quantité de figures en cire, représentant des yeux, des mains, des bras, des jambes avec des suaires, des potences en bois et autres souvenirs de reconnaissance des miracles opérés sur ce tombeau. Ils furent même témoins d'un miracle tout récent, attesté avec serment par tous les habitants : le tombeau du saint, surmonté de sa statue couchée, s'était élevé, depuis le commencement de l'enquête, de plus de deux pouces au-dessus du niveau du pavé.

Un autre miracle plus éclatant se serait passé, d'après la tradition du pays, le jour même de l'arrivée des commissaires à Tréguier. Leur voiture aurait écrasé un enfant à l'entrée de la place, et les parents l'ayant porté sur le tombeau du saint, il fut ressuscité à l'instant. Pendant longtemps, une statue de saint Yves, placée dans une niche, à l'encoignure d'une maison, à l'entrée de la rue neuve, indiquait l'endroit où cet enfant aurait été tué. Depuis plusieurs années, elle a été transportée dans la cathédrale, contre un pilier où on la voit encore toujours entourée de fleurs. Un tableau dans l'église de Guénézan, en Bégard, représente ce miracle.

La déposition des témoins, écrite par les notaires, fut scellée par les commissaires et présentée en plein consistoire par l'évêque de Limoges, à la cour d'Avignon. Le pape nomma, séance tenante, le 4 juin 1331, trois cardinaux pour en prendre connaissance et en faire un résumé exact, mais plus succinct. Ce furent Jean, cardinal-évêque de Porto ; Jacques, cardinal-prêtre de Saint-Prisce, et Luc, cardinal-diacre de Sainte-Marie *in viâ latâ*. Le 11 du même mois, ils firent leur rapport au consistoire, et la cause du saint prêtre marchait à grands pas, quand le pape Jean XXII, qui l'avait entreprise, vint à mourir. Le duc de Bretagne lui-même qui avait été si bon et si pacifique, ne put conjurer la guerre qui, à sa mort, allait couvrir sa province de sang et de ruines. Son frère Jean,

6*

comte de Montfort, semblait devoir lui succéder
mais sa nièce, qu'il avait mariée à Charles de Blois
revendiquait la couronne de son côté. De là cett
terrible guerre de la succession, pendant laquell
on songeait à toute autre chose qu'à la canonisa
tion de saint Yves.

Yves de Boisboissel, le pieux évêque de Tréguier
si dévoué à cette cause, fut bien contrarié de cett
interruption qui affligeait vivement les Bretons. I
convoqua tous les curés de son diocèse en ur
grand synode, et ordonna un jeûne solennel pou
le mercredi de la Trinité, avec une messe du Saint
Esprit dans toutes les églises, pour demander à
Dieu de produire quelques nouveaux miracles par
l'intercession de *Monseigneur Yves, fils d'Hélor.*
Mais il quitta lui-même le siège de Tréguier et
mourut avant d'avoir vu réaliser cette canonisation,
pour laquelle il avait tant travaillé. Son successeur
Alain Héloury, n'attendit pas la décision du pape
qui tardait tant, au gré des Bretons ; il permit de
rendre un culte public à saint Yves, dans toutes les
paroisses de son diocèse. Au synode de 1354, il
ordonna d'en faire l'office solennel, tous les lundis
de l'année, quand la rubrique ne s'y opposerait pas.
Ce culte que les Bretons purent ainsi rendre à leur

Illustre compatriote, les combla de bonheur, et ils
se résignèrent à attendre avec patience le moment
où l'Eglise prononcerait elle-même sur la sainteté
de celui que tant de miracles signalaient à la vénération des fidèles.

Benoît XII, de douce et sainte mémoire, passa très
peu de temps sur le siège apostolique, et la guerre
de Bretagne, avec ses alternatives de succès et de
revers, divisant de plus en plus les esprits, la cause
de saint Yves parut encore oubliée. Cependant, au
milieu d'une trêve, les Bretons crurent que la protection de leur saint compatriote pourrait mettre
fin à tant de calamités. Pour cela il fallait poursuivre
le procès de sa canonisation. Il n'était que temps
d'y songer. Les Anglais avaient en effet ravagé
Tréguier, mais ils avaient respecté le tombeau de
saint Yves et tous les *ex-voto* qui y étaient déposés.
Lannion fut sauvé par le courage de Geffroy de
Pontblanc, mais la Roche-Derrien avait été tour à
tour prise et reprise par Charles de Blois et Jeanne
de Montfort.

Charles de Blois, le duc régnant dont parle le
Souverain Pontife, profita d'un moment de paix
pour se rendre à Avignon, en 1344, et solliciter
lui-même la conclusion de cette cause, toujours

vivement réclamée par les Bretons. A l'appui de sa demande, le duc rendit publiquement témoignage, au consistoire d'Avignon, de deux nouveaux miracles opérés par l'intercession du bienheureux. Le premier avait rapport à sa personne : il s'était trouvé tellement malade pendant plusieurs jours, que les médecins l'avaient comme abandonné. C'est alors que Charles de Blois eut la pensée de s'adresser à saint Yves, car le peuple ne lui donnait plus d'autre nom, et il fut si complètement guéri par la protection du saint, que trois jours après il put se rendre à pied jusqu'à lai cathédrale de Tréguier pour prier sur son tombeau. Tous les barons qui l'accompagnaient jurèrent que cela était vrai, ayant été eux-mêmes témoins du miracle. Le second se rapportait au sauvetage d'un navire espagnol. Ce navire, chargé de fourrures, ayant coulé bas, resta trois jours sous l'eau. Les marchands qui y avaient leur fortune le vouèrent à saint Yves et il put être relevé miraculeusement, sans perte ni dommage pour les marchandises, qui ne furent même pas mouillées ! Clément VI écouta avec beaucoup d'attention le récit de ces merveilles. Il venait de succéder à Benoît XII et avait comme lui, un ardent amour pour les intérêts de l'Eglise.

A peine monté sur le siège apostolique, saint Yves lui était apparu et lui avait reproché la lenteur avec laquelle on procédait à sa canonisation.

Le Pontife fit reviser toutes les pièces de la procédure qui dormaient depuis dix-sept ans dans les archives. L'honneur de terminer cette affaire lui tenait à cœur pour deux raisons : la première, c'est qu'il pouvait se considérer comme breton, étant du pays de Limoges qui était tombé par alliance dans la Maison de Bretagne ; la seconde était tirée de son élection au pontificat, le 19 mai, à l'âge de cinquante ans, comme saint Yves avait été couronné dans le ciel le même jour et au même âge que lui. Il convoqua donc un consistoire pour le 19 mai de l'année 1347.

§ **XVI**. — **Canonisation de saint Yves.**

Les deux cardinaux, Pierre évêque de Sabine, cardinal-prêtre du titre de sainte Anastasie, et Galhard cardinal-diacre de sainte Lucie, furent chargés par Clément VI de revoir toutes les pièces du procès de canonisation du bienheureux Yves de Kermartin. Ils y mirent la plus grande diligence et leur rapport fut prêt pour le consistoire du 19 mai, convoqué par le Souverain Pontife. Après en avoir entendu la lecture, le Pape prononça un discours resté célèbre, en forme de préliminaire. Il demanda ensuite l'avis de tous les prélats qui étaient à la suite de la cour et au consistoire, et donna la parole à ceux de ces prélats qui voulurent bien la prendre.

La première conférence fut faite par Maurice Héluy, procureur de saint Yves, chargé de solliciter sa canonisation. Il prit pour texte ces paroles de l'Apocalypse : *Qui sanctus est sanctificetur adhuc.* Que celui qui est saint soit encore plus sanctifié.

Le second discours fut prononcé par le patriarche d'Antioche, sur ce texte du Livre des Rois : *Animadverto quod vir Dei sanctus est iste.* Je reconnais que cet homme là est un saint.

L'archevêque de Narbonne, Pierre le Juge, devait parler ensuite sur ce texte de l'Ecclésiastique qu'il appliquait à saint Yves : *Glorificantes Dominum quantum potueritis, superabit enim adhuc.* Glorifiez-le autant que vous le pourrez, il est encore au-dessus de tous vos éloges. Tombé malade, il ne put prononcer son discours et fut remplacé par Amanieu, archevêque de Bordeaux, qui prit pour texte ces paroles : *Et homo iste justus.* Cet homme-là était véritablement juste.

L'évêque de Nantes, Olivier Saladin, parla après

sur ce texte : *Laudans invocabo Dominum*. Je louerai le Seigneur et je l'invoquerai.

L'évêque de Mirepoix vint ensuite et prit pour sujet de son discours ces paroles du Livre des Nombres : *Quemcumque eligerit, ipse erit sanctus*. Celui que le Seigneur aura choisi, celui-là sera un saint.

L'évêque de Sagonte développa à son tour ces paroles de saint Luc, appliquées à notre bienheureux : *Dignus est ut hoc illi prœstes*. Il est digne que vous fassiez cela pour lui.

Jourdain le Court, de l'ordre de Saint-François, évêque de Trivento dans l'Abruzze, commente ces paroles de la première Epitre de saint Pierre : *Ut in omnibus honorificetur Deus*. Que Dieu soit honoré en tout. Le prédicateur, comme c'était assez l'usage à cette époque, applique le mot Deus, en hébreu Eloï, au nom de saint Yves, Hélory, se croyant sans doute autorisé par saint Pierre à demander que saint Yves fût honoré par tout le monde.

Enfin, pour clore cette série de discours, un Ermite de saint Augustin, Geffroy, évêque de Ferns en Irlande, prit la parole pour appliquer à saint Yves cette parole de Notre-Seigneur dans saint Jean : *Pater, venit hora, clarifica filium tuum*. Père, le temps est venu de glorifier votre fils.

On voit que le but de ces différents orateurs était d'engager le Pape à passer outre et à prononcer la canonisation de saint Yves. Le Souverain Pontife, répondant à ces pressantes invitations, se lève et commente solennellement ces paroles du prophète Isaïe : *Exulta et lauda, habitatio Sion, quia magnus in medio tui sanctus Israël.* Réjouis-toi et chante des louanges, demeure de Sion, parce que le Saint d'Israël qui est au milieu de toi est grand ! Après ce discours on chanta le *Veni Creator*, pour implorer les lumières du Saint-Esprit, puis le Pontife infaillible prononça son jugement en ces termes :

« Au nom et par l'autorité de Dieu, des saints Apôtres Pierre et Paul et la Nôtre ; de l'avis unanime de Nos frères, Nous Clément, Evêque, Serviteur des serviteurs de Dieu, Décrétons et Ordonnons, que Dom Yves, fils d'Hélory de bonne mémoire, jadis prêtre du diocèse de Tréguier et avocat des pauvres, soit inscrit au catalogue des Saints et honoré comme tel par tout le monde ; que sa fête soit célébrée tous les ans par l'Eglise universelle, le 19e jour de mai qui est le jour de sa mort, et qu'on fasse son office avec solennité comme d'un confesseur non pontife.... »

Viennent ensuite les indulgences que le Souverain Pontife accorde à tous ceux qui assisteront à l'élévation de son corps et au premier office qu'on fera de lui dans la cathédrale de Tréguier. Cette bulle, dont nous ne donnons qu'un petit abrégé, fut envoyée à Tréguier et reçue avec une explosion de joie facile à comprendre. Un grand nombre de ceux qui avaient assisté à l'enquête étaient déjà morts. Alain Héloury, évêque de Tréguier, avait suivi au tombeau Yves de Boisboissel, transféré à Saint-Malo, et Richard du Poirrier avait pris sa succession depuis neuf ans. C'est lui qui a construit ou du moins commencé la cathédrale de Tréguier telle que nous la voyons maintenant. C'est à lui aussi que Dieu avait réservé l'honneur de voir canoniser saint Yves, le modèle du clergé et la gloire de son diocèse.

En même temps que le Souverain Pontife envoyait à l'évêque de Tréguier la Bulle de canonisation de Saint Yves, qui y est encore conservée, il notifiait aussi ce qui venait de se passer, par une autre bulle adressée à Philippe de Valois, roi de France :

« Afin de contribuer à votre joie spirituelle, y est-il dit, et d'augmenter vos consolations, Nous voulons faire connaître à votre Excellence royale, par ces présentes, la canonisation du saint confesseur Yves, jadis prêtre au diocèse de Tréguier, pour laquelle vous Nous avez vous-même adressé d'instantes prières. Procédant au nom du Seigneur, après un long examen, de grandes précautions et une mûre délibération, tels que l'exige la difficulté d'une affaire de cette importance, il Nous a paru, par des preuves certaines, que cet homme a mené une vie toute sainte et pleine de bonnes œuvres, en châtiant sa chair et en la soumettant pendant toute la durée de sa vie, ce qu'il n'a pu atteindre que par de grandes et innombrables austérités. Il Nous a paru encore qu'il a opéré des miracles éclatants pendant sa vie et après sa mort.

« Donc en présence d'une grande multitude de personnes tant du clergé que du peuple, et après avoir observé toutes les solennités accoutumées en pareilles occurrences, ayant en vue la gloire de Dieu et la consolation des fidèles, principalement de votre royaume dont Yves était originaire, votre gloire et celle de votre État, de l'avis de Nos frères, Nous l'avons canonisé et ordonné de l'inscrire au catalogue des Saints ; qu'il y sera inscrit et honoré à l'avenir comme saint ; que sa fête sera célébrée chaque année le 19e jour du mois de mai, jour auquel son âme déchargée du fardeau de son corps est allée, par l'échelle de la gloire, se joindre dans le ciel aux habitants du Paradis.

« Et comme les habitants de ce pays ont une grande dévotion à ce saint, et que déjà un grand nombre de personnes ont recours à son intercession lui font des vœux et reçoivent sans cesse de lui la guérison de leurs maux par leurs ardentes prières, votre joie spirituelle, mon cher fils, doit augmenter et cela vous porte à vous élever de plus en plus vers Dieu pour le remercier de vous avoir donné, dans sa cour céleste, un tel patron et un tel intercesseur. (Trad. de M. Ropartz). »

Enfin une troisième bulle, également datée d'Avignon, prescrivait à l'évêque de Tréguier de relever le corps de saint Yves et de l'exposer dans un endroit convenable pour être vénéré par les fidèles :

« C'est, dit le Souverain Pontife, un usage très louable, déjà ancien dans l'Eglise et qu'on ne saurait trop imiter, de solenniser le jour où les corps des Saints sont relevés de leurs sépulcres, afin que leurs os, ayant fleuri dans leurs tombes, produisent comme le bon grain une abondante moisson. Ces bienheureux étaient en effet comme des semences de bonnes œuvres, déposés dans la terre ; mais entourés de grâces abondantes, ils ont trouvé dans la patrie du ciel, la récompense des angoisses de la vie. Non seulement leurs âmes sont en possession de la lumière de la gloire éternelle, mais leurs corps, quoique encore dans la terre, sont élevés de l'humilité de la tombe au faîte de la vénération publique. Leur translation est figurée par la recommandation du patriarche Joseph à ses enfants, de ne pas laisser ses os en Egypte, mais de les transporter dans la terre promise.

« Nous aussi voulant célébrer solennellement la translation du corps du bienheureux Yves, prêtre du diocèse de Tréguier, le nouveau Saint que Nous venons de canoniser et qui a une place d'honneur parmi les Saints du Ciel, grâce à ses mérites manifestés par les grands miracles de sa vie, Nous accordons, de Notre propre autorité, de relever de sa tombe, le jour convenable, en présence du clergé et du peuple, le corps de saint Yves et de le placer dans un lieu honorable.

« La fête de la translation sera célébrée désormais avec une grande solennité, et, pour qu'il y ait un plus grand concours à cette fête, Nous accordons, par les mérites de ce Saint, par la miséricorde de Dieu et l'autorité des saints Apôtres, à tous ceux qui, le cœur vraiment pénitent, visiteront ses reliques ce jour-là, une indulgence de sept ans et sept quarantaines ; à ceux qui s'y rendront chaque année, le jour anniversaire de cette fête, une indulgence d'un an et une quarantaine ; enfin, une indulgence de cent jours à tous ceux qui feront cette visite un des jours de l'octave. »

Le Pape Clement VI, en terminant son beau discours sur saint Yves, avait dit : « Ayant donc à canoniser ce Saint, Nous le prierons ainsi : Saint Yves, que la solennité que Nous préparons à vos vertus, Nous puisse, par vos mérites, apporter ce fruit ! Que nous ayons les miettes des grâces que le Saint-Esprit vous a départies ! Votre vie est une règle de bonnes mœurs, et votre mort est la porte de la vie. Faites-nous participants de ces dons, et obtenez de Dieu qu'il éloigne de nos cœurs les ténèbres des erreurs et des vices, afin qu'en quittant cette vie, nous soyons admis dans la compagnie des bienheureux avec lesquels nous vous honorons et bénissons. »

Dès que l'évèque de Tréguier, Richard du Poirrier, eut reçu la bulle du Souverain Pontife pour la translation des reliques de saint Yves, voulant joindre sa prière à celle du Pontife suprême, il con-

voqua le clergé et le peuple, pour donner à cette
cérémonie tout l'éclat demandé par le Saint-Siège.
Le jour en fut fixé au vingt-neuf octobre de cette
même année 1347. Le peuple s'y rendit en foule,
tant on était pressé de voir le corps vénéré de
celui qu'on invoquait déjà depuis longtemps avec
tant de confiance et de succès. La pierre sépul-
crale ayant été enlevée et la terre écartée, on
découvrit les ossements du bienheureux : tous les
yeux se remplirent de larmes de joie, et de tous
côtés éclatèrent des chants et des hymnes en son
honneur. Ce fut le premier *pardon* de saint Yves,
comme on le dit au pays de Tréguier, et une fête
magnifique pour la Bretagne. Saint Yves allait
être désormais pour elle ce qu'était le roi Arthur
pour nos ancêtres, le protecteur et l'espoir du
peuple et la gloire éternelle de la nation.

Le corps du saint avait payé son tribut à la
nature : il était retourné en poussière à l'exception des ossements qui étaient parfaitement conservés. On les exposa pendant plusieurs jours à la
vénération des fidèles et l'on fut témoin, dit le
Propre de Tréguier, de plusieurs prodiges merveilleux : une vertu miraculeuse sortait du corps
du saint et plusieurs malades furent guéris ! Le

concours du peuple fut immense pendant les huit jours que dura l'exposition des reliques. Malgré la guerre qui avait repris avec plus de fureur que jamais, et qui avait amené pour Charles de Blois le désastre de la Roche-Derrien, les parties belligérantes déposèrent les armes d'un commun accord, pour assister à cette fête vraiment nationale. Charles de Blois, fait prisonnier quelques mois auparavant, obtint lui-même la permission de s'y rendre un jour. Il quitta nu-pieds la Roche-Derrien, par un froid rigoureux, selon le vœu qu'il en avait fait. Les habitants qui le voyaient passer, les pieds ensanglantés, pleuraient de pitié et jetaient sur la voie de la paille et même leurs habits, mais le duc les écartait pour marcher sur les pierres les plus dures, et parvint ainsi, après avoir fait une grande lieue, jusqu'à la porte de la cathédrale. Il descendit, à genoux, les six marches du porche de la nef, et se traîna, dans cette posture d'humiliation, jusqu'au tombeau de saint Yves pour lui rendre ses devoirs.

Cette fête si populaire, appelée par le peuple la *Saint-Yves d'hiver*, fut célébrée avec beaucoup de dévotion pendant plusieurs siècles. Cependant elle disparut de notre calendrier, depuis la suppression

du diocèse de Tréguier où le culte de saint Yves
fut réduit à sa plus simple expression. Son office
était seulement du rite double avec trois leçons, le
19 mai. Mgr David, de douce mémoire, a relevé
le *pardon* de saint Yves et fait approuver à Rome
un nouvel office, double de première classe avec
octave, et la fête de la Translation a reparu dans la
liturgie diocésaine. Elle se célèbre à Tréguier presque avec autant d'éclat qu'au 29 octobre 1347.
C'est le commencement de la réparation due à la
mémoire du plus grand saint de la Bretagne, relé-
guée, par une négligence que rien n'explique, au
rang des saints les plus étrangers à notre pays.

Après les fêtes de la translation des reliques de
saint Yves, on sépara le chef du bienheureux que
l'on mit dans le trésor de la cathédrale. Il y fut
enchâssé en un reliquaire d'argent doré, soutenu
par quatre lionceaux de même métal et entouré
d'une magnifique étole d'or où étincelaient les
pierres précieuses. Les autres parties du corps du
saint furent renfermées dans d'autres reliquaires,
après qu'on en eût distribué aux Princes et aux
Evêques qui en avaient demandé pour leurs diocèses. Charles de Blois, si dévot à Saint Yves, après
avoir été définitivement délivré de sa prison, refit

le pèlerinage de son tombeau, encore nu-pieds comme la première fois. C'était un an avant la bataille d'Auray où il perdit la vie. Mgr Even de Bégaignon, qui était alors évêque de Tréguier, lui donna généreusement de grandes parcelles des reliques de saint Yves, dont le prince envoya une partie à son cousin Hugues de Lusignan roi de Chypre, qui en avait demandé en reconnaissance d'un miracle opéré en sa faveur, par la protection du saint breton.

Charles distribua le reste de son présent entre plusieurs églises de Bretagne, et lui-même voulut porter nu-pieds ces reliques avec une grande solennité et un pieux respect, jusqu'au sommet du rocher où est bâtie Notre-Dame de Lamballe, et aux Augustins de la même ville. A Rennes, il plaça avec la même dévotion, à trois jours consécutifs, suivant encore la procession nu-pieds, des esquilles des reliques de saint Yves à l'église cathédrale, dans laquelle il avait déjà bâti à ce saint une chapelle, dotée de trente livres de rentes ; puis à l'abbaye de Saint-Georges et à celle de Saint-Melaine. Chaque procession, continue M. Ropartz, partant de la cité, parcourait la plus grande partie de la ville, et le peuple, suivant les traces ensanglantées

du duc, était ravi en admiration par la piété et la
dévotion de l'humble prince, et s'écriait que, comme
Yves, Charles était aussi un grand saint. Ce sont deux
Saints du Paradis, disait-on de tous côtés. Duguesclin, le grand connétable, les confondant dans la
même dévotion, avait ordonné par son testament
« qu'un pèlerin fût pour lui *envéé en véage* à saint
Charles et à saint Yves en Bretaigne, et donné à
chacun d'iceux cinq cents livres de cire. » D'autres
églises, en France et à l'étranger, reçurent des
parties des reliques du saint confesseur et bientôt
son culte se répandit dans tous les pays.

§ **XVII**. — **Culte de Saint Yves.**

Dès l'année qui suivit la canonisation, quelques
Bretons qui étaient à Paris résolurent d'ériger une
confrérie en l'honneur de saint Yves, de bâtir une
chapelle en son nom et d'y fonder quelques bénéfices. Ils en demandèrent la permission à Foulques,
évêque de Paris, qui l'accorda volontiers, comme
on le voit par ses lettres du lundi après l'Assomp-
tion de l'an 1348. Cette chapelle ou collégiale a
subsisté jusqu'en 1823. Elle était située dans la
rue Saint-Jacques et faisait le coin de la rue des

Noyers. Elle avait même un cimetière où quelques Bretons se sont fait un honneur de recevoir la sépulture. C'est dans cette chapelle que se trouvait la confrérie du saint, fondée pour rappeler aux étudiants les vertus de celui qu'ils avaient choisi pour patron. Ordinairement elle était composée de ces jeunes gens studieux, et des avocats tant de Paris que de la province.

Après Paris, ce furent les villes de Rennes et de Nantes qui donnèrent l'exemple de leur dévotion à saint Yves. Dans la première de ces villes, on bâtit en l'honneur du saint, une très belle chapelle qui a échappé, comme par miracle, à l'incendie de 1720. C'est un des rares monuments qui nous restent du vieux Rennes et il porte tous les caractères du XIVe siècle. A côté existait un beau cimetière, puis un hôpital non seulement pour les malades, mais aussi pour les pauvres, en souvenir de la grande charité de saint Yves pour ces malheureux.

Nantes, ayant une Université, s'empressa de la mettre sous la protection de saint Yves, et l'on érigea en son honneur une très jolie chapelle au haut de la rue des Halles. On y voyait les armes de Bretagne au chevet, et comme au siècle dernier elle tombait en ruines, on l'a relevée sur un plan très élégant mais avec changement de style. De ces deux villes, la dévotion à saint Yves s'étendit dans toutes les campagnes environnantes. Ainsi la même année où s'élevait la chapelle de saint Yves à Nantes, François II ayant fondé à Guérande un couvent de l'Ordre des Frères-Prêcheurs, voulut que l'église de ce couvent fût dédiée à saint Yves. C'est Guillaume de Malestroit, évêque de Nantes, qui en fit la dédicace le 16 septembre 1441.

A Guingamp, l'ancienne cellule du pieux reclus Auspice ou Hostis, fut remplacée par une chapelle dédiée à saint Yves, sur les bords du Trieux. Les Carmélites ayant obtenu d'occuper ce terrain y ont bâti un monastère, mais la chapelle a toujours conservé saint Yves pour patron ; et aujourd'hui que tout a disparu, monastère et chapelle, le quartier a retenu le nom de notre bienheureux. Dans les temps derniers, en 1852, une association ouvrière s'étant établie dans cette ville, elle a voulu rendre hommage à la charité bien connue du saint breton, et c'est le nom de saint Yves que porte cette pieuse confrérie.

Avant d'aller plus loin dans la diffusion du culte de saint Yves, nous devons dire un mot de la belle verrière de Moncontour, don probablement de la dévotion des fidèles à ce grand saint, exécutée avec beaucoup de talent par un pieux artiste du XVIe siècle. Toute la vie du saint s'y déroule en six tableaux : Au premier, il est représenté servant la messe et écoutant un sermon ; au second, il juge le procès de la jeune fille de Louannec ; au troisième, il célèbre la sainte messe et est entouré d'une nimbe dont le Saint-Esprit, sous la forme d'une colombe, occupe le centre ; au fond, on le voit distribuant du blé à plein boisseau ; au quatrième, c'est la scène des pauvres ; il est au milieu de ces *bons amis du bon Dieu,* lave les mains à l'un, est insulté par les autres, sans rien perdre de son inaltérable douceur ; au cinquième, il soigne les malades dans un hôpital et ensevelit les morts ; au sixième enfin, il meurt lui-même assisté par les anges qui attendent la sortie de son âme pour la porter au ciel. Un dernier tableau résume cette vie admirable : saint Yves est au milieu de la campagne bretonne parsemée de menhirs, assis entre le riche et le pauvre, et se penche naturellement vers ce dernier qui attend sa sentence avec une anxiété facile à comprendre pour un temps où le pauvre était si peu de chose !

Partout où il y avait des Bretons, le culte de

saint Yves semblait les suivre. Dix ans après la canonisation du saint, les papes exilés à Avignon étaient de retour à Rome. Un grand nombre de jeunes Bretons y avaient suivi la cour pontificale et les pèlerinages aux tombeaux des apôtres devenaient de jour en jour plus fréquents. Au XVe siècle, quelques-uns des seigneurs qui y résidaient eurent la pensée de construire en l'honneur de leur saint compa-triote, une église au milieu même de la ville de Rome.

Elle fut nommée Saint-Yves-des-Bretons et avait le titre de paroisse. Ce titre, supprimé par Grégoire XIII, puis rétabli, s'est converti en celui de chapellenie, avec un titulaire jusqu'en 1826. On lisait sur la porte d'entrée cette inscription : *Divo Yvoni trecorensi, pauperum et viduarum advocato, natio Britaniæ œdem hanc jampridem consecratam, restauravit 1578.* Cette église, depuis longtemps consacrée à saint Yves de Tréguier, avocat des pauvres et des orphelins, a été restaurée par la nation bretonne en 1578. Le pavé était formé de dalles recouvrant des tombes de familles de cette même nation, avec des inscriptions touchantes qui rappelaient que, quoique éloignés de leur pays, leurs corps n'étaient point exilés puisqu'ils étaient sous la garde de saint Yves.

Les revenus de cette chapelle ont toujours fait partie du fonds de l'ambassade française qui est chargée de l'entretenir. L'agrandissement d'une place ayant forcé de reculer un peu les murs de l'édifice, il a fallu rebâtir presque complètement l'église de Saint-Yves, mais on l'a fait avec beaucoup de goût et une richesse d'ornementation qui fera plaisir aux Bretons. Au haut de l'abside, trois mosaïques à fond d'or représentent saint Yves entre Clovis et Jeanne d'Arc, le fondateur et la libératrice de la France chrétienne.

A Angers, le culte de saint Yves s'établit bien peu de temps après sa canonisation, puisque déjà, en 1364, on y célébrait une fête pour *la réception de la côte de saint Yves,* avec une grande solennité dont la *Semaine religieuse* de Saint-Brieuc donne les plus intéressants détails, dans le nᵒ du 2 septembre de l'année 1886. Il y avait même, antérieurement à cette époque, un autel dédié à notre saint compatriote, dans la cathédrale même de cette ville. L'Université d'Angers ayant été fondée en 1396, prit aussi saint Yves pour patron, et les Bretons y fondèrent à perpétuité la fête de ce saint, avec premières et secondes vêpres solennelles, moyennant *deux cents francs* d'or. Toute la ville était en fète ce jour-là, et les professeurs, accompagnés des étudiants, se rendaient en grande pompe à la porte de l'église pour recevoir l'évêque et le clergé.

Les églises de Chartres et d'Evreux honoraient aussi saint Yves ; et même dans le diocèse de Noyon plusieurs paroisses l'ont adopté pour patron. La Sainte-Chapelle de Dijon possédait de lui une très belle statue de marbre, le représentant entre le riche et le pauvre ; ce dernier arrivait à peine aux genoux du saint, les artistes ayant l'habitude, à cette époque, de donner aux personnages une taille correspondant à leur degré d'importance. Orléans, se rappelant que saint Yves y avait étudié le Droit, l'honorait comme le protecteur de son Université. A Pau, le parlement célébrait sa fète avec une magnificence incroyable : il faisait une procession en robes rouges, précédé de deux chœurs de musique, de voix et de toutes sortes d'instruments.

Anvers ayant reçu trois fragments notables des ossements de notre saint, qui avaient passé des mains de l'évêque du Mans entre celles de François Ier, puis de plusieurs princes de Portugal et d'Espagne, les religieux de l'abbaye de Saint-Sauveur les exposèrent à la vénération des fidèles, et l'inauguration s'en fit le 7 août 1672 avec une solennité dont la Belgique n'a pas encore perdu la tradition. Neuf chars de triomphe, entourés d'étendards et de drapeaux où l'on avait peint les images des Saints, précédaient les ossements sacrés que des prêtres portaient sur leurs épaules. Le clergé, les magistrats, toute la ville accompagnaient la procession. Cette cérémonie rendit célèbres les reliques de notre saint.

L'abbé de Saint-Sauveur fut accablé de demandes et de prières, tout le monde voulant en posséder une parcelle ; et à la demande de l'évêque, on en donna une partie au sénateur de Broukhoven qui bâtit un magnifique oratoire pour les recevoir. Il y exposa son riche trésor et en distribua de petites quantités à la plupart des cours de justice des Pays-Bas. Les membres de la cour d'Anvers, qui assistaient à une messe dans leur chapelle, les jours d'audience, avaient l'habitude de baiser les reliques de saint Yves enchâssées dans l'*irénophore*, comme pour se rappeler, qu'à l'exemple de leur patron, ils devaient savoir unir, dans leurs jugements, la justice et la miséricorde.

La ville de Gand vit se former, deux ans après, une confrérie de magistrats, de jurisconsultes et autres gens de justice, sous le patronage du saint breton. Le Souverain Pontife l'ayant approuvé, ils dédièrent à saint Yves un autel, dans l'église de Saint-Michel, et s'adressèrent au sénateur de Brou-khoven, devenu ecclésiastique, pour avoir de ses reliques. Ils obtinrent de lui une esquille qui fut solennellement transférée d'Anvers à Gand, le 19 mai de l'année 1677. La confrérie se réunissait le jour de la fête de son patron, qu'elle célébrait par un office très solennel et par un discours latin ; de plus, le premier dimanche de chaque mois, pour entendre la messe et délibérer sur les procès des pauvres que la Société prenait sous son patro-nage, en mémoire du bienheureux saint Yves.

Malines ne voulut pas rester en arrière, et, pour témoigner sa dévotion à saint Yves, le conseil écrivit à l'abbé de Saint-Sauveur d'Anvers pour demander de ses reliques. Elles furent placées dans l'oratoire des Jésuites où la confrérie de Malines tenait déjà ses séances. La translation en fut célé-brée, le 19 mai 1670, avec une pompe extraordi-naire. Le reliquaire fut placé au milieu du sanc-tuaire, porté par deux statues de la Religion et de la Justice. Les fêtes durèrent huit jours et furent terminées par une magnifique procession qui par-courut les principales rues de la ville, escortée de tous les magistrats et gens de justice en grande tenue.

L'Université de Louvain s'était mise depuis long-temps déjà sous la protection de saint Yves. Elle avait fait peindre par Rubens, un tableau du saint qui fut placé solennellement dans la chapelle des Jésuites dès 1621. Il y est représenté en robe rouge et en chaperon, remettant une sentence à une pauvre femme qui se tient à ses pieds, accompa-gnée de deux petits enfants, l'un dans ses bras et l'autre accroché à ses vêtements, semblant implo-rer la charité du saint juge. Le collège des bache-liers en droit lui érigea dans la même ville, quel-ques années après, une superbe statue d'argent de cinq pieds de haut, et obtint aussi une parcelle de relique qui fut déposée, avec des cérémonies impo-santes, dans la collégiale de Saint-Pierre, le 19 mai 1682.

La ville de Naples elle-même avait, à l'hospice de Sainte-Marie de la Porte-Neuve, une chapelle dédiée à notre saint Yves. Cet oratoire était encore, il n'y a pas longtemps, desservi par les clercs réguliers de Saint-Paul qui, au XVIIe siècle, adres-sèrent au cardinal Caraffa une vie un peu diffuse du saint breton. Et, pour compléter ce que nous avons à dire sur le culte de saint Yves, en Italie, nous ajouterons qu'on a découvert dernièrement, dans le prétoire de San-Giminiano, près de Pérouse, une très belle fresque représentant notre saint distribuant des consultations gratuitement ou bien des jugements, à des pauvres, des femmes et des enfants, pendant que dans le vestibule, des riches et des seigneurs, portant de l'or et des étoffes précieuses, frappent en vain à la porte de sa chambre. Cette fresque, peinte par *Baccio de la Porta*, restaurée par Massiniano, a été gravée et répandue au pays de saint Yves. Elle montre assez que la cour de justice de San-Giminiano invoquait comme patron, dès le XVIe siècle, le grand et saint avocat breton.

Après avoir résumé ainsi ce que M. Ropartz a réuni de documents sur le culte de saint Yves en pays étrangers, documents fournis en grande partie par l'abbé de L'Œuvre, le zélé chapelain de l'église qui lui était consacrée à Paris, nous allons revenir à notre pays de Bretagne où la dévotion pour notre bienheureux compatriote est plus vive et plus universelle encore.

§ XVIII. — Culte de saint Yves en Bretagne.

Les deux princes qui étaient en lutte armée pour la possession du duché de Bretagne étaient aussi les plus zélés pour le culte de saint Yves. Charles de Blois, nous l'avons dit, avait fait le voyage d'Avignon pour solliciter sa canonisation. Outre qu'il fit à deux reprises différentes le pèlerinage à pied au tombeau du bienheureux, il porta constamment sur lui une épitoge qui avait appartenu au saint prêtre, et quand il fut tué à la bataille d'Auray, il fut trouvé revêtu du cilice qui peut bien avoir été celui de saint Yves. De plus, pendant sa captivité en Angleterre, dit le Frère Derrien cordelier de Guingamp, il rédigea une vie de ce saint qu'il comparait à tous les ordres des bienheureux.

Le fils de son compétiteur, le duc Jean V, doit être compté parmi les plus dévots à saint Yves. Ce prince, petit-fils de Jean de Montfort, consacra sa vie à réparer les maux infinis que l'interminable guerre de succession avait faits au pays, et son règne ne fut guère troublé que par l'attentat de Penthièvre, petit-fils de Charles de Blois, qui n'était qu'une revanche de la trahison du château de l'Hermine. Pendant sa captivité, il fit des vœux qu'il accomplit religieusement. Parmi ces vœux, il faut noter celui de donner à saint Yves son pesant d'argent destiné à lui édifier un tombeau. Pour exécuter ce vœu, Jean V entreprit, immédiatement après sa délivrance, la construction de cette magnifique chapelle, que l'on admire entre toutes à la cathédrale de Tréguier, connue sous le nom de chapelle du duc, et qui devait abriter à la fois les reliques de saint Yves et les restes du prince lui-même. Le vœu du pieux duc représentait un poids d'argent de trois cent quatre-vingts marcs, ce qui valait près de deux cent mille livres de notre monnaie.

Le vœu de Jean V ne dut être exécuté que vers 1420, c'est-à-dire près d'un siècle après la mort de saint Yves, et soixante et quelques années après la canonisation du saint. L'exécution de la chapelle fut confiée aux architectes qui, à cette époque, couvraient la Bretagne de leurs plus beaux chefs-d'œuvre. Quant au tombeau, on dut appeler des ouvriers italiens qui avaient alors la spécialité de ces charmants bas-reliefs en albâtre, que nous trouvons encore dans quelques églises du xv⁰ siècle. L'entrepreneur s'appelait Jacques de Hongrie, et la somme vouée par le duc ne lui suffisant pas, il fallut encore, pour parfaire de couvrir la tombe en argent, lui verser deux cents marcs en outre de la somme convenue, et même un marc d'or fin, pour dorer l'argent dont la tombe était couverte.

Ce splendide cénotaphe, commencé en 1422 ou à peu près, ne fut terminé qu'en 1426, et dura près de cinq ans à construire. Nous n'en connaissons aucun de semblable, si ce n'est celui de Jean XXII à Avignon, qui fut, dit-on, fait sur le même plan. C'était, dit Albert le Grand, et après lui Dom Lobineau, « un cercueil en pierre blanche, fine et polie comme du marbre. Sur les faces on avait sculpté avec infiniment d'art les victoires de Jean IV le Conquérant, comme pour marquer la reconnaissance dont le père avait chargé le fils de laisser des témoignages publics. Sur le cercueil, la statue du saint dormait couchée. Le tout était couronné d'un dôme de la même pierre blanche, d'une exquise architecture, porté par de sveltes et élégantes colonnettes. Une grille de fer doré, montant depuis le pavé de la cathédrale jusqu'à la voûte, protégeait le chef-d'œuvre ; de longs voiles blancs pendaient à la grille ; les prêtres ne pénétraient dans l'enceinte qu'avec des marques du plus profond respect et revêtus du surplis et de l'étole. »

Il n'est pas facile d'après cette description de se
faire une idée bien exacte de l'ancien tombeau de
saint Yves. Il en ressort seulement qu'il y avait un
cercueil surmonté de la statue du saint couchée,
recouvert d'un dôme soutenu par quatre colonnes,
le tout de pierre blanche albâtre ou tuffeau blanc
qu'on apportait des côtes de Normandie et qui
était d'un travail facile. Le tout était rehaussé
d'ornements en argent doré d'une très grande
richesse ; c'est ce qui tenta sans doute la rapacité
du bataillon du district d'Etampes envoyé en 1794
pour réprimer les tendances d'*incivisme* dont les
habitants de Tréguier s'étaient rendus coupables
aux yeux de la Convention. Ils avaient repoussé à
des reprises différentes les gardes nationales de
Dinan, de Guingamp et de Pontrieux, expédiées
dans le même but ; mais ils durent céder devant
ces huit cents hommes d'une brutalité inouïe qui
causèrent à Tréguier des dégâts irréparables.

Ce bataillon commença par détruire le calvaire
érigé vis-à-vis de l'église de Saint-Michel ; mais le nom
est toujours resté à cette place et aux quelques maisons qui l'entourent : on les appelle encore *tyer ar*
c'halvar, maisons du Calvaire. Caserné à l'évêché
et aux Ursulines, il dévasta ces deux magnifiques

blissements. Sous ses auspices, les citoyens qui
 avaient appelés en aide, pour faire triompher
rs idées subversives, prirent le dessus, terrori-
rent les paisibles habitants et transformèrent en
b la chapelle du séminaire ; puis la trouvant
p petite, ils décrétèrent de la remplacer par la
thédrale qui devint le *Temple de la Raison.*

La malheureuse jeune fille qui s'était prêtée à
mplir le triste rôle de Déesse, bien revenue de
t d'erreurs, a voulu réparer la perte regrettable
 testament de saint Yves, brûlé dans ces jours
nestes, en faisant peindre une copie de ce docu-
ent précieux, en un tableau pendu au mur de
glise de Minihy-Tréguier !

Préalablement il fallut *purger cette église des sta-
ès et autres monuments du fanatisme,* pour parler
 langage de l'époque. Des commissaires furent
mmés, mais ils ne marchaient pas assez vite au
é de ces forcenés, et le bataillon faisant invasion
ns la vieille cathédrale, au lieu d'enlever les objets
écieux qu'elle renfermait, brisa et mutila tout à
nps de sabre et de pioche ! Les officiers muni-
aux voulurent en vain s'opposer à ces actes
n vandalisme brutal , les armes se tournèrent
ntre eux, et leurs vies furent sérieusement mena-

cées. En peu d'heures tout fut ruiné : les autels magnifiques, le *mausolée de saint Yves,* l'avocat des pauvres, l'ami du peuple, le bienfaiteur de tous, le protecteur de la ville, l'orgue, pièce de toute beauté, les statues, les tableaux; tout fut brûlé ou brisé !

La main de Dieu s'appesantit sur ces féroces étrangers qui périrent presque tous par une terrible épidémie, mais ils furent remplacés par trois cents grenadiers de Rhône-et-Loire, et Tréguier dut passer par toutes les horreurs de ces jours à jamais néfastes. Sa magnifique sonnerie, les superbes cloches *Saint-Tugdual* et *Saint-Yves* furent brisées et fondues pour faire des canons. Une seule, le *Balthasar,* du nom du saint évêque Grangier, fut conservée non pour appeler le peuple à la prière et aux fêtes religieuses, mais pour convoquer à leurs parodies sacrilèges et sonner l'alarme et le tocsin, qui glaçaient d'effroi le cœur des fidèles !

Une église restait à profaner, Notre-Dame de Coatcolvézou. On la choisit pour célébrer la fête de l'Être-Suprême, pour que rien ne restât pur dans la ville de saint Yves. Les reliques du saint furent au moins dérobées à ces mains impies et confiées de nouveau à la terre qui les garda précieusement, jusqu'au réveil de la nation française en proie à un délire de fureur et de haine contre Dieu et sa religion sainte. Il fallut bien du temps pour réparer de telles ruines, beaucoup de larmes et de sang pour apaiser le ciel ! Enfin, après cet orage épouvantable, Dieu fit luire encore sur notre pays dévasté quelques jours sereins. On en profita pour faire disparaître les traces de nos malheureuses discordes. La cathédrale de Tréguier, purifiée de tant d'horreurs, vit recommencer ses belles fêtes de saint Tugdual et de saint Yves, mais avec beaucoup moins d'éclat. Le trône de ses évêques était brisé et jeté aux vents.

En déblayant l'église, on enleva même ce qui restait du tombeau de notre grand saint, et ses reliques, heureusement retrouvées, durent être reléguées dans une armoire de la sacristie ! Monseigneur de Quélen, pour réparer ces outrages faits à saint Yves, fit confectionner à Paris un très beau reliquaire en bronze doré pour renfermer ses restes vénérés. M. l'abbé Tresvaux qui, comme Monseigneur de Quélen, avait été vicaire à Tréguier, devenu chanoine de la métropole de Paris, a fait élever à ses frais un sarcophage en terre cuite, bien modeste, sans doute, mais précieux hommage aussi de sa piété pour saint Yves.

Pendant un grand nombre d'années, ce monument placé sur le lieu de la sépulture du grand thaumaturge breton, a seul représenté la dévotion de nos pères à son tombeau : et c'était la pieuse offrande d'un prêtre étranger à la Basse-Bretagne ! Tout à côté, une pierre blanche, empruntée à la tombe d'un chanoine, cachait l'endroit où était assis le mausolée de Jean V, et une inscription récente la désignait à la vénération des fidèles. Le temps était arrivé où la Bretagne, réveillée elle aussi à la voix de Monseigneur Bouché, son illustre enfant et son évêque vénéré, devait réparer cet oubli d'un siècle, et venir, à la suite de son duc Jean V, payer un tribut de tardif hommage au plus grand de ses saints. Un mausolée plus beau que celui du duc se prépare, et, dans quelques mois, il sera inauguré en présence du pays tout entier !

L'Evêque de Saint-Yves étant mort avant l'inauguration de cette œuvre de piété filiale et nationale tout à la fois, l'honneur en est revenu à Monseigneur Fallières, son vaillant successeur. Le digne prélat y a convoqué tous les évêques de la Bretagne avec Monseigneur Freppel, l'infatigable défenseur de l'Eglise, et l'Evêque de Jéricho, breton lui aussi et d'un ordre toujours cher à saint Yves.

NOUVEAU TOMBEAU DE St YVES

Tréguier a donc pu admirer à côté du successeur de ses Evêques, l'illustrissime Cardinal Place, l'éminent métropolitain de la nouvelle province de Bretagne ; son sympathique et éloquent coadjuteur, Monseigneur Gonindard archevêque de Sébaste ; le vénéré doyen des évêques bretons, Monseigneur Bécel, de Vannes, que Rome vient de décorer du *Pallium*, et l'ancien aumônier des soldats bretons, Monseigneur du Marhallac'h, qui représentait l'Evêque de Quimper.

L'inauguration s'est terminée par la splendide procession du 8 septembre. Nulle fête n'avait encore eu cet éclat, au pays de saint Yves.

Tréguier ne fut pas la seule ville bretonne à se montrer dévote à saint Yves, on peut même affirmer qu'il n'y a pas une seule église paroissiale, si modeste qu'elle soit, qui n'ait un autel ou du moins une image consacrée à la mémoire de ce grand saint, et un grand nombre de chapelles s'élevèrent bientôt en son honneur. Il y a peu de familles en Bretagne où son nom ne soit pas transmis de génération en génération, comme un héritage sacré, à l'un de ses nombreux enfants ; et, dans toutes les villes, une place publique, une rue au moins garde cette dénomination patriotique. Il y a sans doute des

7*

exceptions, et Lannion, autour de laquelle saint Yves a vécu pendant près de vingt ans, n'a ni rue ni place qui rappelle son nom. Je regrette infiniment d'avoir à le constater. On l'invoque du moins dans la chapelle de la Providence, et sa statue se voit à l'un des piliers de l'église du Bally où elle est toujours accompagnée de fleurs et entourée d'ex-voto. Tréguier d'ailleurs est dans le même cas.

Parmi les paroisses qui se sont érigées sous le vocable de saint Yves, il faut citer, en première ligne, celle de Louannec où, comme on le comprend, tout est rempli de son souvenir et embaumé de ses vertus. Sa fête y est chômée par la volonté des habitants, et, bien qu'elle se célèbre le même jour qu'à Tréguier, l'affluence y est considérable. La procession se fait autour du bourg et devant la belle propriété de la Villeneuve qui ce jour-là s'enguirlande de fleurs et de verdure sur tout le parcours. On y chante les hymnes et les cantiques composés en l'honneur du saint : et le discours du *pardonneur,* — ainsi s'appelle celui qui préside à la fête — a pour sujet quelqu'une des vertus du saint pasteur qui a évangélisé ce pays. Ce jour, on ne parle que de saint Yves, on ne prie que lui, et chacun des habitants en rentrant le soir dans son foyer, est heureux de pouvoir dire qu'il est sous la garde de ce grand patron. On doit à M. l'abbé Le Moine, le zélé recteur de Louannec, d'avoir fait revivre, d'une manière plus solennelle, le culte de saint Yves dans sa paroisse.

Trédrez tient à honneur de célébrer la fête du 19 mai, avec une grande dévotion, mais cette église a gardé la Sainte Vierge pour patronne. Saint Yves ne vient qu'en second lieu. Il en est de même de Minihy-Tréguier, où l'on a respecté également la volonté du saint qui, en fondant cette chapelle, désira qu'elle fût consacrée à la Sainte Vierge. C'est donc Notre-Dame de Coatcolvézou, conservée à la place d'honneur dans cette église, qui en est aussi la patronne. A la fête et durant tout le mois de mai, c'est cependant saint Yves qui est invoqué par les pèlerins, mais le mois de Marie sert en quelque sorte à lui prêter tout l'éclat de ses fleurs, et aussi la protection de la Mère de Dieu.

Quand la ville de Pontrieux se fut assise sur les deux bords de sa belle rivière, elle avait deux chapelles, l'une très belle, dédiée à saint Yves, sur la rive gauche, et l'autre plus modeste, mais plus ancienne encore, sous le vocable de Notre-Dame des Fontaines, sur la rive droite. Après le Concordat, on voulut en faire une paroisse. Le recteur qui desservait alternativement les deux chapelles, avait eu le malheur de prêter le serment à la Constitution civile du clergé, mais il était rentré dans le giron de l'Église. On lui laissa le choix de l'une des deux chapelles pour église paroissiale, mais l'autre devait être démolie pour empêcher toute scission ultérieure.

C'était une bien dure épreuve imposée au pauvre curé ! Il vénérait saint Yves qui était son patron ; et comme il avait un peu erré dans la foi, ce n'était pas trop d'avoir un bon avocat, quand viendrait le jour suprême. Mais la Sainte Vierge est la Mère de Dieu, le refuge des pécheurs et une avocate non moins puissante et plus tendre encore, puisqu'elle est notre mère. Il pria donc toute la nuit, et le lendemain il opta pour Notre-Dame des Fontaines. C'est aujourd'hui la patronne de cette jeune paroisse qui célèbre *son pardon* avec un éclat tout particulier et une merveilleuse solennité. Saint Yves n'en aura pas voulu à ce curé, et, au besoin, il sera venu en aide à la Sainte Vierge, pour gagner sa cause auprès de Dieu ; mais les bretons reprocheront toujours aux habitants de la nouvelle ville, de s'être crus obligés d'obéir à ce vœu et d'avoir détruit une des plus belles chapelles du xve siècle, dédiée à notre saint. La place du moins a toujours conservé son nom, et sa statue semble protéger l'église bien modeste, mais très ornée, qui a remplacé les deux chapelles en question. Pour ne pas perdre les anciens souvenirs, la Sainte Vierge est restée la patronne de la paroisse, et saint Yves le patron de la ville de Pontrieux.

Le duc de Penthièvre, qui avait reçu de Charles de Blois de si belles reliques, pour sa chapelle de Lamballe, voulut, quelque temps après, bâtir une église dans la lande de la Poterie, en la paroisse de Maroué. Il y avait là une assez grande agglomération d'ouvriers travaillant à cette industrie modeste, mais bien ancienne et très utile au pays. Cette église s'éleva auprès de la lande où ils prenaient leur argile, au centre d'un bosquet d'arbres, non loin d'une belle *allée couverte,* appelée la *grotte aux fées,* et saint Yves en fut le patron. Devenue paroisse, elle s'est appelée, et c'est la seule, Saint-Yves de la Poterie. Ayant eu, il y a quelques années un long procès avec une puissante voisine qui revendiquait la propriété de la *lande,* les industriels de la Poterie se sont rappelés que ce n'est pas en vain qu'ils avaient choisi un saint avocat pour patron. Malgré donc l'éloquence des célébrités du barreau de Paris, les habitants ont invoqué saint Yves et gagné leur cause.

Il serait trop long et peut-être inutile, ou au moins fastidieux, de rechercher l'origine des nombreuses chapelles édifiées en l'honneur de saint Yves dans toute la Bretagne. M. Gaultier du Mottay, dans son iconographie bretonne, en a compté plus de cinquante, et il a sans doute fait bien des oublis ou n'a pas toujours été assez bien renseigné. Il en est de même des quinze églises qui ont notre saint pour patron. Comme il y a peu de paroisses fondées à partir du xiiᵉ siècle, on comprend qu'on n'ait pas voulu mettre le saint breton à la place des saints patrons qui étaient déjà en possession de leurs églises, et lorsque ces bienheureux, peu connus quelquefois en dehors des pays où ils avaient vécu et s'étaient sanctifiés, ont été écartés par je ne sais quel zèle pharisaïque du xviiᵉ siècle, c'est par les saints Apôtres qu'on les a remplacés, tant on redoutait la critique des prétendus savants de l'époque sur les saints de la pieuse Bretagne.

Heureusement, un courant dans le sens opposé s'est produit de nos jours, et l'éminent évêque qui a rendu à saint Yves toute son auréole primitive, vient de prescrire à son clergé, dans les conférences ecclésiastiques, de faire une étude spéciale des modestes saints bretons trop oubliés et relégués dans les cadres des légendes par une critique exagérée, pour ne pas dire autre chose ! Monstrelet déjà un siècle auparavant, faisait de notre pieuse héroïne Jeanne d'Arc, « une fille d'hôtellerie accoutumée à monter à cheval et à faire beaucoup d'autres choses qui ne sont pas ordinaires à son sexe, et parvint à faire lever le siège d'Orléans et à conduire le roi à Reims pour être sacré ! »

Saint Yves, continue M. Gaultier du Mottay, **a** des statues ou des autels dans plus de quarante autres églises. On pourrait dire, sans se tromper, qu'il y a peu de paroisses où il ne soit honoré. Tantôt il est représenté en prêtre, allant célébrer les saints mystères ; tantôt, revêtu d'un simple surplis et de sa barrette traditionnelle, prêchant la parole de Dieu ; quelquefois il porte l'aumusse et est assis pour rendre la justice. A Pontivy même, on lui donne une mître et le cordon de saint François. Le plus souvent on le représente assis ou debout, entre le pauvre et le riche, toujours tourné du côté de ce dernier, pour ne point l'intimider dans l'exposé de sa cause. Il serait impossible de compter tous les bas-reliefs et autels ou vitraux qui reproduisent cette scène touchante de charité. Dans l'antique et vénérable collégiale de Rostrenen, notre bienheureux est représenté en costume de sénéchal du XVIIIe siècle. La cathédrale de Tréguier a reproduit, dans une splendide statue adossée au maître-autel, le soi-disant portrait de saint Yves, peint sur une antique bannière, portée autrefois par les congréganistes, et qui était copié sur une miniature conservée dans la Bibliothèque nationale, à Paris. Dans la chapelle du Corre en Loquivy-Plou-gras, un bas-relief curieux représente notre saint en aube, distribuant du blé à une foule de pau-vres habillés à la Henri IV. On les voit arriver avec leurs sacs vides et repartir ayant peine à porter leurs charges. A côté du saint le coffre est encore plein, mais le Père éternel qui paraît sur un nuage, lui montre qu'au ciel tous les sacs sont vidés !

Que de fois n'avons-nous pas vu sa statue en granit, plus ou moins bien faite, autour des nom-breux calvaires historiés que l'on rencontrait naguère encore, sur les cimetières ou dans les carrefours de notre pays ! Dernièrement nous voyions un pau-vre peintre occupé à reproduire, sur la muraille blanchie d'une bien modeste chaumière, le portrait de saint Yves. Quelque peu de terre de couleur, délayée dans de l'eau, lui suffisait pour cette pieuse besogne, qui ne lui rapportait pas une demi-livre ! Qu'importe que les règles de l'art fussent plus ou moins observées, l'image se reconnaissait et il n'était pas besoin d'ajouter au-dessous du piédestal les initiales : S. Y., ce à quoi cependant il ne manquait jamais !

Malgré le grand nombre de peintures du saint qu'il avait déjà faites, son talent ne semblait guère perfectionné ; mais il aura contribué à le faire connaître à sa manière. C'est sa pierre apportée à l'édifice qui se prépare pour la glorification de saint Yves. Il n'est pas jusqu'à ces *imageries* d'Epinal qui n'aient servi à rendre familier le culte du saint prêtre, et dans les chaumines les plus enfumées, on trouve encore son image en couleurs voyantes avec un de ces *guerz* qui rapportent les les principaux traits de sa vie. On le chante le soir au foyer et les pâtres le répètent ensuite dans les landes et les *lisières* des champs, en gardant leurs troupeaux.

Ces guerz n'ont pas tous l'entrain et la poésie de ceux que produit chaque année un barde dévot et bien inspiré. Tout le monde le connaît, bien qu'il ne dise point son nom. M. l'abbé Le Pon a fait chanter saint Yves sur tous les chemins de Tréguier et de Goëllo, le long du rivage et à travers les plaines de l'Arvor. Il ne fera pas oublier cependant, et telle n'est point son intention du reste, ces autres guerz déjà anciens, où l'on rapporte tout au long, soit la vie, soit quelques miracles éclatants ou des bienfaits reçus par l'entremise du saint, et qui gravent dans la mémoire notre saint compatriote, tel que nos ancêtres l'ont connu. Souvent il ne s'agit que d'un fait tout à fait local, dont s'empare un barde de village et qu'il sait rendre intéressant, par tous les charmes dont il l'entoure. Quelquefois c'est une fête qui aura été célébrée avec plus d'éclat que de coutume, et qu'un chant bien rimé transmettra désormais à la postérité ; car chez nous, on ne retient guère que ce qui se chante ! Honneur à la pléiade des bardes qui se réunissent autour du tombeau de saint Yves pour célébrer sa gloire, comme les Pifferari, ces musiciens ambulants, qui s'arrêtent à Rome, devant chaque madone, pour jouer en son honneur les plus beaux airs de leur modeste répertoire !

J'ai dit plus haut combien les sculpteurs bretons se sont exercés à reproduire les traits de notre bienheureux sur la pierre et le bois. Dans leurs compositions, bien simples et bien primitives quelquefois, ils ont voulu représenter le saint tel qu'ils le concevaient dans l'idéal de leur pensée. C'est toujours le prêtre humble, charitable et savant à la fois : un livre, une bourse, un maintien recueilli, cela suffisait, et ils l'ont rarement manqué ! Qu'on visite nos églises, les plus riches comme les plus pauvres, ces dernières surtout, et l'on trouvera, dans quelque niche d'un beau rétable ou un coin quelconque peut-être isolé, une statue plus ou moins bien sculptée, revêtue de plusieurs couches de couleurs heurtées, mais toujours reconnaissable, du grand saint de la Bretagne.

§ **XIX**. — **Culte de saint Yves à Tréguier.**

Dès les premières années de ce siècle, aussitôt qu'on eut purifié les temples et relevé les autels, Tréguier songea, pour se consoler de la perte de son évêque, et montrer sa dévotion à saint Yves, à rehausser par la liturgie, l'éclat de la fête de ses patrons. Une petite brochure ou plutôt un petit manuel fut imprimé à cet effet. On y trouve une histoire abrégée de saint Yves, un office propre du

saint, pour le quatrième dimanche après Pâques,
avec une prose fort belle, pour exalter les merveilles
de sa puissance et de ses bienfaits, un cantique de
dix-huit couplets, puis ses litanies en latin et en
français. Tous savaient ce cantique autrefois, récitaient ces litanies à la prière du soir en commun,
et accompagnaient au chœur, le dimanche, le chant
des hymnes et de cette messe si populaire que les
enfants eux-mêmes l'apprenaient de bonne heure
et ne l'oubliaient jamais. Ce livre, qu'on ne trouve
plus aujourd'hui, portait l'approbation de Mgr
Caffarelli, évêque de Saint-Brieuc, destiné par la
Providence à relever nos ruines. Mais il en favorisa
d'autres en ordonnant la destruction des vieilles
statues de nos saints bretons qui n'étaient pas à
la hauteur du progrès moderne.

L'uniformité de la liturgie, exigée par le retour
de nos diocèses au rite romain, fit abandonner
le bel office de saint Yves, et l'on ne chanta plus
à ses fêtes que l'*Iste confessor*, et la messe d'un
confesseur non pontife. La fête de l'*Elévation* de
son corps, au dernier dimanche d'octobre, fut
abandonnée : on ne récita plus ses litanies qu'on
ne trouve désormais que dans quelques familles
anciennes, et l'on s'habitua à ne voir dans le grand

patron de la Bretagne qu'un saint ordinaire. La fête du 19 mai, remise au quatrième dimanche après Pâques, attirait encore plusieurs pèlerins ; mais l'enthousiasme manquait ! Pas de décors, une procession des plus simples, la messe chantée dans l'église de Minihy, les reliques du saint portées par le clergé et saluées par la vieille et superbe bannière de cette paroisse, le retour à Tréguier au chant des vêpres du jour, et c'était fini.

Que l'on compare cette fête pieuse mais sans éclat, à la splendide solennité de la fête du 19 mai, depuis vingt ans, et l'on sera convaincu qu'à la prière de nos évêques, à leur dévotion pour l'humble prêtre qui a laissé une trace si lumineuse dans notre pays, la dévotion des Bretons s'est réveillée, et se manifeste avec plus de pompe que jamais. Un nouvel office de saint Yves, ses hymnes que les vieillards n'avaient pas encore oubliés, le concours empressé de toutes les paroisses du canton ; la cathédrale de Tréguier cachant les pierres rongées de ses vieux murs, sous des flots de bannières et de verdure, sa belle sonnerie annonçant à toutes les riches campagnes de Minihy et de la Presqu'île, la joie de ses habitants et l'approche de la grande fête, c'est Tréguier sortant de son long sommeil ! C'est saint Yves apparaissant plus radieux que jamais à nos jours mauvais. On se croirait au temps où l'Eglise proclamait sa sainteté, déjà honorée par les fidèles, ses reconnaissants compatriotes.

Plusieurs jours d'avance, tout le monde est sur pied : des ateliers de guirlandes et de décors s'établissent dans chaque rue, le travail est activé par une noble émulation ; puis la veille, tous ces chefs-d'œuvre de zèle et de patience s'étalent dans l'intérieur de l'église, le long de ses galeries extérieures ; les rues se tapissent de mousse et de fleurs, les maisons sont toutes pavoisées ; pas d'exception pour saint Yves, les rues se transforment sous des réseaux de riches guirlandes et les arcs de triomphe signalent chaque passage. Heureusement il y a beaucoup de jardins à Tréguier ; on aime les fleurs au pays de saint Yves, et les châteaux voisins fournissent avec bonheur tout ce qu'il faut de verdure, pour cette grande manifestation nationale.

Le 19, dès l'aurore, toutes les cloches de la ville annoncent la fête, et les paroisses voisines préparent leurs belles processions ! A une heure convenue d'avance, la procession de la cathédrale sort pour les recevoir et elles arrivent par toutes les rues, au chant d'un cantique breton : les croix et les ban-

nières saluent celles de saint Tugdual et de saint
Yves, puis se donnent l'accolade traditionnelle et
entrent dans la grande église, où chacune a sa
place réservée. Le clergé est nombreux, Monseigneur préside la grande fête, et l'office pontifical
commence avec plus de majesté peut-être que du
temps de Geffroy de Tournemine, d'Yves de Boisboissel et des autres évêques du temps de notre saint.

A la fin de la messe, après le sermon d'usage, la
procession se met en marche pour l'église de saint
Yves ; mais il faut du temps pour que cette foule
compacte, pieuse et recueillie, puisse se former
en rang. Chaque paroisse prend la place qui lui
est désignée ; les pèlerins qui sont venus isolé-
ment ou ensemble, des pays de Goëllo et de la
Presqu'île, se mêlent à ces groupes, mais tous vou-
draient rester autour des reliques pour les vénérer.
La musique du Petit-Séminaire alterne ses chants
avec les plus beaux morceaux préparés pour la
circonstance : les curieux qui ont déjà fait leur
pèlerinage s'échelonnent sur les fossés, le long du
parcours, et les pauvres qui ne sont pas moins nombreux, font sur tous les tons, un appel touchant à
la charité des passants. On arrive à l'église, autrefois la chapelle de Kermartin.

Les reliques du bienheureux reposent près de cet autel, pendant la messe qui se dit à l'endroit où lui-même avait si souvent célébré le saint sacrifice en versant d'abondantes larmes ! Quel rapprochement entre près de six siècles ! Bien des événements ont remué depuis ce bon pays de Tréguier, mais la foi y est toujours restée intacte, grâce aux vertus de saint Yves, à ses prédications, à l'exemple qu'il a laissé et à sa protection du haut du ciel. La procession rentre à Tréguier, par un autre chemin : elle passe devant l'avenue de Kermartin, sur la colline de Saint-Michel, et la ville peut à peine suffire pour recevoir et héberger cette foule innombrable de pèlerins et d'étrangers.

Pendant toute l'octave, les processions de plusieurs paroisses étrangères au canton, choisissent une heure convenable et viennent chanter la messe dans l'église de saint Yves, puis continuent jusqu'à son tombeau. C'est partout le même entrain, la même piété. Le jour de l'octave, c'est le tour du canton de Pleumeur-Gauthier, qu'on appelle ordinairement la Presqu'île, à cause de sa position entre le Trieux et le Jaudy. Ces processions se rendent en masses compactes, sans éclat si l'on veut, mais avec une foi profonde et une touchante piété. C'est la clôture pour l'année, des belles fêtes de saint Yves ; mais les pèlerins continuent d'accourir par petits groupes, pendant tout le mois de mai qui, dans le pays, est appelé avec tant de raison aussi, le mois de saint Yves.

Le 29 octobre se célèbre une autre fête d'une nature tout intime, dans la cathédrale de Tréguier : C'est l'anniversaire de la *Translation* des reliques de saint Yves. Bien que l'office soit chanté pendant le jour, comme aux grands dimanches, on réserve pour la nuit, les dernières vêpres et le sermon. La procession parcourt toutes les nefs de la vaste église splendidement illuminée, puis passe dans l'intérieur et sous la colonnade de son beau cloître. Ici les lampions suivent les mille dentelures de granit de ses arceaux. Une immense couronne de lumières, suspendue on ne sait comment dans le parterre, abrite quelque temps les reliques vénérées, pendant qu'on chante le cantique si populaire : *Na n'eus ket en Breiz...* Au même instant s'allument, dans la tour d'Hastings, des feux de bengale de toutes les couleurs, qui projettent leurs éblouissants reflets sur tout le vieux cloître, et les nombreux assistants apparaissent rayonnants de mille nuances diverses. C'est encore une belle fête pour l'antique cité, et saint Yves en est toujours l'objet principal.

La fête de la *Translation* se nomme, dans le pays *Saint-Yves d'hiver*. Quelques chapelles ont continué à la célébrer encore, entre autres celle de Trohubert, dans la commune de Merzer. Bien qu'elle dépende du château de ce nom, cette chapelle sert pour la paroisse. C'est une famille de Tréguier qui l'a érigée au xvie siècle : mais le propriétaire actuel tient à honneur de continuer les anciennes traditions du pays, et le dernier dimanche avant d'entrer dans le cœur de l'hiver on aime encore à saluer saint Yves dans cette petite localité, au milieu d'un bosquet d'arbres verts, d'où il bénit le pays de Goudelin qui fut si cher à nos premières années et y conservera toujours, je l'espère, la foi et la piété profonde qui le distinguent.

Il nous resterait bien des choses encore à dire sur le grand saint Yves ; mais nous avons dû nous borner et ne sortir que le moins possible du cadre que nous nous étions tracé : la Bretagne et principalement le pays où le saint prêtre s'est sanctifié en faisant le bien, comme son divin Maître. Il y aurait une lacune dans ce travail, si nous ne disions un mot, avant de finir, de la *Chapelle de Saint Yves de Vérité,* et du culte superstitieux, dit-on, qu'on y rendait au bon saint.

En face de la principale rue de Tréguier, de l'autre côté de son port où le bac passait autrefois les voyageurs pour la presqu'île, s'élevait du temps de saint Yves probablement, une modeste chapelle dédiée à saint Sul, qui peut bien être le même que saint Suliac ou saint Suliau, abbé du vie siècle, honoré dans plusieurs églises de Bretagne, et principalement à Saint-Suliac près de Saint-Malo, où l'on voit son tombeau. Cette chapelle dépendait du château du Verger et attirait beaucoup de pèlerins. Les seigneurs du Verger, de la famille de Clisson, érigèrent à côté, au xviie siècle, un bel ossuaire, sur des colonnes de granit, pour y être enterrés. La chapelle tomba en ruines ; ses pierres furent employées à bâtir des maisons tout à côté ; le calvaire de granit disparut à son tour, à l'exception d'une base à huit pans qu'on y voit encore. Seul, l'ossuaire resta debout et l'on y entassa, sans beaucoup d'ordre, les statues de la chapelle de saint Sul, Notre-Dame de Pitié, saint Sul, Notre-Dame de Bon-Secours, saint Loup, saint Antoine, saint Etienne, saint Claude et deux statues de saint Yves, dont l'une très ancienne. L'autel de la chapelle y fut aussi transporté, mais jamais on n'y a dit la messe. A gauche de l'autel, dans une petite cassette vitrée, l'on voyait un crâne et quelques ossements. C'étaient, dit-on, les restes du dernier des Clisson, mort cordelier au couvent de Saint-François, en Plouguiel. Au-dessous était une espèce de monument avec un écusson de neuf pièces peint de toutes les couleurs de l'arc-en-ciel, sans aucune connaissance de l'art héraldique, par le premier venu. Cet étrange écusson est soutenu par deux lions, et aux deux extrémités de la pierre tumulaire, se voient la Sainte-Vierge et l'Enfant-Jésus, puis saint Yves en mosette avec son aumônière.

On aimait, en descendant la grand'rue, à voir cet élégant reliquaire, au milieu d'une touffe d'arbres verts, et c'était d'ordinaire le but de la promenade des mères et des enfants dans l'après-midi, aux beaux jours de l'été. De là on a une magnifique vue de Tréguier, penché en amphithéâtre jusqu'au beau port qui termine ce paysage. Mais hélas, c'était l'occasion d'un culte superstitieux, auquel se prêtait le quartier du voisinage, avec une complaisance trop coupable, « culte parasite, dit M. Ropartz, enté sur la sainte pratique d'un culte vrai. » Le chrétien instruit, au moment où se discutent devant les tribunaux son honneur, sa fortune et sa vie, invoque saint Yves avec confiance et attend avec plus de calme les décisions de la justice. L'homme du peuple qui n'a pas oublié les épreuves du moyen-âge, où les parties contestantes s'en remettaient directement *au jugement de Dieu* lui-même, se croyant victime de quelque injustice, sans avoir les moyens de se défendre, ajourne son adversaire connu ou inconnu, devant le tribunal suprême où siège saint Yves-de-Vérité, et il demeure convaincu que celui qui a trahi la vérité, qui a forfait à son devoir, qui n'a pas respecté la justice humaine, mourra dans l'année, frappé par ce justicier implacable, qu'un vœu homicide vient de lui donner pour juge.

Telle est la croyance superstitieuse qui s'est perpétuée dans quelques campagnes bretonnes, et certains faits survenus par hasard ou non, semblent leur avoir donné raison. Il y a loin de là à ce qu'un célèbre romancier a appelé Notre-Dame de la Haine, qui, d'après lui, aurait un sanctuaire au pays de Tréguier. Nous ne pouvons que condamner cette déplorable pratique de vouer à saint Yves-de-Vérité. Pour couper court à cette superstition qui déparait le culte si pur et si dévot rendu universellement à saint Yves, daus notre bon pays, M. le recteur de Trédarzec a prié le propriétaire du Verger d'enlever cet ossuaire qui fournissait le prétexte de cet abus criminel, et la soi-disant chapelle de *Saint-Yves-de-Vérité* n'existe plus sur cette rive droite du Jaudy. Mais peut-on assurer que l'odieuse pratique aura disparu avec ce modeste monument ? Nous n'osons l'espérer, car l'homme a une tendance à s'attacher avec plus de force à l'erreur qu'à la vérité, comme le dit Notre-Seigneur lui-même. Sachant très bien qu'ils commettent le mal, ces hommes, dit-il, détournent les yeux de la lumière qui a brillé dans le monde.

Pour vouer quelqu'un à saint Yves-de-Vérité, on suit une sorte de rituel inventé par la mauvaise foi et la crédulité. Entre autres choses, il fallait visiter sa chapelle, en faire sept fois le tour et y brûler un cierge d'une certaine longueur. Comme la chapelle n'était ouverte que le dimanche, les voisins se chargeaient de cette dernière partie du cérémonial, et en percevaient le prix ; puis le pauvre malheureux s'en retournait, ne se doutant pas peut-être qu'il avait accompli un acte superstitieux et coupable. C'est ainsi que le cordelier qui avait confessé Gilles de Bretagne, à travers les barreaux de sa prison du Guildo, rencontrant le duc son frère et son meurtrier, l'assigna de sa part à comparaître dans quarante jours au tribunal du juge suprême, ce qui arriva en effet, nous dit l'histoire.

Le clergé du moins a toujours combattu ces superstitions, et si les prêtres se sont prêtés à ce culte vicieux, c'est par surprise. On vient en effet demander une messe à saint Yves, se gardant bien d'ajouter pour quels motifs. Le prêtre dit la messe, ne demandant à Dieu, bien entendu, que ce qui est utile pour le salut de leur âme, et non la mort de leurs ennemis. Si quelquefois cependant il s'en est trouvé qui ont déclaré leurs intentions criminelles, le prêtre les a instruits de leurs devoirs, de la charité qu'ils devaient à leur prochain et du soin que l'on doit laisser à Dieu de faire connaître la vérité. Presque toujours ces pauvres gens s'en retournent tout consolés, en remerciant saint Yves de leur avoir obtenu la grâce de ne pas succomber à leurs mauvais désirs.

§ **XX.**— Personnages dévots à saint Yves

Nous n'avons fait qu'esquisser le culte tout particulier de quelques personnages historiques, pour notre grand saint Yves. Nous devons à leur piété et à la gloire du saint, de donner certains développements à ces pages de sa vie, afin de montrer que ce n'est pas seulement le peuple qui s'est chargé d'acclamer la sainteté et les vertus de notre bienheureux, mais encore les grands et les princes de la terre, en recourant à sa protection et en proclamant ses bienfaits.

Les familles qui ont eu les rapports les plus intimes avec saint Yves, de son vivant, n'ont pas sans doute été les dernières à l'honorer après sa mort ; par exemple, les Pestivien, les Tournemine, les Rostrenen, les Kerwézec, les Cabanac, les du Rumen, et tant d'autres en faveur desquels il a opéré les plus consolantes merveilles. Cependant nous ne trouvons aucune trace de leur reconnaissance dans les écrits postérieurs à sa canonisation. On n'écrivait que ce qui pouvait passer pour extraordinaire, et généralement ce qui avait rapport à des personnes étrangères à la localité ou désignées à l'attention publique, par l'importance de leur position dans le monde.

Nous avons parlé de Charles de Blois, duc de Bretagne, et de son double pèlerinage au tombeau de saint Yves. C'est ce prince qui se rendit à Avignon, près de Clément VI, pour presser le Souverain Pontife de procéder à la canonisation du saint prêtre. Il semblait pressentir sa fin prochaine et ne voulait pas cependant quitter la vie avant d'avoir vu honorer, sur les autels, son saint de prédilection. Par un effet de la Providence, les saints se connaissent et s'aiment d'un amour tout particulier dont le rayonnement est en Dieu. Qui était plus à même d'apprécier saint Yves que Charles de Blois ? C'était la même générosité pour les pauvres, avec des austérités non moins effrayantes, la piété la plus tendre et une sainteté de vie que nous admirons toujours.

Comme Yves de Kermartin, Charles voyait Dieu présent partout, surtout dans ses temples où il lui rendait constamment ses hommages. Dans les pauvres, il considérait Jésus-Christ souffrant, se faisant lui-même l'objet de notre compassion et de nos aumônes. Il honorait, dans les personnes affligées, Celui qui s'y est en quelque sorte renfermé, pour

recevoir nos services et les récompenser au centuple. C'est dans cette pensée de foi profonde que cet
humble prince se faisait un devoir de servir les
pauvres, avec le même respect et presque le même
culte que si Jésus-Christ avait été présent en personne sous les haillons de leurs misères. Il leur lavait
les pieds, leur baisait les mains, puis leur faisait
apporter tout ce qui était servi de plus succulent à
sa table. Souvent il les faisait dîner dans sa maison,
et se gardait bien de prendre son repas avant de
les avoir servis de ses propres mains. Si parmi eux
il s'en trouvait un plus misérable ou plus mal-
propre que les autres, c'est à lui qu'il réservait
ses plus affectueuses tendresses. On croirait, en
lisant la vie de ce prince, être tombé sur quelques
pages égarées de l'histoire de saint Yves, tant il y a
d'intimes rapports entre ces deux saintes vies.

Plus riche que le modeste seigneur de Kermartin,
Charles put le dépasser en largesses et en générosité. Il avait aussi hérité de son père d'un grand
amour pour les pauvres, et dès qu'il fut duc de
Bretagne, il bâtit pour eux plusieurs hôpitaux, à
Guingamp et dans les villes où ils avaient le plus à
souffrir. Il y visitait souvent les malades, s'approchait de leurs lits, se faisait montrer leurs plaies et

les pansait souvent de ses propres mains, leur faisait apporter le repas qu'on lui avait servi, ne se réservant que des restes grossiers, encore n'en mangeait-il que juste ce qu'il fallait pour ne pas mourir. Quand il fut relevé mort sur le champ de bataille d'Auray, il avait, sur sa chair nue, un cilice de crins bruns, comme celui de saint Yves, et par dessus, l'habit de ce saint prêtre qu'il porta constamment comme pour mettre ses austérités sous les auspices de ce saint et les rendre plus méritoires aux yeux de Dieu.

Pendant sa captivité en Angleterre, le bon duc s'était appliqué à composer un ouvrage de piété, en l'honneur de saint Yves. Il y passait en revue les principaux saints, et les comparait un à un avec son héros. C'était, disait-il, un saint Denys en sublimité de contemplation ; un saint Athanase en constance ; un saint Basile en austérités ; un saint Cyprien en générosité ; un saint Grégoire en vigilance et en sollicitude ; un saint Augustin en douceur ; un saint Ambroise en majesté ; un saint Jean Chrysostôme en éloquence ; un saint Bernard en dévotion à Marie. L'ouvrage était sans doute composé en *guerz,* ou prose-rimée, assez en usage à cette époque, pour être chanté le soir à la veillée ou sur la place publique les jours de foires et de pardons. Cette composition infiniment précieuse d'un *saint écrivant la vie d'un saint,* n'est pas parvenue jusqu'à nous, soit que le pieux auteur n'ait pas pu la terminer, ou que la main du temps l'ait anéantie pour jamais, comme beaucoup d'autres documents dont nous déplorerons toujours la perte irréparable. Le prince captif, qui n'était pas seulement poète, mais encore musicien, *y avait adapté un chant si mélodieux,* dit Albert le Grand, *que plusieurs en prirent copie, et fut chanté en divers lieux de Bretaigne.*

Un jour viendra peut-être où les Bretons prieront le Pontife suprême de reprendre la procédure de la canonisation du bienheureux Charles de Blois, afin qu'ils puissent le prier et voir sa statue sur nos autels, à côté de celle de saint Yves qu'il avait pris pour modèle et dont il fut le plus zélé serviteur !

Le successeur de Charles de Blois sur le trône ducal, Jean V, fils du Conquérant, ne se montra pas moins dévot à saint Yves que les autres princes de sa famille. Surpris à Chantonceaux par la trahison des Penthièvre, il se vit traîné de prison en prison, pendant que ses ennemis ravageaient ses États et s'emparaient des principales villes de son duché.

Ne sachant à quels saints se vouer pour faire cesser une captivité dont on lui faisait, à dessein, sentir tout le poids et l'amertume, le pauvre captif songea au bienheureux Yves de Kermartin que l'Eglise venait de placer solennellement sur ses autels. Il promit donc, entre autres choses, son pesant d'argent au tombeau du saint, s'il était délivré avant la fin de l'année, et sa demande ayant été exaucée, il accomplit loyalement son vœu. Il se fit placer tout armé dans le plateau d'une balance, et il fallut plus de trois cents vingt marcs d'argent pour équilibrer son poids, ce qui représentait une somme de cent vingt mille livres. Jean entreprit aussitôt la construction de cette belle chapelle qui porte encore son nom, ainsi que le tombeau monumental du saint prêtre. Pour finir cette œuvre admirable, le duc fut encore obligé d'ajouter deux cents marcs d'argent, et un d'or. Tout a disparu, excepté la chapelle ducale qui semblait destinée à devenir le sanctuaire du magnifique monument qui a été érigé pour expier le vandalisme et l'ingratitude du siècle dernier.

L'autel pourrait être placé entre les deux verrières qui serviront de chevet et cette disposition, laissant libres les deux extrémités de la chapelle, on pourra y peindre les principaux traits de la vie de saint

Yves. Plus d'un artiste sera heureux de saisir au vif quelques scènes de cette vie admirable pour les y reproduire en fresque, avec les riches et pittoresques costumes de l'époque. Déjà Lamothe, un des premiers élèves de Flandrin, sur la demande d'un de ses amis, M. Hyacinthe Duportal du Goasmeur, a représenté sur les trois panneaux de l'abside de la cathédrale, le *Christ consolateur avec la Sainte famille,* travail généralement admiré et qui n'a rien perdu de sa fraîcheur. Il aura, il faut l'espérer, des imitateurs, et quand il s'agira de saint Yves, les cœurs trécorrois ne manqueront jamais de générosité !

Jean V ne se contenta pas de ce magnifique ex-voto. Il voulut encore, par son testament, perpétuer d'une autre manière sa dévotion pour son saint protecteur. « Par la singulière dévotion que nous portons à saint Yves qui repose en la cathédrale de Tréguier, nous avons, dit-il, choisi nous-même cette église pour lieu de notre sépulture. En conséquence avons ordonné et ordonnons par ces présentes, de faire une fondation d'office divin, à dotation de rentes ci-après désignées, pour célébrer en la dite église, des messes, processions et anniversaires.... » Pour l'entretien de ces offices et services religieux, le duc donne cinq cents livres de rentes annuelles, à prendre sur les devoirs du hâvre ou port de la Roche-Derrien. Cet acte donné à Vannes est daté du 7 octobre 1420.

Jean mourut deux ans après, en son manoir de la Touche près de Nantes. Son cœur est resté dans la cathédrale de cette ville, et son corps, après neuf ans de procès, a été rendu à sa chapelle de Tréguier, et placé près du tombeau de saint Yves. Il fallut toute la science et l'habileté du chanoine Jean de Lantillac, archidiacre de Plougastel, pour obliger les chanoines de Nantes à nous rendre ce précieux dépôt. Le bon prince a reposé en paix dans cette sépulture, jusqu'à la tourmente révolutionnaire. Sa tombe fut fouillée et profanée, comme toutes celles de la cathédrale, par des gens avides d'or et d'argent, et plus encore, semble-t-il, de destruction.

Le sol de la chapelle du duc ayant été remué, en 1868, pour préparer un caveau aux restes de Mgr Le Mintier de Saint-André, dernier évêque de Tréguier, ramené de l'exil où l'avait jeté cette même tourmente, on découvrit un crâne qu'on a supposé être celui du duc. Un de nos amis, M. R. Villeneufve, le fit renfermer dans une urne de terre grossière et le déposa dans sa tombe séculaire.

On vient de découvrir ce caveau aussi fraîchement conservé qu'au premier jour. Deux chevalets
en fer avec quelques restes de planches et deux ou
trois esquilles, qui tombent en poussière, c'est tout
ce qui s'y trouvait. Une pierre blanche, celle qui
recouvrait la tombe de saint Yves, vient d'y être
placée avec une inscription qui résume les titres
et la vie du duc Jean V.

La translation des restes de Jean V à Tréguier
amena, au tombeau de saint Yves, le nouveau duc,
Pierre II, avec sa sainte épouse, la bienheureuse
Françoise d'Amboise. Il n'est pas impossible que,
pendant son séjour au château de Guingamp, la
pieuse duchesse se soit rendue, une année ou l'autre, à la fête de Tréguier. Elle avait cependant une
dévotion, plus prononcée encore, pour un autre
saint apôtre qui, un demi-siècle auparavant, avait
aussi évangélisé la Bretagne, saint Vincent Ferrier.

Vincent, dans le cours de ses missions, voulut
lui-même prier sur le tombeau de saint Yves. C'est
en 1418 qu'il se rendit à Tréguier. Dès que son
arrivée fut annoncée, l'évêque, Mathias du Cosquer,
vint au devant de lui, jusqu'à Crec'h-Mikel, accompagné de ses chanoines et de tout le clergé de la ville.
Le pieux missionnaire fut conduit par ce cortège

imposant jusqu'à l'église, et après s'être prosterné sur le tombeau du saint, il chanta la grand'messe et prêcha avec cette éloquence du cœur et cette onction qui sont restées populaires dans les paroisses qu'il a évangélisées. Vincent mourut l'année suivante, à Vannes, comme s'il ne lui manquait que de voir saint Yves sur la terre pour aller le rejoindre au ciel !

Vincent Ferrier avait été à Nantes le directeur spirituel de Jeanne de France, mère du duc Pierre II. C'est pour cette raison et à cause de son éminente sainteté, que la bonne duchesse Françoise d'Amboise avait toujours eu pour lui la plus grande vénération. Jean V, son aïeul, avait fait commencer la procédure de la canonisation du saint missionnaire ; mais sa mort en interrompit le cours, et la duchesse, en se prosternant sur le tombeau de saint Yves, le pria d'aider son mari à reprendre cette cause qui lui tenait tant à cœur. Sa prière fut exaucée, car le duc eut aussi la même pensée, et demanda de son côté cette grâce, par l'entremise du saint prêtre de Tréguier. Dès qu'il fut de retour à Nantes, il écrivit au général des Frères-Prêcheurs, pour le prier de l'accompagner auprès du Souverain Pontife, et de solliciter avec lui la canonisation de saint Vincent Ferrier. Callixte III, successeur du pape Nicolas, chargea le cardinal de Coëtivy, encore un breton, de faire un rapport sur les miracles et la sainteté de cet autre émule de saint Yves, et saint Vincent Ferrier reçut l'année suivante les honneurs de la canonisation (1455).

On ne sait par quel dessein providentiel, une partie importante des reliques de saint Vincent ont été transportées à Pleubian, près Tréguier. Il n'y a pas d'authentique, il est vrai, mais la tradition et l'analyse des ossements conservés de temps immémorial dans cette église, semblent une preuve péremptoire. Ces reliques sont conservées dans la base en bois recouverte de lames d'argent, d'un buste de saint Vincent qui a disparu. Le reliquaire est partagé en neuf parties par des cloisons, et chaque ossement porte imprimé le nom de saint Vincent Ferrier. L'analyse a démontré que ces ossements appartiennent à un homme d'une soixantaine d'années, qui devait être boiteux. On se demande si Mgr Hamon, frère de l'abbesse de Saint-Georges, n'aurait pas donné ces reliques à cette abbaye, qui les aurait fait parvenir à Pleubian, où existait un des plus célèbres prieurés de cette communauté, et cela pour les dérober aux Espagnols qui cherchaient à enlever ce trésor à la Bretagne. Ou bien saint Vincent et saint Yves auront-ils voulu reposer l'un auprès de l'autre, dans cette terre si hospitalière du pays de Tréguier. Nous l'ignorons et n'osons hasarder aucune conjecture, nous bornant seulement à signaler ce fait à la discussion de nos confrères dont les travaux sur la Bretagne méritent les plus grands éloges.

Quelques années après, Charles, duc de Berri, frère de Louis XI, roi de France, vint aussi en pèlerinage au tombeau de saint Yves (1469). Il était très lié avec François II, le nouveau duc de Bretagne, qu'il avait attiré, avec quelques autres seigneurs, dans la *Ligue du Bien public*. Quand la paix fut faite, Louis XI voulut s'attacher les Bretons, croyant que leur duc aurait accepté le collier de l'ordre de Saint-Michel qu'il venait de créer pour les souverains. Son frère, chargé de cette mission, voulut passer par Tréguier où il resta trois jours. Le premier jour, il déposa un réal d'or sur le chef de saint Yves, le second jour, deux écus d'argent, l'un sur le tombeau, l'autre dans le chœur du duc. Avant de partir il tint à passer une nuit tout entière pour faire la veillée sur la tombe du bienheureux, auquel il adressa les plus ferventes prières.

Le 14 du mois de septembre de l'année 1484, un
autre prince de la famille de Lancastre, Henri Tudor,
qui régna plus tard en Angleterre sous le nom de
Henri VII, voulut aussi visiter le tombeau de saint
Yves. Il avait été exilé pendant la guerre des *Deux-
Roses*, et son cousin le duc de Bretagne lui avait
offert l'hospitalité dans ses Etats. Le chapitre de
Tréguier, prévenu de son arrivée, alla au devant
de lui et le reçut avec tous les honneurs dus à son
rang et à ses malheurs. Il fut conduit sur le tombeau du saint où il pria longtemps.

Anne, la nouvelle duchesse, qui avait remplacé
son frère sur le trône de Bretagne, renouvela
envers saint Yves la dévotion héréditaire dans sa
famille. Elevée par Françoise de Dinan, veuve de
l'infortuné Gilles de Bretagne, Anne reçut une éducation toute bretonne, et jusque sur le trône de
France elle ne rêvait qu'à son pays et ne priait
que les saints de sa chère Bretagne. Eprouvant
peut-être, comme les vrais bretons, *le mal du pays*,
elle désira le revoir et visiter les sanctuaires les
plus célèbres de son duché. La reine vint donc,
en 1506, à Notre-Dame de Bon-Secours de Guingamp où elle donna une cloche qui porte encore
son nom, puis à Morlaix pour se rendre à Notre-

Dame du Folgoët et à Saint-Jean-du-Doigt, où elle laissa, comme marque de sa reconnaissance, un magnifique calice qu'on y admire encore et des burettes qui ont disparu depuis peu.

Anne réserva, en dernier lieu, son pèlerinage au tombeau de saint Yves. Elle fut reçue à Tréguier avec toutes sortes de magnificences, et les fêtes données à cette occasion durèrent plusieurs jours. L'évêque nommé, Antoine de Grignaux, n'ayant pas encore pris possession de son siège, ce fut le chapître qui la conduisit dans la chapelle du Duc son aïeul, et sur le tombeau de saint Yves, à l'intercession duquel elle devait peut-être d'avoir terminé ses démêlés avec le vicomte de Rohan qui l'avait poursuivie, pour une liquidation de succession, jusque sur le trône de France. Nous ne voyons pas que la reine, ou plutôt la bonne duchesse, comme on se plaisait à l'appeler, ait laissé aucun souvenir de son passage à Tréguier. On peut croire cependant, qu'après ses libéralités aux premiers sanctuaires qu'elle a visités, elle n'a pas dû non plus oublier le tombeau de saint Yves. C'est peut-être elle qui a donné un calice en argent doré, aux armes de France et de Bretagne, dont parle M. de Barthélemy dans la description du trésor de la cathédrale de Tréguier.

8*

Un célèbre missionnaire, qui a remué, par sa parole ardente, une foule de paroisses bretonnes, le P. Julien Maunoir, est venu, l'an 1656, donner une première mission à Tréguier. C'est sur le tombeau de saint Yves qu'il a commencé ses exercices spirituels qui ont duré plusieurs semaines. Nul doute qu'il n'ait puisé, dans sa prière à saint Yves, plus de zèle et de ferveur encore pour évangéliser les campagnes où le saint prêtre avait prêché si souvent. Le grand évêque qui, comme un simple prêtre, accompagnait le P. Maunoir dans ses missions, Monseigneur Balthazar Grangier, avait lui-même une dévotion particulière pour l'humble curé qui reposait dans sa cathédrale. Il puisa dans l'exemple de sa vie, ce zèle apostolique, cette charité ardente et cette sainteté, dont le souvenir couronne sa mémoire toujours vénérée au pays de Tréguier. C'est lui qui a fondé tous les hôpitaux de son diocèse et appelé les ordres religieux dont les maisons existent encore, bien que veuves, en grand nombre, des saintes âmes qui y ont, pendant longtemps, chanté les louanges de Dieu, et accompli tant d'œuvres de charité.

Quelques-uns croient que l'illustre contemporain de Monseigneur Grangier, saint Vincent de Paul, serait venu lui-même, à Tréguier, installer les religieux de sa congrégation que cet évêque y avait appelés. Avec quelle ferveur l'apôtre de la charité aura prié sur la tombe de saint Yves, l'humble prêtre qui, trois siècles auparavant, porta si loin l'amour des pauvres et le zèle du salut des âmes !

Les autres évêques de Tréguier et les nombreux abbés de ce diocèse, aujourd'hui supprimé, se sont, tour à tour, agenouillés sur ces dalles, qui recouvrent les restes du bienheureux Yves de Kermartin ; et Monseigneur l'Evêque de Saint-Brieuc et Tréguier, en interrompant chaque année ses visites pastorales, pour venir en personne célébrer sa fête à Tréguier, montre autant, et plus peut-être, que tous ceux qui l'ont précédé sur le siège de saint Tugdual, combien est grand son amour pour l'humble curé qui jette, sur la plus belle partie de son diocèse, les reflets de sa sainteté et de ses éclatantes vertus.

Des milliers de pèlerins viennent tous les ans, à la suite de l'Evêque, prier notre saint national et le remercier des faveurs signalées obtenues par son intercession. C'est une grande et pieuse manifestation, à laquelle personne ne veut rester étranger ; et ceux qui ne peuvent assister à cette belle fête, y sont au moins présents par la pensée et le cœur ! Le marin qui voit de loin le clocher de son église, se découvre et le prie ; l'humble batelier qui descend ou remonte le large estuaire du Jaudy, commence à réciter, tout haut, la prière du soir ou du matin, dès qu'il entend l'Angelus de saint Yves, et ses compagnons lui répondent avec une touchante piété et un entrain admirable ! Honneur à M. le vicomte de Roquefeuil, le maire bien-aimé de la commune, qui restaure cette église et son clocher de ses propres deniers et avec une élégance qui rendra ce sanctuaire, déjà vénérable à tous les points de vue, un des plus beaux sanctuaires de la Bretagne : saint Yves mérite bien ce zèle et ce dévouement qu'il récompensera au centuple.

Parmi les ordres religieux qui se sont montrés particulièrement dévots à saint Yves, il faut citer surtout les religieux de saint François. On sait combien notre saint leur était attaché. Ils furent partout ses directeurs et ses maîtres. On a cru même, et les leçons de notre bréviaire le donnent à entendre, on a cru que saint Yves s'était fait inscrire, dès le commencement, parmi les *Tertiaires de cet ordre,* et qu'il y conforma exactement sa vie : *jampridem ordini tertiariorum B*ti *Francisci nomen dederat,* etc.

Les Franciscains, de leur côté, à partir du xviie siècle, ont inséré sa fête dans leur calendrier et célébré son double office dans leur bréviaire et leur missel. C'est une forte présomption, nous n'en disconvenons pas, mais c'est tout. Nous nous garderons bien cependant d'y contredire, aussi bien que de produire les raisons de ceux qui ont fait admettre une opinion contraire, quelque pieuse qu'elle soit, ne voulant pas introduire de discussions dans ce travail où nous avons voulu présenter tout d'un trait la vie de saint Yves.

L'insertion de sa vie dans un ouvrage récent qui donne l'histoire abrégée des plus zélés serviteurs de saint François, n'a pas détruit la conviction de ceux qui n'ont vu dans notre saint, qu'un humble et saint prêtre, modèle du clergé paroissial, qui n'a cherché d'autre couronne que celle de son sacerdoce !

Après les ordres religieux, on pourrait signaler quelques paroisses, qui ont montré et montrent encore, chaque année, une dévotion extraordinaire à saint Yves. Ici, je n'aurais sans doute que l'embarras du choix, surtout au pays de Tréguier. Je prendrai pour exemple celle de Kerfot, en Goëllo, dont nous avons déjà dit un mot. Les habitants prétendent posséder le *bâton* de saint Yves, dont on a fait un pied pour la croix de procession. Cette croix est le *palladium* de cette paroisse. Elle passe pour avoir conservé quelque chose de la puissance du saint prêtre. Dans les années de sécheresse, quand l'atmosphère est de feu et le ciel d'airain, la procession de Notre-Dame de Kerfot est requise, par toutes les paroisses voisines, de se mettre en marche pour le Minihy. Elle prend la croix vénérée et à sa suite tous se mettent en branle pour se rendre au tombeau de saint Yves, distant de cinq grandes lieues. On doit plonger le pied de la croix dans la fontaine du saint, et au retour de la procession le ciel se laisse désarmer et donne de la pluie. La croix est rapportée dans sa chapelle, aujourd'hui église, et la confiance des fidèles, bien que soumise quelquefois à une dure épreuve, n'a jamais faibli.

Que de fois n'avons-nous pas rencontré ces pieux habitants, s'en retournant, après avoir salué une dernière fois la croix de saint Yves, ou *Crouz ar salut,* sur la lande de Pleumeur ! Partis le matin avec un morceau de pain sec en poche, la gaule de saule épluché dans une main, et le chapelet dans l'autre, ils ont bu de l'eau de la fontaine de saint Yves, fait à genoux le tour de son sanctuaire vénéré et baisé ses reliques ; et ils s'en retournent harassés de fatigue, mais remplis d'une sainte joie et pleins de confiance. Il faudrait que le Ciel fût bien dur, s'il n'exauçait pas leur prière ! Jamais on n'a vu, en Israël, une foi plus vive !

§ XXI. — Œuvres fondées sous le patronage de saint Yves.

Nous avons dit qu'il y avait, au temps de saint Yves, un hôpital à Tréguier, et que le saint y allait lui-même soigner les malades, habiller les pauvres et ensevelir les morts. Ces sortes d'établissements étaient assez rares cependant à cette époque. Dès le ıv^e siècle, il est vrai, les empereurs devenus chrétiens ordonnèrent d'en fonder pour les malades avec des hospices pour les vieillards ; mais ces maisons abandonnées à la charité privée ne purent se répandre que bien lentement, et l'Hôtel-Dieu de Paris, fondé au ıx^e siècle, fut longtemps le seul de ce genre. La lèpre s'étant introduite en France à la suite des croisades, les premiers hôpitaux y furent créés par les chevaliers de Saint-Jean, et le clergé séculier prenant exemple sur ces religieux militaires, commença aussi à en fonder de ses propres deniers. Saint Yves est le premier que nous

voyions prendre cette initiative à Tréguier, en
bâtissant, auprès de son manoir, une maison
pour loger les pauvres et les voyageurs, avec des
lits pour les malades.

Cet hôpital, relativement modeste, comme on
peut le croire, aura servi de modèle aux autres
maisons de ce genre, qui ont été fondées plus tard
dans toute la Bretagne, et dont un certain nombre porte le nom de saint Yves ou invoque sa protection. Le plus célèbre de ces hôpitaux est celui
de Rennes, et bien que les divers gouvernements
qui se sont succédé depuis peu, lui aient donné
un autre nom, le peuple continue toujours de l'appeler comme anciennement l'hôpital de Saint-Yves.
Celui de Morlaix, qu'on fait remonter à une haute
antiquité, n'a reçu sa forme définitive qu'au
xve siècle ; il porte le nom de Saint-Efflam et de
Saint-Yves. Lannion avait un hospice et un hôpital
dédié à saint Yves à l'endroit où est aujourd'hui le
bel établissement scolaire tenu par les sœurs du
Saint-Esprit : le peuple lui a toujours conservé
son ancien nom. Saint-Pol-de-Léon conserve aussi
son hôpital Saint-Yves avec une chapelle où sont
des vitraux représentant le saint distribuant l'aumône.

A Nantes, des particuliers en bâtirent un auprès
de l'église Notre-Dame : il était sous le vocable de
saint Julien, et ressemblait assez à ces asiles de
nuit que l'on vient de créer, il y a peu d'années.
Vitré fait remonter le sien au XII\ :^e\ : siècle. C'était
comme celui de Tréguier, qui pouvait bien dater
de la même époque, une maison où l'on recevait
quelques malades de passage. L'hôpital de Saint-
Brieuc, fondé pour donner asile aux malheureux
atteints du *mal des ardents,* porta naturellement le
nom de Saint-Antoine, qui passait pour guérir de
ce mal affreux. Il serait inutile de nous étendre
davantage sur ces sortes d'établissements, bien que
nous soyons persuadé que la charité de saint Yves
pour les pauvres et sa singulière tendresse pour
les malades, ont exercé une grande influence sur
ces pieuses fondations desservies jusqu'à nos jours
par d'humbles et modestes religieuses, dont les
soins admirables rappelleront toujours le zèle infatigable et dévoué du saint curé breton. Il est rare
qu'il n'y ait pas au moins une salle qui porte son
nom dans chacun de leurs établissements.

La souffrance corporelle est sans doute une
grande épreuve pour notre pauvre humanité ;
mais il y a quelque chose de plus terrible encore,

c'est l'isolement et l'exil. Se voir, se parler, s'entretenir du pays, prier les saints de sa province, chanter leurs hymnes et leurs *guerz* en commun, c'est presque remplacer la patrie absente. Tel dut être le but des *confréries* ou corporations pieuses, comme on les appelait autrefois. Touchantes institutions bien propres à guérir ou à prévenir les maladies de l'âme, mille fois plus dangereuses que les souffrances du corps. Ce fut la pensée d'Anne de Bretagne, notre bonne duchesse, lorsqu'elle établit à Rome la confrérie de Saint-Yves.

Les confréries, en substance, remontent à une haute origine, bien que, comme association, elles aient souvent changé de nom. Dans l'ancienne Scandinavie, dit M. Augustin Thierry, ceux qui se réunissaient aux époques solennelles, pour sacrifier ensemble, terminaient la cérémonie par un festin religieux. On y vidait à la ronde trois coupes de bière, l'une en l'honneur de la divinité, une autre pour les braves du vieux temps, et la troisième pour les parents et les amis, dont les tombes, marquées par des monticules de gazon, se voyaient çà et là dans la plaine. C'était la coupe de l'amitié, et le nom de *ghilde* qui fut donné à l'association elle-même, signifie réellement *confrérie*, parce que tous les participants juraient de se défendre l'un l'autre, et de s'entr'aider comme des frères, dans tous les périls et grands accidents de la vie. Chacune de ces associations était mise sous la garde d'un dieu ou d'un héros, et son nom servait à la désigner. Chaque confrérie avait un chef choisi dans son sein, un trésor commun et des statuts obligatoires pour tous ses membres.

Partout dans leurs migrations, les peuples du nord portaient avec eux le touchant usage de se réunir en confréries : ils le conservèrent même après leur conversion au christianisme, en substituant l'invocation des saints à celle des dieux et des héros, et en remplaçant les coupes de bière par certaines œuvres pies. Les confréries trouvèrent de fortes oppositions dans l'origine ; mais la religion ayant fait disparaître ce qu'il y avait de dangereux dans leur puissante organisation, l'Eglise les encouragea, les bénit, approuva leurs règlements, et d'ordinaire les enrichit de faveurs considérables et de nombreuses indulgences. Elles avaient toujours pour centre une église ou une chapelle, et étaient très répandues au moyen-âge. Nous en trouvons des traces dans nos campagnes bretonnes, autour de quelques modestes sanctuaires, très souvent en ruine ou du moins abandonnés, parce que l'on ne savait plus à quoi ces chapelles étaient destinées, et qu'on ne s'est même pas donné la peine de se le demander.

Souvent tout a disparu, même ces ruines vénérées ; mais il reste encore la statue du saint, ordinairement breton, que l'on conserve précieusement dans la plus importante maison du centre de la confrérie. C'est la cloche de la chapelle qui annonçait les joies ou les tristesses du village, car c'est le nom qui lui a été donné depuis peu ; elle sonnait pour les naissances, tintait pour les glas funèbres. L'*Angelus* du matin, l'*Ave Maria* du soir et la prière en commun, tout se réglait sur l'heure de la chapelle. Les enfants ne la passaient jamais sans y dire une prière, et quelque vieille grand'mère les y réunissait souvent pour leur apprendre le catéchisme et le chant des cantiques. Quelques villages se sont cotisés pour relever ces ruines ; cette idée mérite de faire son chemin, et les Bretons sont trop attachés à leurs vieux usages pour négliger ce moyen d'honorer les saints de notre pays et de raviver la foi de leurs ancêtres, qui n'avaient pas élevé ces pieux sanctuaires sans de grands motifs

TABLEAU PATRONAL de la CONFRÉRIE de St YVES et de St NICOLAS
RESTAURÉ AUX FRAIS des AVOCATS et AVOUÉS de NANCY
EN 1862
RENÉ PRUD'HOMME, LITH.
ST BRIEUC.

de piété, et des raisons d'ordre moral de la plus haute importance.

Nous sommes loin de prétendre que saint Yves ait été le seul inspirateur de ces confréries, qui nous rappellent un âge déjà loin de nous. Ce qui frappe cependant dans les documents de cette vie admirable, c'est de voir que les plus célèbres confréries de notre pays ont été fondées sous son auspice. La confrérie des Bretons fut établie dès l'an 1348, à Paris, par Foulques, évêque de cette ville, en faveur de quelques fidèles chrétiens habitant Paris et originaires, dit le pieux évêque, de la province ecclésiastique de Tours et du duché de Bretagne, en l'honneur de saint Yves canonisé par le Pape régnant. Les rois de France la prirent sous leur protection, et se firent un honneur d'être représentés dans les vitraux de sa chapelle qui était le centre de la confrérie.

A Rome, c'est naturellement autour de l'église de Saint-Yves que s'établit la confrérie érigée par la duchesse Anne, en faveur des Bretons qui habitaient cette ville ou y arrivaient tous les jours en pèlerinage. Léon X en fit l'institution canonique par une bulle datée de 1513. Elle contenait de nombreux privilèges : pour les prêtres, ils pouvaient

dire la messe partout, même dans un lieu frappé
d'interdit ; pour les laïques, ils avaient le droit
de se choisir leurs confesseurs et de les investir,
pour ainsi dire, de pouvoirs spéciaux ; enfin, pour
tous, c'était le privilège d'être enterrés dans le
cimetière de la chapelle, et plus tard dans la chapelle elle-même. Une foule d'inscriptions funéraires,
bien touchantes, ont été relevées sur les dalles,
aujourd'hui disparues, de cette église, par Forcella,
dans son précieux recueil : *Les inscriptions des
églises, à partir du XIe siècle.*

A côté de cette confrérie s'en forma une autre,
créée par les avocats eux-mêmes, toujours sous le
patronage de saint Yves, à Rome d'abord, puis
dans plusieurs autres villes. Elle avait pour objet
de défendre, sans rétribution pécuniaire, les
causes des pauvres, des veuves et des orphelins
sans ressource. Les confrères assistaient tous les
ans à la solennité de la fête du saint, au XIXe jour
de mai. Cette cérémonie, dit Franzini, était fort
pompeuse, et l'éclat en était encore relevé par la
présence d'un grand nombre de cardinaux. Un
humaniste prononçait une *oraison* en latin sur les
mérites du saint ; puis un élève du séminaire
romain en faisait un chaleureux commentaire à la

portée de tout le monde, devant une nombreuse assistance. Le pape Jules II établit, près de l'église de Saint-Yves, un hôpital qui rendit les plus grands services aux malades et aux pèlerins bretons. (Congrès archéol. de France, 1887). La confrérie des avocats existe toujours à Rome, et compte dans ses rangs d'illustres personnages. Benoît XIV en fit partie pendant qu'il n'était encore que l'avocat Lambertini. C'est elle qui donne l'impulsion aux travaux de restauration de l'église de Saint-Yves, que les Bretons attendent avec impatience.

Au commencement du dernier siècle, un célèbre jésuite, le P. de la Rue, fit un très beau panégyrique de notre saint dans son église à Paris, devant une imposante assemblée d'avocats et de jurisconsultes distingués. Il le leur proposait comme le modèle des avocats et des juges. « Yves, dit-il, consacra tout son travail à la charité ; il ne lui faut pas d'autre récompense que le mérite de l'avoir pratiquée, surtout à l'égard des pauvres. Il s'en déclara le tuteur et l'avocat, et sans rien attendre d'eux, mais leur remettant tout ce qu'il aurait pu en exiger, il s'estime assez payé de ses soins, par le seul plaisir de relever les faibles qu'on opprime, et d'en être la ressource. Prenez garde, ajouta-t-il, en se

tournant vers les juges, que saint Yves, au lieu
d'être votre patron, ne soit un jour votre accusa-
teur ; car si c'est par prédilection, par prévention,
par crainte, par ménagements, par des vues mer-
cenaires, que vous jugez, vos jugements ne peuvent être conformes à ceux du ciel, et Dieu les fera
retomber sur vous-mêmes : *Quodcumque judica-
veritis in vos redundabit*. (II paral. XIX).

A Tréguier il a été fondé depuis quelques années
une sorte de confrérie sous le nom de saint Yves
pour réunir dans un même centre, et sous la même
inspiration, plusieurs œuvres charitables qui existaient déjà. C'est tout à la fois ce que sont devenus
depuis les *Cercles catholiques,* et ce qu'était déjà
la Société de Saint-Vincent de Paul ; c'est la Confrérie de saint Yves. Elle se compose des ouvriers
de la ville, à quelque corporation qu'ils appartiennent, et le lieu de réunion est le palais épiscopal, avec ses magnifiques dépendances. Dans ces
domaines de nos anciens évêques, ils se livrent, le
dimanche, à des récréations honnêtes qui les tiennent éloignés des cabarets, où s'engouffrent le plus
souvent les ressources de la famille, et s'abrutit notre
belle race bretonne, qui, sans le vice de l'intempé-
rance, serait la première du monde. Il y a même

une bibliothèque assez variée et l'on peut y lire ou emporter les ouvrages chez soi. Les familles des sociétaires sont visitées tous les mois par les patrons, et un bureau de charité pourvoit à leurs plus pressants besoins. Un ouvroir y est annexé ; les jeunes filles y trouvent de l'ouvrage, et les vieillards ont un atelier pour teiller le lin qu'on livre pour être filé à domicile, et les pauvres de l'hôpital font jouer leurs métiers de bon matin, pour en faire de belles pièces de toile. Les enfants sont nourris à l'asile, des restes qu'on y apporte de tous les ménages de la ville. La Société a prévu tous les besoins : une caisse des loyers reçoit le superflu accidentel de l'épargne du pauvre, qui voit sans inquiétude approcher le terme fatal où il devra payer son modeste logis. Un prêtre zélé et charitable, M. l'abbé Guichet, mort curé de la ville, a fondé cette œuvre de Saint-Yves, avec l'aide d'une religieuse du Saint-Esprit, d'une grande capacité. Leur mémoire est toujours vénérée à Tréguier. M. le Goff, le sympathique archiprêtre de la ville, et les Sœurs de la Providence, ont trop à cœur tout ce qui regarde le culte de Saint-Yves, pour ne pas continuer ou étendre encore davantage une œuvre qui répond si bien à la grande charité de leur illustre patron.

Parmi les œuvres les plus touchantes qui se soient fondées sous le doux nom de Saint-Yves, il faut placer l'*Œuvre de la Cléricature* que Monseigneur Bouché, l'évêque si sympathique aux bretons, a eu la bonne pensée d'établir dans son diocèse. A qui pouvait-on confier plus utilement ces jeunes *Cloarecs bretons* qui ont eu leurs légendes et leurs guerz dans notre littérature nationale, et dont le caractère n'a guère changé depuis trois siècles ? Nous les trouvons encore, suspendant un moment le travail du champ, pour repasser furtivement la leçon donnée par le bon prêtre qui en fera rendre compte à la veillée de son presbytère, ou encore quittant, aux heures du repos, l'atelier ou le bureau, pour aller prendre un devoir à la hâte, à son curé qui l'attend dans sa sacristie. Deux ou trois ans après, ils se coudoieront dans le même petit-séminaire, pour y achever des études péniblement commencées, entretenues par la charité des bonnes âmes qui ont à cœur le recrutement du sacerdoce. Saint Yves avait lui-même été à l'*école presbytérale* de Kerbors, et s'il aimait à ramasser, sur les rues de Tréguier et dans les chemins de Minihy, les petits enfants souffreteux, pour les réchauffer sous sa robe de bure blanche et les nourrir ensuite à Kermartin, si ses principaux miracles ont été opérés en faveur des enfants, quelquefois même avant leur naissance, il ne peut se trouver rien de plus convenable que de placer sous son auspice la vocation de ces enfants du peuple, destinés aussi un jour à devenir ses successeurs dans le ministère paroissial. Ils se transformeront en missionnaires pour évangéliser nos campagnes bretonnes, en se rappelant le zèle de ce saint patron et son ardente charité. Que faut-il davantage pour opérer encore des prodiges au pays de saint Yves ! En ressuscitant son culte, on fait revivre ses plus nobles vertus, et l'on perpétue dans la Bretagne la mission que Dieu lui avait confiée sur la terre, et qu'il protégera du haut du ciel !

Si l'on n'avait pas eu à rattacher l'œuvre des militaires à cette grande organisation française qui a choisi la Sainte-Vierge pour protectrice, c'est encore saint Yves qu'on aurait chargé de protéger nos soldats bretons. Autrefois nos ancêtres l'invoquaient sur le champ de bataille, et au *Combat des Trente,* cet exploit héroïque que les nations nous envient, les chevaliers bretons invoquaient saint Yves, après Jésus et Marie ! Beaumanoir qui buvait son sang, pour apaiser sa soif, promet de frapper fort sur les Anglais et de les vaincre, *s'il plaît au*

Roi de gloire, à sainte Marie et à saint Yves le bon en qui moult il se confie. — A donc, en avant, s'écrie Charles de Blois à la bataille d'Auray, *au nom de Dieu, et de Monseigneur saint Yves !*

Nous sommes heureux de voir les écoles chrétiennes que Mgr Fallières, notre digne évêque, bénit et protège avec tant de grâces et de bonté, placées généra!ement sous le vocable de saint Yves, l'ami des enfants. Ce patron de la Bretagne les préservera contre l'attaque de l'impiété et leur gardera dans le cœur la foi de nos pères.

C'est ainsi qu'en tout temps les Bretons se sont voués à saint Yves, et le qualificatif de *Saint-Yves-des-Bretons* lui est resté à Rome, à Paris et partout ailleurs où nos pères se sont établis, pour montrer que les Bretons c'est son peuple à lui, et que c'est à lui que Dieu les a confiés. De là aussi, de leur côté, une confiance sans borne, une foi presque aveugle, et au fond de quelque campagne, on entend encore répéter avec une extrême naïveté, que saint Yves aurait été le bon Dieu, s'il l'avait voulu !

§ **XXII** — **Hymnes, cantiques, guerz et divers chants composés en l'honneur de saint Yves.**

La poésie est l'aile de la pensée : elle la promène dans un monde quelquefois imaginaire, mais aussi bien souvent, elle lui permet de parcourir les différentes régions où l'histoire ne peut la suivre. Ensuite elle nous élève à une hauteur telle que nous avons sous les yeux comme une vue d'ensemble d'événements qui ne se sont passés qu'à de grandes distances de temps et de lieux. Les ornements dont elle l'entoure ne font que mieux apprécier cet ensemble gracieux et le graver plus profondément dans la mémoire. C'est ainsi que les premiers faits de notre histoire ont été transmis à la postérité, à une époque où la tradition était le seul moyen d'en conserver le souvenir. En Bretagne surtout, ce pays poétique par excellence, malgré l'âpreté de son climat et la rudesse proverbiale de son sol, les sentiments de l'âme, la reconnaissance du cœur, et l'admiration de la pensée, tout se traduit en une poésie triste parfois, mais suave et d'une saveur toute particulière que lui communique le parfum des fleurs dorées de ses landes immenses. C'est dans ces cantiques et ces guerz que nous trouvons l'admiration, la reconnaissance et la dévotion de nos pères pour saint Yves.

Les hymnes sont nombreuses et très anciennes dans notre liturgie bretonne. Nous ne pouvons les donner toutes, et même, pour ne point arrêter le cours de cette étude, nous ne citerons que le commencement de chacune d'elles, en latin, avec la traduction, aussi complète que possible du reste, pour être compris de tout le monde.

I. — *Gaude, Mater Ecclesia,* (Hymne de l'office de saint Yves, xve siècle).

Réjouissez-vous, Eglise notre mère, et vous, terre de Bretagne, tressaillez d'allégresse, car le monde entier célèbre la gloire de saint Yves.

Ce saint, puissant comme le fils du tonnerre, fut un prédicateur distingué. Sobre dans sa nourriture, il se plaisait dans la société des pauvres.

Il mangeait, à la même table, des mets grossiers comme ils en mangeaient eux-mêmes, et avec une égalité parfaite.

Il se prêtait à procurer fidèlement tous les secours qu'on lui demandait, rendait la justice avec une admirable équité, était d'une grande discrétion dans les conseils qu'il donnait, et portait joie et consolation à tous les opprimés.

Tout ce qu'il entreprenait, il le faisait avec un soin remarquable, s'appliquait à apaiser les discordes et ne cherchait jamais à tirer vengeance des injures qu'il recevait.

Sur ses traits, c'était toujours la même gaîté, dans son âme, la même constance : aucune adversité ne décourageait ses desseins ; rien n'assombrissait les traits de son visage.

Il parcourait avec assiduité tout le pays de Tréguier, prêchait au peuple, en allant comme en venant, toujours revêtu d'un habit bien pauvre, mais recevant un éclat extraordinaire des miracles qu'il opérait.

Gloire, honneur et puissance au Christ que nous prions, par les miracles insignes de saint Yves, de nous donner la joie du ciel.

II. — *Gaude, terra Franciæ*. (Hymne de la même époque).

Réjouis-toi, terre de France, et toi surtout pays de Bretagne, qui nous as donné saint Yves, d'une de tes plus nobles familles.

De même qu'un ruisselet bien-aimé de tous,

donne à tous son eau limpide ; pour le salut du peuple, qu'il nous donne une voix pour chanter les éloges de sa vie !

Yves s'appliquait à l'étude, surpassait ses compagnons d'école par l'éclat de son esprit. Il les surpassait encore dans les sciences de la terre, et parut au monde avec une auréole d'une incomparable perfection.

Les pauvres, les pupilles, les orphelins et tous les malheureux, étaient l'objet de ses prédilections ; et, en avocat distingué, il poursuivait gratuitement leurs causes pour les défendre.

Après cela, il devint official et se rendit également agréable aux bons et juste pour les méchants, à tel point que jamais pareil juge ne s'était encore vu.

Il rendait la justice à chacun en particulier, apaisait les discordes et les procès en supprimant les causes qui les faisaient naître.

Il devint ensuite prêtre, puis curé, et par ses prédications fermes et savantes, montrait à ses ouailles le chemin du ciel.

III.— *Yvo, quis tibi debitas.* (Hymne de la même époque).

Yves, qui pourrait arriver à chanter des éloges qui vous sont dus, comme un tribut de notre reconnaissance, vous qui rappelez à la vie ceux qui viennent d'en être privés.

Yves, vous commandez aux flammes de l'incendie ; vous délivrez, par un éclatant prodige et le secours de vos puissantes prières, ceux qui sont tourmentés par le démon.

Yves, vous donnez la lumière aux aveugles ; vous rendez le marcher aux boiteux ; vous terminez les discordes et les procès, et en rétablissant la paix vous la rendez durable.

Yves, vous guérissez les corps de toutes leurs infirmités, quels qu'en soient le genre et la gravité ; vous apaisez la tempête, et rendez à la mer la tranquillité de ses flots.

Yves, ceux qui vous prient humblement, vous brisez leur fers et apparaissez au milieu des dangers, pour aider et sauver ceux qui réclament votre protection !

Yves, nous qui sommes vos serviteurs et que le malheur accable de tous côtés, tournez vos regards vers nous et daignez nous délivrer de tant de maux !

Gloire, honneur et puissance à la Trinité-Sainte

qui donne, avec tant de munificence, une telle puissance à saint Yves.

IV. — *Laus resonet hymnidica*. (Hymne du XVe siècle. Propre de Saint-Malo).

Afin que la louange exprimée dans cette hymne retentisse à l'oreille des fidèles, que saint Yves, si puissant au ciel, nous prête son appui.

Le concert des Anges et de tous les bienheureux réjouira le ciel des accents de leur reconnaissance, pour les bienfaits de saint Yves.

Du pays de Bretagne, sa patrie, Yves, sorti comme un lys, dans la vision béatifique possède un trône au ciel.

La puissance apostolique, par la main de Clément VI, rendit les honneurs de la canonisation émanée du pouvoir des clés, à Yves, le grand thaumaturge breton.

Honneur et gloire à la Sainte-Trinité qui nous justifiera sur la terre, par les mérites de saint Yves couronné au ciel.

V. — *Mater vidit in somnio*. (Hymne du même siècle).

Sa mère vit en songe qu'Yves son fils serait un

grand saint. Sa tendre piété consacra son âme à Dieu, et la passion de Notre-Seigneur augmenta encore la sainteté de saint Yves.

Yves, dans sa jeunesse, aima l'étude des Livres Saints, que votre grâce, Seigneur, lui rendit pleins d'attraits.

A travers les saints exercices de la prière, Yves, ô mon Dieu, ne se guida que par votre divine clémence.

Gloire au Père, au Fils, au Saint-Esprit, par les œuvres admirables de saint Yves. Que remplis de ses divines leçons, nous le voyions un jour au ciel !

VI. — *Qualis mane novo.* (Hymne du Propre de Tréguier, XVIIIe siècle).

Tel le matin, quand le soleil sort sa tête radieuse dans un ciel sans nuage, annonce au laboureur une abondante moisson et présage au peuple un jour brillant.

Ainsi, par sa naissance, Yves, dès son enfance, annonça à ses pieux parents les heureuses prémices de son âme, présageant déjà quelle serait la sublimité de sa vertu quand il serait homme parfait.

Et par quelles belles vertus il brille déjà aux yeux de tous, soit qu'il porte des sentences, ou que pasteur des âmes, il conduise déjà ses ouailles, dans les sentiers que sa parole leur a fait connaître.

Accourez près de lui, ô pauvres, que la dureté des cœurs du riche ou la puissance des grands tiennent sous le poids de l'oppression, sa parole victorieuse et puissante défendra vos droits méconnus, et portera aux affligés l'aumône de son cœur.

Qui que vous soyez, qui avez conscience d'un crime, écoutez d'une oreille attentive ce prédicateur pieux et éloquent. Bientôt vos cœurs percés des flèches du repentir, feront éclater des sanglots de douleur !

O Pasteur qui connaissez vos brebis, les aimez et les chérissez ; juge suprême, qu'une louange perpétuelle retentisse à vos oreilles, ô Jésus, qui remplissez d'une ardeur céleste les auxiliaires que vous vous êtes donnés !

VII. — *Aurora nondum fulgida*. (Pre de Tréguier, XVIIIe siècle).

L'aurore précédait le flambeau qui ne brillait pas encore au ciel, lorsque, dans son amour il t'appelait Seigneur, par des chants divins. Ainsi il veillait toute la nuit couché sur la terre humide, répandant à tes pieds, ses prières brûlantes, fruits de la piété de son cœur, et les soupirs de son âme.

Encore enfant, il avait commencé à dompter, par ses jeûnes incessants, les révoltes de son corps, et il le frustrait pieusement de la nourriture qui lui était due, pour rassasier les pauvres.

Sa sainte demeure, sa porte bénie étaient tous les jours assiégées par une foule de mendiants, et c'est au milieu des vœux de reconnaissance, exprimés par les pauvres, qu'il entrait dans sa maison.

La foule se faisait un devoir et un honneur de l'appeler partout le père des pauvres, et lui-même honorait son pays, en se montrant réellement digne de ce nom.

Soyez glorifié à jamais, ô Jésus, juge suprême et prêtre éternel, qui choisissez des ministres zélés et les remplissez de votre divin souffle.

VIII. — *Hymnis laudes concrepamus.* (Propre de Saint-Malo, XVIe siècle).

Faisons dans nos hymnes retentir ses louanges, et pour le salut de nos âmes, chantons Yves trônant au-dessus des astres du ciel.

Yves s'éleva au-dessus de lui-même, à l'aide de la

grâce, et Dieu se l'attacha par les liens de la charité.

Son lit, c'était la terre nue avec une pierre pour appuyer sa tête. C'est ainsi qu'en se combattant il vainquit sa chair et maintint son cœur dans la plus grande pureté.

Yves, fort comme un lion, soutint seul avec avantage les droits de l'Evêque qu'usurpaient les serviteurs du roi.

Que le Père, le Fils et le Saint-Esprit, par les mérites de saint Yves, nous pardonnent nos fautes et nous conduisent à l'entrée du céleste séjour.

IX. — *Non parta solo sanguine.* (P^re de Tréguier, xviiie siècle).

La pourpre due à d'autres mérites qu'à l'effusion de leur sang, orne les bienheureux au ciel : il y a en effet d'autres guerres qui ont également leurs triomphes.

Yves n'a pas eu à endurer les croix ou les peignes de fer aigu : dur et cruel pour son propre corps, il s'est martyrisé lentement.

S'il ne fut pas tourmenté par un licteur, des chaînes, des fouets ou des ongles d'acier, son ardent désir de mourir pour le Christ y a suppléé abondamment.

Par la chasteté, il a dompté sa chair ; par la foi,
maîtrisé son âme ; et par l'amour, les flammes du
ciel ont brûlé tout son corps en holocauste divin.

Ses veines se rompaient sous l'étreinte de cet
amour, comme s'il eût voulu arracher sa vie avant
le temps, et répandre son sang en flots abondants.

Jésus, donnez-nous de mourir avec vous, de
ressusciter avec vous, et de mépriser les choses de
la terre, ponr aimer les biens célestes.

X. — *Laus et honor Trecoriæ*. (Prose extraite
d'un missel du XVIᵉ siècle).

La gloire et l'honneur du pays de Tréguier, le
flambeau de la France aussi et la lumière la plus
brillante de la Bretagne, Yves est honoré en ce
jour !

Qu'on prodigue donc à sa mémoire les éloges les
plus magnifiques, et qu'on exalte sa gloire dans le
ciel ! Là il voit le roi de gloire dans sa majesté
adorable, et le trône élevé de Marie associée au
trône du roi du ciel.

Là, Dieu lui accorde d'écouter les prières et de
venir au secours de la pauvre humanité, comme
on le reconnaît dans l'univers tout entier.

Par lui, le marcher est rendu aux boîteux, la

lumière du ciel aux aveugles, la santé aux malades et la vie aux morts. La langue des muets est déliée, la chaîne du captif est brisée, les torrents sont arrêtés, comme divisés et séparés en deux par un puissant mur d'airain.

Les incendies sont éteints, la fureur de la mer s'apaise, les hydropiques se désenflent et la paralysie disparaît.

Pendant qu'il tient l'hostie élevée, on la voit s'entourer d'une brillante lumière, et l'enfant mort dans le sein de sa mère recouvre miraculeusement la vie.

Un pauvre, le plus répugnant à voir, reçoit l'hospitalité dans sa maison ; il s'asseoit à sa table et mange avec lui, et au moment où ce pauvre va sortir, on le voit environné d'une clarté éblouissante.

Un homme est renversé sous la roue d'un moulin, on l'invoque, la chute rapide de l'eau s'arrête ; on retire le malheureux et il n'a reçu aucun mal.

Le Souverain Pontife est affligé d'une fièvre ardente, et l'on croit qu'il va mourir. On invoque saint Yves pour lui et il recouvre subitement la santé.

Le démon est chassé ; la peste qui infectait l'air est repoussée. La fureur de l'ennemi est apaisée et les ravages de la guerre sont arrêtés.

Tout ce qui est demandé par l'intercession de saint Yves est accordé ; les grâces du ciel sont répandues avec abondance sur tous les pécheurs.

XI. — *Quam labor difficilis*. (Autre prose de la messe de saint Yves, XVIe siècle).

Quel difficile labeur, quel poids formidable que celui du ministère des âmes !

Tout en s'abstenant des vanités de ce monde, il porte ce lourd fardeau sur ses épaules, fortifié par la grâce qui lui vient d'en haut.

Yves, pasteur infatigable, se garde avec un soin assidu contre les dangers de la mer immense.

En gouvernant bien son peuple, que d'écueils il sut franchir, que de traits il a pu éviter !

Fixe comme une colonne, il ne laissa jamais sa barque s'engloutir sous les flots.

Plein de soucis dans son ministère, puissant par sa parole, il fournit toujours un bon pâturage à ses ouailles.

La religion jaillit de son cœur, l'onction adoucit sa parole, et la charité ouvre toujours sa main.

Il veille nuit et jour, regarde de tous côtés, de crainte que quelque loup ne lui dresse des embûches.

Toi qui descends du ciel où tu étais monté, jette sur nous un regard favorable dans notre misérable exil.

XII. — *Quis poli sedem.* (Propre de Tréguier, XVIIIe siècle).

Quel nouvel habitant entre dans le royaume des cieux, et provoque ces chants de triomphe au-dessus des astres !

C'est Yves qui va rejoindre au ciel ses compagnons de gloire. Yves l'austère satellite de la vertu, le jurisconsulte incomparable, le prédicateur éminent. Après avoir dompté l'erreur et les fraudes, il triomphe porté sur un nuage, comme sur un char glorieux !

Voici que son triomphe est accompagné du cortège des âmes vertueuses, des vierges éclatantes de pureté, et de piété exempte de faste et d'orgueil.

L'amour au front rayonnant des flammes célestes, conduit ce brillant cortège, et le Dieu de charité en prodiguant ces dons à ses serviteurs, a pour couronne la troupe reconnaissante de ses fidèles dévoués.

Yves, qui jusque dans l'assemblée des bienheureux, aimez à être appelé le défenseur de la veuve et du pauvre, faites que, marchant sur vos traces, nous puissions suivre votre exemple.

Gloire suprême, louange éternelle vous soient rendues, ô Jésus, qui juge en même temps que prêtre, façonnez pour votre service des ministres enflammés de l'amour divin !

XIII. — *Quæ dies tanto celebrata cultu*. (Extrait de la fête de l'élévation du corps de saint Yves, au propre de Tréguier).

Quel est donc ce jour célébré avec tant de solennité ! L'antique cité de Trecor accourt au sépulcre de celui dont la terre recouvre encore les cendres bénies !

Dans sa reconnaissance, le peuple trécorrois vient vénérer les ossements de saint Yves dans leur tombeau de granit. Tous ceux qui le prient ont bientôt éprouvé son heureuse protection.

Telle fut l'origine de l'antique dévotion de nos aïeux ! Qu'elle revive plus forte que jamais ! Qu'elle fasse revivre aussi tout ce qu'il y a de feu sacré contenu dans ces restes vénérés et que sa cendre conserve encore !

Cette sollicitude que vous eûtes pendant votre vie, bon et saint pasteur, conservez-la nous, maintenant que vous êtes porté par delà les astres, et comme protecteur vigilant de notre cité, jetez un regard favorable sur votre peuple.

Vos compatriotes ont élevé à Dieu ce temple qui portera éternellement votre nom, et c'est avec raison, qu'habitant la même ville et le même pays, ils vous ont tous choisi pour protecteur et patron.

Nous bornons nos citations à ces quelques hymnes dont le texte latin est emprunté à l'iconographie du regretté M. Gaultier du Mottay. Ce nom vénéré se rattache à tout ce que notre temps a donné d'élan au culte des saints de Bretagne, et de saint Yves en particulier.

CANTIQUES

Parmi les cantiques fançais, composés en l'honneur de saint Yves, nous mettrons, en premier lieu, celui qui se chantait encore il y a quelques années, dans la cathédrale de Tréguier, et qui est extrait d'un opuscule intitulé : *Dévotion des habitants de Tréguier à leurs saints patrons.*

1. Tréguier, par des chants d'allégresse,
    Célèbre son heureux patron ;
    Qu'à ton bonheur tout s'intéresse,
    Et que tout exalte son nom.
    Pleins de respect pour sa mémoire,
    Bénissons-le en ce beau jour ;
    Saint Yves, du sein de la gloire,
    Sera sensible à notre amour.

2. Kermartin, antique demeure,
    Vit naître cet homme pieux :
    En lui, tout montra de bonne heure
    Un cœur favorisé des cieux :
    De sa naissance la noblesse
    Ne l'enfla point de vanité ;
    Dieu seul fut toujours sa richesse,
    Et sa grandeur, l'humilité.

3. Brûlant d'une céleste flamme,
    Yves, dès ses plus jeunes ans,
    A la grâce ouvre sa belle âme,
    Et coule des jours innocents.
    S'il avance d'un pas rapide,
    Dans les sciences des humains,
    Il se montra bien plus avide
    Du savoir qui forme les saints.

4. Yves, dont le Seigneur seconde,
    Soutient et bénit les progrès ;
    Dans le Droit, science profonde,
    Brille par d'éclatants succès ;
    Mais les lauriers qni le couronnent,
    Dans Paris et dans Orléans,
    Loin de l'élever ne lui donnent
    Que de plus humbles sentiments !

5. Rennes, cette ville fameuse,
    Rennes se glorifie encor

9*

Et s'estime à bon droit, heureuse,
D'avoir possédé ce trésor.
Interprète de la justice,
Yves fit régner l'équité.
Par lui, la fraude et l'artifice
Fuirent devant la vérité.

6. Bientôt jusque dans sa patrie,
La renommée avec éclat,
Fait connaître sa sainte vie
Et son grand savoir au prélat.
L'évêque de Tréguier le rappelle :
Yves, toujours humble et soumis,
Revient pour être le modèle
Et l'apôtre de son pays.

7. Honoré du saint ministère,
Il montra surtout sa ferveur.
Sa piété vive et sincère,
Lorsqu'il immola le Sauveur.
De douces, d'abondantes larmes
S'échappent alors de ses yeux ;
Ces moments pour lui pleins de charmes
Semblent l'élever jusqu'aux cieux.

8. Chargé de l'emploi difficile
De juger les fautes d'autrui,
Yves, zélé, prudent, habile,
De l'opprimé devient l'appui.
Mais si la timide innocence,
En lui trouve son protecteur,
Et le désordre et la licence,
D'Yves ressentent la vigueur.

9. Du ciel un regard favorable
Sur Trédrez, et sur Louannec,
Leur donne un pasteur vénérable
Et bien digne de leur respect.

C'est qu'Yves, dont la voix sacrée
Jointe à l'exemple des vertus,
Des peuples de cette contrée,
Fait bientôt un peuple d'élus.

10. Indigents, âmes affligées,
Que saint Yves a soulagés,
Orphelins, veuves désolées,
Qu'il a tant de fois protégés,
Peignez-nous l'ardeur de son zèle
A vous délivrer de vos maux
Dites combien il fut fidèle
A vous consacrer ses travaux.

11. Dans tout homme, Yves voit un frère
Et le membre de Jésus-Christ ;
Mais les pauvres, il les préfère,
Il les recherche, il les chérit.
Nul bas emploi, nul soin pénible,
Ne lui coûte pour les servir ;
A tous leurs maux, son cœur sensible
Le presse de les secourir.

12. Près d'Yves, le Sauveur du monde
D'un indigent prenant les traits,
De cette charité féconde
Daigne réclamer les bienfaits.
Yves le sert sans le connaître ;
Bientôt, ô prodige, à ses yeux,
Il voit le pauvre disparaître,
Brillant d'un éclat merveilleux.

13. Pour les autres plein de tendresse,
Yves, pour lui, n'a que rigueurs ;
Il prie, il se combat sans cesse,
Comme le plus grand des pécheurs.
Qui pourrait, de sa pénitence,

Raconter la sévérité ?
Ah ! le Dieu qui le récompense
En connaît seul l'austérité !

14. Mais le ciel à la terre envie
     Cet homme rempli de vertus ;
     Le Seigneur terminant sa vie
     L'appelle au bonheur des élus.
     Yves, qui n'attend et n'espère
     Que cet agréable moment,
     Vole à son Dieu comme à sa mère
     L'on voit courir un tendre enfant.

15. Il meurt et la nature entière
     Semble suivre sa volonté :
     Le mort revient à la lumière,
     L'infirme reçoit la santé.
     Yves, donnant de sa puissance
     Mille témoignages certains,
     Bientôt avec magnificence
     Rome le place au rang des saints.

16. O vous que poursuit l'infortune,
     A saint Yves, ayez recours.
     Vous que la douleur importune
     Venez implorer son secours !
     Accourez, près de ses reliques
     Que l'on conserve en ce saint lieu,
     Admirer les marques publiques
     De son crédit auprès de Dieu.

17. Nautoniers que le pouvoir d'Yves
     Sauva tant de fois du malheur,
     Ah ! faites retentir les rives
     De cantiques en son honneur.
     Quand la tempête vous agite
     Et vous menace de la mort,

> Confiez-vous à sa conduite,
> Il vous fera toucher au port.

18. Grand saint, protecteur secourable,
Du haut des cieux où vous régnez,
Montrez-vous toujours favorable
A ce peuple que vous aimez,
Et par vos vœux, libre d'atteinte
Dans ces lieux conservez la foi,
Du Seigneur une vive crainte,
Sa paix et l'amour de sa loi.

Ce cantique, comme on le voit, est un abrégé de la vie de saint Yves et se termine par une prière touchante. Afin de pouvoir le chanter ensemble, chacun l'apprenait par cœur, et c'était une excellente manière de retenir cette vie admirable et de la faire passer à la postérité. Il est à regretter qu'on se soit éloigné de cette bonne tradition dans les chants qui ont été composés depuis, quelque beaux qu'ils soient par ailleurs.

Le cantique des Angevins est empreint d'une douce piété que nous sommes heureux de saluer chez nos chers et nobles voisins. Nous le reproduisons d'après un exemplaire, imprimé à Tréguier, qu'ils prononcent et écrivent *Tréguière,* comme les Bretons.

Yves de Tréguière,   Ils aiment sur terre,
Patron des Bretons,   Chanter votre nom.

Le Dieu secourable,
Quand nous l'invoquons,
Se montre admirable
En ce saint si bon.

Oui, votre couronne.
C'est le Dieu Sauveur.
La terre Bretonne
Vient vous rendre honneur.

O Juge sincère
De la vérité,
L'esprit de lumière
Vous a dirigé.

Cœur si charitable
Fait pour le Seigneur.
Dévoué, tout aimable,
O vrai serviteur.

Votre image, ô père.
Est si gracieuse,
Et votre bannière.
Est si précieuse !

Vertueux modèle
Du prêtre ici-bas.
Du chrétien fidèle
Et du magistrat.

Que votre chapelle
Est chère à tout cœur.
Aux Bretons fidèles
Leur saint protecteur.

Douce est la prière
Sur votre tombeau,
Sis à Landreguière,
Et jadis si beau !

La foi se réveille
Et l'amour s'enflamme,
Prodige et merveille
S'opèrent dans l'âme.

La Bretagne entière
N'a pas de saints Lieux,
Ni de sanctuaire
Plus miraculeux.

Sa tombe bénie
Pour tant de bienfaits,
Sera rebâtie
Et mieux que jamais.

Pour nous, sur la terre,
Demandez la foi,
A Dieu, notre père.
L'amour de sa loi.

La foi de nos pères.
Un amour ardent,
L'esprit de prière,
A nous leurs enfants.

Grand saint de Bretagne.
Gardez notre terre,
Villes et campagnes
Et la France entière.

Nous n'avons pas besoin de faire remarquer que
ce cantique est plus riche de sentiments que de

rime. N'importe ! C'est un peuple qui veut honorer notre saint patron dans l'Anjou, cette terre qui a noblement partagé avec la Bretagne les luttes pour la foi et la religion dans nos jours de tristesse et d'oubli. A Tréguier, on cachait ses reliques et dans l'Anjou, l'on chantait toujours ses vertus !

Le *Cantique à saint Yves,* signé Yvonne de Lannion, vient d'être édité. Nous le donnons pour clore la série des cantiques français que nous n'avons pu reproduire qu'en partie. Il porte l'approbation de Mgr Bouché.

O Trécor, chante à tes campagnes
L'honneur de posséder ton saint prêtre breton,
Jusqu'au delà des mers, aux échos des montagnes,
De saint Yves redis le nom !

Béni soit le manoir antique,
Où saint Yves reçut le jour :
Béni soit le sol d'Armorique
Empreint des pas de son amour.

Nulle douleur, nulle infortune,
Frappant son seuil hospitalier,
N'a pu se trouver importune,
Au cœur qu'elle venait prier.

La charité qui le transporte
Fait qu'il héberge le Sauveur :
Un pauvre attendait à sa porte
Il le reçoit. c'est le Seigneur !

Du pauvre orphelin en détresse
Il est le père et le tuteur,
Des malheureux que l'on oppresse
Il est l'ami, le défenseur.

Les trois vertus théologales
Etaient des perles dans ses mains,
Qu'en ses courses sacerdotales
Il sema dans tous les chemins.

Malgré l'enfer qui se déchaine,
Son nom tout glorieux survit,
De Kermartin jusqu'en Touraine,
On le révère, on le bénit.

Les siècles éteints sur ses rives,
Et le temps, destructeur des lois,
Sur la mémoire de saint Yves
Ont vu s'émousser leurs exploits.

Trédrez, Louannec ont encore
Son souvenir au fond du cœur.
D'âge en âge, il passe, on l'honore,
Et ses autels font leur bonheur.

Il est le Saint-François d'Assise
De notre cher pays d'Arvor :
Vénérons-le dans son église,
Dont il protégea le trésor.

Bientôt la cathédrale antique
Qui renferme son chef si beau,
Pour trône à la sainte relique
Aura son merveilleux tombeau.

Ce monument sera l'histoire
Du religieux souvenir
Dont *son Evêque* met la gloire
Au front des siècles à venir.

Cette œuvre qu'un prélat couronne
En y consacrant tous ses droits,
Sera le trésor de l'aumône
Et le fleuron des Trécorrois.

O saint-Yves, sur l'Armorique
Veillez toujours du haut du ciel,
Que vers vous monte ce cantique,
Avec l'encens de votre autel.

Contre la barque de la France.
L'ouragan soulève l'erreur,
O saint Yves, notre espérance,
Apaisez le flot destructeur.

Nous ne pouvons pas laisser de côté les guerz composés en langue bretonne en l'honneur de saint Yves. C'était sa langue, et du haut du ciel il entend encore avec bonheur chanter ses louanges dans l'idiome des anciens châtelains de Kermartin, qui ne lui en avaient pas appris d'autres. Ici le nombre est considérable et le choix difficile. Nous ne ferons qu'en indiquer quelques-uns avec la traduction pour le public.

Nous commençons par le chant le plus populaire aujourd'hui, en faisant remarquer que la traduction n'en rend que faiblement, ou même point du tout, le rhythme, l'entrain, la verve qui le font répéter par tous les échos des campagnes bretonnes.

I. — *N'en euz ket en Breiz* (Kantik neve zant Ervoan).

Il n'est point en Bretagne, il n'est point un saint, mais pas un qui soit comparable à saint Yves.

Il n'est point dans nos champs boisés, ni sur les bords de la mer, il n'en est pas un aussi bon pour les marins.

Il n'en est point un au pays, tout le monde le dit, qui soit aussi favorable aux laboureurs.

Il n'est point un plus beau modèle pour les hommes de lois, que saint Yves qui est en même temps le miroir des prêtres.

Et pour les pauvres si dignes de pitié et pour tous ceux qui souffrent où trouverait-on un meilleur patron que saint Yves !

Il n'est point une chapelle dans toute la Basse-Bretagne qui soit aussi élégante que sa chapelle.

Si vous voulez prier, mais prier comme il faut, allez à Minihy-Tréguier, pour obtenir votre vœu.

Comme il est doux de prier, quand on est dans la peine, là où pria autrefois ce grand saint !

Comme on est heureux de visiter le manoir béni où est né le plus grand saint de la Basse-Bretagne.

Ce manoir de Kermartin, qui vit en outre cette âme sainte s'envoler vers le ciel !

Il n'est point non plus en Bretagne une église aussi belle que la cathédrale de Tréguier.

C'est pour saint Tugdual, notre père bien-aimé, que vous l'avez bâtie, ô grand saint Yves.

C'est là qu'est votre tombeau, et il n'en est pas un sur lequel se soient passés tant de miracles.

J'irai le visiter à partir de Kermartin, et quand il me faudrait faire le voyage à genoux.

Votre tombeau est bien mesquin et bien pauvre, hélas ! mais on vous en érigera un autre plus beau que jamais.

C'est notre nouvel Evèque qui l'a dit, et nous viendrons à son secours, nous, les vrais Bretons.

Chacun, qu'il soit de Tréguier, de Goëllo ou de la Cornouaille, tiendra à avoir sa pierre dans ce monument.

Et quand il sera achevé, quelle belle fête à Tréguier ! Nous y verrons tous les Evêques de la Bretagne !

Tous ces Evêques viendront avec le nôtre prier sur la tombe de saint Yves.

Notre nouvel Evêque nous l'a dit, et c'est saint Yves qui se charge de l'en récompenser.

II. — *Eman miz Mae o cleuian, ar liorzo ag ar vro* (Kantik Goéloiz da sant Ervan. — (Les habitants de Goëllo à saint Yves).

Voici que le mois de mai sème ses fleurs dans nos champs ; c'est le retour de la fête de saint Yves. J'entends du côté de Tréguier, une belle sonnerie, branlant à la volée ; ce sont les cinq cloches de saint Tugdual qui appellent au pardon de saint Yves !

En Bretagne, ô saint Yves, vous n'avez pas votre pareil ! Aussi bien que les Trécorrois, les gens de Goëllo le proclament.

Exaucez toujours notre prière et nous reviendrons nous prosterner sur votre tombeau béni.

Autrefois, on le dit encore, vous avez prié dévotement dans l'église de l'Abbaye (de Beauport) et la chapelle de Kerfot. Vous veniez alors souvent visiter nos ancêtres, et votre prière sur Goëllo produit toujours son effet.

Je vous vois sur le chemin de Saint-Aaron et de

Botloy ; sur le chemin de Lanleff et de Plounez, vous rendant à l'Abbaye. Là vous veniez vous délasser sans cesse de prier, auprès de ces saints moines, vos meilleurs amis.

Un jour, de bon matin, vous reveniez de Rennes, quand vous arrivâtes avec votre serviteur Hamon, en face du pont de Lanleff. L'eau était plus grande que de coutume, et le pont était complètement inondé.

Je vous entends, saint Yves, quand vous vîtes cela, dire en riant à Hamon : « Viens après moi, cher ami, marche après dom Yves, Dieu est avec nous dans notre voyage et nous passerons sans accident. »

Vous fîtes alors le signe de la croix sur le Lef débordé, en adressant une prière au ciel. Aussitôt l'eau s'arrête, le lit de la rivière desséchée vous laisse passer avec votre domestique.

On ne vous a pas oublié en Goëllo, ô grand saint Yves ; souvent ma mère me l'a répété comme toutes les autres mères le disent à leurs enfants : Soyez, disait-elle, soyez toujours dévot à saint Yves, mon cher enfant, priez-le, et quand vous aurez fait votre première communion, vous viendrez avec moi à son pardon.

La veille du 19 mai, j'allai en courant couper dans la vallée une gaulette de saule blanc, puis je me lève avec le réveil des oiseaux, et après avoir fait le signe de la croix, nous voilà sur le chemin de Tréguier.

De tous les coins de Goëllo, nous voyons venir des pèlerins en grand nombre avec leurs chapelets et leurs gaulettes de saule épluché. Tous, nous nous prosternions pleins de joie, quand nous voyions passer la tête de saint Yves, dans son reliquaire d'or porté par les prêtres.

Bonnes gens, allez en Goëllo et partout vous entendrez dire : « Ici saint Yves a passé, la marque de ses pieds est restée sur tous les chemins, grands et petits, et son nom béni restera toujours gravé dans nos cœurs. »

En Goëllo, nous avons tous confiance en saint Yves, et quand le pays est trop accablé, on nous entend dire : « Allons à saint Yves, la croix de Kerfot à notre tête. »

Quelle belle procession l'on voit alors passer sur les ponts de Lézardrieux et de Tréguier. Qu'il fait beau voir les croix et les bannières passer fièrement dans les rues de Tréguier, pendant que nous chantons les louanges de saint Yves !

Allons donc, mes braves gens de Goëllo, allons voir saint Yves, une fois encore. Il nous aime aussi, comme personne ne nous aime. Hélas ! on a beau travailler, le monde est dans la souffrance. Il ne peut en être autrement : Dieu est oublié !

Allons cette année au pardon pour voir la tombe nouvelle : pauvres et riches nous avons tous contribué à ériger ce monument de notre piété. Allons avec notre nouvel Evèque, allons jusqu'à Tréguier. Comme notre cœur débordera de joie au retour de cette fête !

§ XXIII. — Tombeau et fêtes de l'inauguration.

Au moment où nous transcrivions ces lignes, la nouvelle de la mort de l'*Evêque de Saint-Yves* a retenti comme un coup de foudre ! Tout le diocèse fut dans la consternation : C'est en rentrant à Tréguier, après une journée fatigante de confirmation dans la presqu'île, que le digne prélat fut terrassé par une attaque d'apoplexie, et trois jours après il rendait son âme à Dieu dans le palais des anciens évèques de Tréguier.

Monseigneur Bouché s'était vivement attaché le cœur des Bretons et l'affection de son diocèse, en prenant l'initiative d'une œuvre chère à tous : la restauration du tombeau de saint Yves, et c'est à la fin du mois consacré à ce grand saint, que Dieu l'appela au ciel. N'ayant pas eu le temps de parcourir le manuscrit que nous lui avions soumis, quelques mois auparavant, il nous écrivit avec une confiance qui nous a profondément touché : « *C'est avec bonheur que je vous autorise à le faire imprimer, persuadé que vous avez* BIEN ÉCRIT *de notre grand saint national.* »

Le monument que l'on admire aujourd'hui était presque achevé, et les préparatifs de son inauguration déjà commencés. A un autre évêque, son successeur, et comme lui dévot à saint Yves, était réservé l'honneur de terminer cette consécration du magnifique *Ex-Voto* de la Bretagne à saint Yves, et Monseigneur Fallières l'a fait avec tout l'éclat dû à ce grand saint.

Ce tombeau, véritable monument expiatoire de la profanation du dernier siècle, peut n'être pas à l'abri de la critique, mais il est d'une beauté ravissante, tant par le travail que par les souvenirs qu'on y a réunis. Un scrupule, discutable, j'en conviens, l'a fait placer à l'endroit où s'élevait, croit-on, le mausolée de la pieuse générosité de Jean V. Il eût été d'un plus bel effet encore dans la chapelle du Duc.

Tel qu'il est, après un travail de trois ans et une dépense de près de cent mille francs, le nouveau tombeau de saint Yves, en pierres blanches comme le premier, se compose d'un coffre tumulaire ou sarcophage posé sur une base du plus beau granit breton. La statue du saint, que tous admirent comme un chef-d'œuvre, est en marbre blanc. Il y est représenté couché, près de rendre le dernier soupir. Ses yeux sont fixés sur le ciel ; deux anges soutiennent la pierre sur laquelle repose sa tête, et le lion du courage et de la force est étendu à ses pieds. Autour se déroule la suite des personnes avec lesquelles notre saint a été en plus intimes relations. D'abord le père et la mère du Bienheureux, Rivoalon le ménétrier et sa femme, que saint Yves avait comme adoptés avec leurs enfants ; puis Philippe de Valois, Clément VI, Charles de Blois avec l'archidiacre Maurice, Guy Morel son confesseur, et Catel Autret la jeune miraculée de Plestin ; enfin Jean V et Monseigneur Bouché, fondateurs des deux monuments de notre saint.

Le couronnement est un édicule dans le style

du XVIe siècle, merveilleusement fouillé. Parmi les fleurs et la faune bretonne qui l'animent, sont représentés à la tombée des arcades ogivales, d'abord les deux premiers martyrs de la Bretagne, les illustres enfants nantais, Donatien et Rogatien ; puis les fondateurs des sept évêchés bretons, qu'on appelait au moyen-âge les sept saints de Bretagne, savoir : Saint *Samson,* de Dol, terrassant un lion ; saint *Pol* de Léon avec sa cloche ; saint *Corentin* pêchant un poisson ; saint *Tugdual* avec son dragon ; saint *Melaine,* fendant une tour d'où s'échappent deux voleurs convertis ; saint *Paterne* portant une église ; saint *Malo* avec son navire, et saint *Brieuc* salué par deux loups.

Ces statues sont accompagnées d'autres qui leur forment comme une cour d'honneur : Saint Salomon, patron de l'église de la Martyre et roi de la petite Bretagne au IXe siècle, habillé en costume du XIVe ; saint Gildas, le Jérémie breton et notre premier historien, il tient en mains un livre célèbre : *Les malheurs de la Bretagne !* Judicaël, autre roi de notre pays, l'ami de saint Eloi, avec lequel il signa un traité de paix au nom de Dagobert, roi de France.

Pour couronner le tout, six anges aux ailes déployées font retentir, à son de trompes ou olifants, la gloire de saint Yves. Entre ces anges est la statue du bon pasteur habillé d'une peau de mouton, puis la *Vierge à l'oiseau* de l'ancienne église de Coatcolvézou devant laquelle a prié saint Yves, et aux deux extrémités, saint Michel à l'épée flamboyante, et un autre ange portant la bourse de la charité.

M. de la Borderie, membre de l'Institut, qui a pris chaudement en main la cause du tombeau de saint Yves, en a fait une très belle description. C'est sur ses données que M. Devrès, architecte de Notre-Dame, en a conçu le plan et dirigé les travaux. M. Valentin, le pieux et distingué sculpteur breton, est l'auteur de la statue qui méritait plus qu'une mention honorable, et notre compatriote Hernot a fourni et poli le granit bleu qui se marie si bien avec la belle pierre blanche de Conflans. Le tout forme un ensemble harmonieux qui fera honneur à notre siècle, et attestera hautement la dévotion des Bretons pour leur saint compatriote.

L'inauguration s'en est faite avec un éclat dont on n'avait pas encore été témoin au pays de Tréguier. Monseigneur Fallières a annoncé cette fête par une lettre pastorale où il résume la vie merveilleuse du thaumaturge breton. Cette lettre, lue dans

toutes les églises du diocèse, a ranimé le culte du
bienheureux dans la moindre paroisse, et chacun
se promettait de prendre part à la grande manifestation du VIII septembre. La fête devait durer
trois jours, et un *Triduum* de prières et de procession était ordonné pour préparer à la solennité.

De tous côtés on s'arrêtait des voitures et des
places dans les hôtels. L'empressement même fut
tel, que l'on prêta trop facilement l'oreille à ceux
qui prétendaient que l'on ne trouverait pas où se
loger ! Le Petit-Séminaire ouvrit ses portes au
large et avec générosité aux cinq cents ecclésiastiques qui y trouvèrent un accueil parfait et une
hospitalité bien ordonnée. Dès le premier jour, la
circulation dans les rues devenait difficile. La
messe fut chantée par Monseigneur Gonindard,
archevêque de Sébaste, le sympathique et distingué coadjuteur de Son Eminence le cardinal Place
archevêque de Rennes.

Au chœur avaient pris place autour de Son
Eminence, Monseigneur Fallières, évêque de Saint-
Brieuc, et Monseigneur Potron, évêque de Jéricho,
de l'ordre de saint François. Puis venaient les
vicaires généraux de Quimper, le R. Père Abbé de
Thymadeuc et d'autres dignitaires représentant

différents diocèses de France, puis le chapitre de la Cathédrale tout entier.

Le soir, après les vêpres, M. l'abbé Morelle, vicaire général de Monseigneur Fallières, l'éminent orateur qu'on était pressé d'entendre, a retracé d'une façon magistrale, avec sa parole gracieuse et le talent merveilleux qui le distingue, la vie de saint Yves enfant dans ce pays de Tréguier, dont il fait une si élégante description ; et étudiant dans l'Université de Paris dont il retrace aussi les grandes lignes avec une science parfaite. Après ce discours qui restera peut-être comme la plus belle perle de ces joutes oratoires, se donne un solennel salut du Saint-Sacrement. Les plus belles voix du pays, sans compter un prince russe de passage en Bretagne, s'y font entendre et sont justement admirées. A l'entrée de la nuit, la ville a été splendidement illuminée et les reflets des feux de Bengale ont fait rêver aux descriptions des fêtes orientales.

Le lendemain, fête de la Nativité, Monseigneur l'Evêque a chanté la grand'messe. La belle musique du collège a fait entendre les plus beaux morceaux de son riche répertoire, et le soir, à l'issue des vêpres, Monseigneur Gonindard a pris la parole à son tour pour célébrer saint Yves. Sa parole harmonieuse et vibrante a ému jusqu'aux larmes, par les accents d'une éloquence majestueuse, les mères présentes, auxquelles il a proposé comme exemple le foyer de Kermartin, pour l'éducation chrétienne des enfants dans laquelle on doit se proposer de faire des saints : *Vivez de manière à devenir un saint !* Rien n'effacera des souvenirs de la Bretagne l'impression de ce discours si éloquent et si pratique à la fois !

La ville s'est de nouveau illuminée vers le soir, et tous les coteaux voisins ont répondu en brillantes lumières à cette fête de nuit à laquelle a daigné prendre part notre éminent évêque. Monté sur l'estrade de la place, il a dit en breton, aux habitants qui l'applaudissaient : *Me ho car a greis ma c'halon* ; Je vous aime de tout mon cœur !

Le troisième jour devait être plus solennel encore : c'était la clôture. Les processions s'étaient rendues à Tréguier de toutes les paroisses et villes voisines. Celle de Lannion était en première ligne, avec sa croix monumentale et sa belle musique qui précéda les processions le reste de la journée. La grand'messe fut chantée avec un éclat tout particulier par son Eminence le Cardinal de Rennes. C'est la première fois depuis Even de Bégaignon,

INAUGURATION DU TOMBEAU DE SAINT YVES

Bénédiction des Evêques.

qu'on voyait un prince de l'Eglise chanter dans la cathédrale de saint Tugdual ! Après la grand'-messe son Eminence a béni le tombeau de saint Yves, puis la procession s'est déroulée belle et immense, dans les rues trop étroites de l'ancienne ville épiscopale, pour venir se grouper autour des Prélats sur l'estrade de la grande place. Quelques discours y ont encore été prononcés, même en langue bretonne, et les coryphées, au milieu des vivats, ont acclamé saint Yves, le cardinal, les évêques et tous ceux qui avaient contribué à l'éclat de cette fête. Puis la foule s'est agenouillée pour recevoir la bénédiction papale donnée par les évêques à toute la Bretagne.

Le soir la cathédrale était littéralement bondée. Outre les dignitaires dont nous avons déjà parlé, les regards se portaient sur Monseigneur Bécel, le sympathique évêque de Vannes, le doyen de nos prélats, et le grand évêque d'Angers Monseigneur Freppel, qui allait prendre la parole. On remarquait aussi quelques prélats de la maison de Sa Sainteté Léon XIII, dont le costume efface presque en éclat celui des évêques, Monseigneur Maupied, notre distingué compatriote, Monseigneur Maricourt, recteur de l'Université d'Angers, et Monseigneur du Marhallac'h, le vicaire général de Quimper, ancien député du Finistère.

Quand l'évêque d'Angers est monté en chaire, ce fut un beau spectacle pour l'ancienne cathédrale de saint Tugdual. Au milieu d'un recueillement profond qui faillit plus d'une fois faire place à des applaudissements enthousiastes, le grand orateur qu'on était si heureux d'entendre a retracé, avec son incomparable talent, la vie de saint Yves comme prêtre et homme de loi. « Conservez, s'est-il écrié, conservez à notre grand saint, devant le trône de Dieu, comme vous le garderez dans l'histoire, conservez à saint Yves le beau titre d'Avocat des Bretons ; ce sera pour eux un titre de gloire et un gage de bonheur ! »

Puissent n'être jamais oubliés parmi nous ces derniers vœux, ces derniers accents d'une voix qui allait s'éteindre, mais dont l'écho redira à jamais l'éloquence et le courage d'un des plus grands défenseurs de l'Eglise et de ses droits inviolables.

Les trois discours qui ont fait le charme des belles fêtes de saint Yves, ont été conservés heureusement, et contribueront, avec le récit de ces fêtes, à en conserver la douce et suave impression dans le cœur et la mémoire des compatriotes du grand saint qui en a été l'objet. Une médaille a été frappée comme dans les circonstances les plus solennelles de l'histoire d'un peuple. Elle contribuera à perpétuer le souvenir de ces fêtes qui ne se renouvelleront plus, et une longue inscription conservera sur le marbre, dans la vieille cathédrale, les noms de ceux qui y ont contribué, particulièrement celui de notre bien aimé Evèque Monseigneur Fallières à qui en revient particulièrement l'honneur. Que Dieu et saint Yves nous le conservent longtemps : *Conservet et vivificet eum et beatum faciat eum in terrâ !*

Nous devions clore ici ce travail qui est loin d'avoir la prétention d'être complet. Nous voulons cependant ajouter encore quelque chose sur la dévotion à saint Yves.

§ XXIV. — Manière de prier saint Yves au pays de Tréguier.

Quand nous entrons dans une de nos églises, quelque modeste qu'elle soit, nous voyons sur l'autel ou contre un pilier, ou bien encore sur un piédestal le long de la muraille, une statue de notre saint Yves. Quelquefois elle date de deux ou trois siècles, quand l'intérieur de l'édifice n'a pas été remanié ; quelquefois elle est fraîchement sortie d'un de nos ateliers de statues religieuses. Partout on a cherché à représenter, le mieux possible, le grand saint de la Bretagne. Les tableaux sont plus rares, mais on en trouve encore qui ne manquent pas de mérite. A ceux que nous avons déjà mentionnés dans ce travail, nous devons ajouter les tableaux de Tressignaux et de Plufur, dans deux petites chapelles du xviiᵉ siècle, situées sur les cimetières de ces deux paroisses. Sous ces statues ou près de ces tableaux, est appendu un petit carton imprimé : ce sont les litanies de saint Yves. On les récite avec une piété profonde. Rien de plus touchant d'ailleurs que cette suite d'invocations accumulées qui contiennent aussi, en quelques mots, toute la vie du saint.

Les litanies ou supplications sont bien anciennes dans l'Eglise. Elles ont été imitées de la prière liturgique qui commence la messe, puisque le *Kyrie eleison* n'est lui-même qu'une litanie abrégée, une supplication à Dieu. Aussi toutes les litanies, soit des saints, de la Sainte-Vierge ou du Saint Nom de Jésus, commencent par ces trois invocations à Notre Seigneur Jésus-Christ. Il n'y a guère de saint qui n'ait sa litanie. Ces sortes de prières, bien que ne faisant pas partie de la liturgie, peuvent être autorisées pour l'usage des fidèles qui y trouvent un aliment à leur dévotion et un allégement à leur douleur : on est tout consolé quand on a pleuré, qu'on a exposé ses besoins à Dieu, qu'on a prié les saints du ciel, et surtout ceux qui ont vécu dans notre pays et sont chargés par Dieu, comme nos protecteurs et nos patrons, de lui transmettre nos prières et nos vœux. Nous donnerons en français les deux litanies que nous connaissons de saint Yves. L'une est extraite de l'opuscule de la *dévotion des habitants de Tréguier à leur saint patron.* C'est celle que nous voyons dans toutes les églises. L'autre a été découverte par M. Arthur de la Borderie, le grand écrivain de saint Yves, dans un manuscrit du XVIIe siècle, à la bibliothèque nationale et éditée par la *Revue de Bretagne et de Vendée* dans le n° de mai 1888. Il en existe d'autres, sans doute, et celui qui sera assez heureux pour les découvrir s'empressera de les faire connaître, pour honorer saint Yves.

I. — *Litanies du glorieux saint Yves* (pays de Tréguier).

Seigneur, ayez pitié de nous. Christ, ayez pitié de nous.

Seigneur, ayez pitié de nous.

Christ, écoutez-nous. Christ, exaucez-nous.

Père céleste qui êtes Dieu, ayez pitié de nous.

Fils rédempteur du monde qui êtes Dieu, a. p. de n.

Saint-Esprit qui êtes Dieu, a. p. de n.

Sainte Trinité qui êtes un seul Dieu, a. p. de n.

Sainte Marie, reine de tous les saints, priez pour n.

Saint Yves, père des pauvres, p. p. n.

Saint Yves, homme adorable, p. p. n.

Saint Yves, la lumière de notre patrie, p. p. n.

Saint Yves, homme séraphique, p. p. n.

Saint Yves, fournaise de charité, p. p. n.

Saint Yves, exemple d'humilité, p. p. n.

Saint Yves, la gloire des confesseurs, p. p. n.

Saint Yves, amateur de la croix, p. p. n.

Saint Yves, amateur de la pénitence, p. p. n.

Saint Yves, l'ornement de toute pureté, p. p. n.

Saint Yves, miroir de chasteté, p. p. n.

Saint Yves, ennemi de l'impureté, p. p. n.

Saint Yves, miroir de perfection, p. p. n.

Saint Yves, l'exemple de toutes les vertus, p. p. n.

Saint Yves, victorieux de toutes les tentations, p. p. n.

Saint Yves, victorieux du monde, p. p. n.

Saint Yves, homme digne d'honneur, p. p. n.

Saint Yves, homme sans tache, p. p. n.

Saint Yves, homme plein de douceur, p. p. n.

Saint Yves, défenseur des innocents, p. p. n.

Saint Yves, protecteur des vierges, p. p. n.

Saint Yves, tuteur des veuves et des orphelins, p. p. n.

Saint Yves, homme de miracles, p. p. n.

Saint Yves, terreur des démons, p. p. n.

Saint Yves, qui éclairez les aveugles, p. p. n.

Saint Yves, qui faites parler les muets, p. p. n.

Saint Yves, qui guérissez les infirmes, p. p. n.

Saint Yves, qui ressuscitez les morts, p. p. n.

Saint Yves, le salut des marins en danger, p. p. n.

Saint Yves, consolateur des affligés, p. p. n.

Saint Yves, qui rassasiez ceux qui ont faim, p. p. n.

Saint Yves, le refuge de tous les misérables, p. p. n.

Saint Yves, secours de tous ceux qui vous invoquent,
p. p. n.

Saint Yves, notre très doux défenseur et patron, p. p. n.

Agneau de Dieu qui effacez les péchés du monde, par-
donnez-nous.

Agneau de Dieu qui effacez les péchés du monde, exaucez-
nous.

Agneau de Dieu qui effacez les péchés du monde, ayez
pitié de nous.

Antienne. Ses bonnes œuvres sont affermies devant
le Seigneur.

Et toute l'assemblée des saints racontera ses aumônes.

℣. Heureux celui qui secourt l'indigent et le pauvre.

℟, Le Seigneur le délivrera au jour de l'affliction.

Autre *Ant.* Saint Yves jugea en faveur de l'orphelin, il secourut l'opprimé, il défendit la veuve.

ỳ. Saint Yves, priez pour nous.

℞. Afin que nous soyons rendus dignes des promesses du Christ.

Oraison. O Dieu, qui avez donné saint Yves, votre confesseur, pour père aux pauvres, pour avocat aux veuves, pour tuteur aux orphelins ; accordez-nous, par son intercession, la grâce d'être enflammés d'une charité semblable, et de préférer aux biens temporels qui passent promptement, la perle précieuse de l'éternité. Nous vous le demandons par Jésus-Christ Notre Seigneur. Ainsi soit-il.

II. — *Prière à saint Yves pour demander l'esprit de paix.*

Grand saint, qui, pendant votre vie, avez été un ange de paix, qui la prêchiez par votre exemple ainsi que par votre discours, qui faisiez tous vos efforts pour l'établir entre tous les hommes, et qui, pour cette œuvre sublime, n'épargniez ni soins ni fatigues, daignez écouter les vœux que je vous adresse. Obtenez-moi, par votre intercession, la grâce de posséder cette même paix avec Dieu, mon prochain et moi-même. Faites que nul sentiment, nulle pensée d'inimitié, de rancune et de vengeance, n'entre jamais, ni dans mon esprit, ni dans mon cœur. Eloignez de moi les contestations et les procès. Que je conserve avec tout le monde, mais surtout avec mes parents et mes amis, cette charité parfaite dont le Seigneur m'a fait une si étroite obligation, afin qu'après avoir, ô grand saint, imité votre exemple sur la terre, je partage dans le ciel le bonheur dont vous jouissez. Ainsi soit-il.

III, — *Litanies de saint Yves* (d'après un manuscrit du XVIIe siècle).

Seigneur ayez pitié de nous, etc.

Dieu le Père, du haut des cieux, — Dieu le Fils, rédempteur du monde, — Dieu le Saint-Esprit, — Trinité Sainte, Dieu unique, — ayez pitié de nous.

Saint Yves, priez pour nous.

Saint Yves, prêtre et ministre du Christ, p. p. n.

Saint Yves, fleur splendide de l'Armorique, p. p. n.

Saint Yves, juge très équitable, p. p. n.

Saint Yves, gloire éclatante de l'Eglise bretonne, p. p. n.

Saint Yves, lumière et modèle des juges, p. p. n.

Saint Yves, destructeur des procès, p. p. n.

Saint Yves, arbitre des plaideurs, p. p. n.

Saint Yves, modèle des prêtres, p. p. n.

Saint Yves, très vigilant pasteur, p. p. n.

Saint Yves, délices du roi des cieux, p. p. n.

Saint Yves, patron des orphelins et des veuves, p. p. n.

Saint Yves, contempteur du monde, p. p. n.

Saint Yves, ami de la modestie et de la chasteté, p. p. n.

Saint Yves, homme d'une foi très sûre, p. p. n.

Saint Yves, savant jurisconsulte, p. p. n.

Saint Yves, client très vénérable de la Vierge, mère de Dieu, p. p. n.

Saint Yves, contemplateur des mystères de la passion de Notre-Seigneur, p. p. n.

Saint Yves, consolateur des affligés, p. p. n.

Saint Yves, lumière du pays de Tréguier, p. p. n.

Saint Yves, l'honneur de la Bretagne, p. p. n.

Saint Yves, l'ornement de la France, p. p. n.

Saint Yves, le salut des malades, p. p. n.

Saint Yves, l'espoir des indigents, p. p. n.

Saint Yves, père des pauvres, p. p. n.

Saint Yves, gardien très tendre des orphelins, p. p. n.

Saint Yves, modèle de charité et de patience, p. p. n.

Saint Yves, miroir de continence et de piété, p. p. n.

Saint Yves, infatigable dans la prière, p. p. n.

Saint Yves, ange du grand conseil, p. p. n.

Saint Yves, prince de la paix, p. p. n.

Saint Yves, lampe brillante de Dieu, p. p. n.

Saint Yves, trompette de la vérité évangélique, p. p. n.

Saint Yves, vase d'élection, p. p. n.

Saint Yves, miroir de dévotion, p. p. n.

Saint Yves, règle de justice, p. p. n.

Saint Yves, loi de clémence, p. p. n.

Saint Yves, fontaine de miséricorde, p. p. n.

Saint Yves, fleuve de compassion, p. p. n.

Saint Yves, très cher aux gens de votre maison, p. p. n.

Saint Yves, très obéissant à vos supérieurs, p. p. n.

Saint Yves, magnanime protecteur de la généreuse Bretagne, p. p. n.

Saint Yves, merveilleux libérateur des femmes en couches, p. p. n.

Saint Yves, grand oracle de la vérité, p. p. n.

Saint Yves, miroir magnifique d'austérité, p. p. n.

Saint Yves, qui avez ressuscité tant de morts, p. p. n.

Saint Yves, qui avez rendu la vue à tant d'aveugles, p.p.n.

Saint Yves, qui avez si souvent, par vos prières, apaisé
les fureurs de la mer, p. p. n.

Saint Yves, qui chassez du corps humain, par vos mérites, toutes les infirmités et les maladies, p. p. n.

Saint Yves, qui avez éteint avec le signe de la croix un
effroyable incendie, p. p. n.

Saint Yves qui avez rendu la vie à l'enfant dans le sein
de sa mère, p. p. n.

Saint Yves, par le secours duquel les pécheurs obtien-
nent de Dieu pardon et salut, p. p. n.

Saint Yves, dont l'intercession fait réussir sûrement les
demandes de vos serviteurs, en particulier celle des
Bretons, p. p. n.

Christ, écoutez-nous, — Christ, exaucez-nous, — Christ,
ayez pitié de nous.

Ant. Saint Yves a enseigné à tous les chrétiens la
règle de la charité, en donnant, au nom du Christ, à
tous les malheureux indigents tout ce qu'il avait de bien
à donner et gardant seulement pour lui la voie de la pauvreté.

Oraison. O Dieu qui par votre mérite et votre grâce
avez glorifié saint Yves, votre confesseur ; qui, par son
moyen, avez guéri les malades, veuillez toujours continuer de nous délivrer, par ses mérites, des maladies, des
pestes, des tentations et de tous les malheurs, et nous
donner la vie éternelle. Par Jésus-Christ Notre Seigneur.
Amen.

IV. — *Messe de saint Yves, au 4ᵉ Dimanche
après Pâques, d'après la fixation de Mgr Caffarelli,
évêque de Saint-Brieuc.*

Introït. Ceux qui m'écoutaient attendaient que
j'eusse parlé, et ils recevaient mon avis avec un
silence plein de respect. Ils n'osaient rien ajouter
à mes paroles. J'ai été l'œil de l'aveugle et le pied
du boiteux. J'étais le père des pauvres, et je m'instruisais avec un soin extrême des affaires que je ne
savais point. (Extr. du Livre de Job.)

Ps. Instruisez-vous, vous qui jugez la terre et servez Dieu dans la crainte et le respect.

Oraison, comme ci-dessus.

Epître. Du Livre de Job.

Les jeunes gens me voyant, se retiraient, et les vieillards se levant se tenaient debout. Les princes cessaient de parler, ils se mettaient le doigt sur la bouche. Les grands s'imposaient silence et leur langue demeurait comme attachée à leur palais. L'oreille qui m'écoutait me publiait bienheureux, et l'œil qui me voyait me rendait témoignage que j'avais délivré le pauvre qui criait et l'orphelin qui n'avait personne pour le secourir. Celui qui était près de périr me comblait de bénédictions et je remplissais de consolation le cœur de la veuve. Je me suis revêtu de la justice et l'équité de mes jugements m'a servi comme d'un vêtement et d'un diadème. J'ai été l'œil de l'aveugle, et le pied du boiteux. J'étais le père des pauvres, et je m'instruisais avec un extrême soin des affaires que je ne savais point. Je brisais les mâchoires de l'injuste, et je lui arrachais la proie d'entre les dents. Je disais : je mourrai dans le petit nid que je me suis fait et je multiplierai mes jours, comme le palmier. Je suis comme un arbre dont la racine s'étend le long des eaux et la rosée se reposera sur mes branches. Ma gloire se renouvellera de jour en jour, et mon arc se fortifiera dans ma main. Ceux qui m'écoutaient attendaient que j'eusse parlé, et ils recevaient mon avis avec un silencieux respect. Ils n'osaient rien ajouter à mes paroles et elles tombaient sur eux comme les gouttes de la rosée. Ils me souhaitaient comme l'eau du ciel, et leur bouche s'ouvrait comme pour la pluie de l'arrière-saison. Si je riais quelquefois avec eux, ils ne pouvaient pas le croire, et la lumière de mon visage ne tombait point à terre. Si je voulais aller parmi eux, je prenais ma place, au-dessus de tous, et lorsque j'étais assis comme un roi au milieu des gardes qui m'environnaient, je ne laissais pas d'être le consolateur des affligés.

Graduel. La compassion est crue avec moi dès mon enfance, et elle est sortie avec moi du sein de ma mère. L'étranger n'est point demeuré dehors, et ma porte a été ouverte au voyageur. Dans vos jugements, soyez pour les orphelins aussi miséridieux qu'un père, et délivrez d'entre les mains de l'orgueilleux le malheureux qui a été victime de l'injustice. Rendez la justice au pauvre et à l'orphelin, et exaltez l'homme humble et pauvre. Ramassez pour vous des trésors dans le ciel, là où les vers et la rouille ne peuvent rien détruire, où les voleurs ne pénètrent point pour commettre leurs larcins. Heureux celui qui a compassion du pauvre, le Seigneur le délivrera au jour de l'épreuve.

Prose. Quam labor difficilis, comme plus haut.

Evangile de saint Luc, XII, 32.

Ne craignez point, petit troupeau, car il a plu à votre père de vous donner un royaume. Vendez ce que vous avez et le donnez en aumône ; faites-vous des bourses qui ne s'usent point par le temps ; amassez dans le ciel un trésor qui ne périsse jamais, d'où les voleurs ne puissent approcher, et que les vers ne puissent corrompre, car où est votre trésor, là est aussi votre cœur.

Offertoire. La miséricorde et la vérité se sont rencontrées, la justice et la paix se sont embrassées.

Oraison. Faites, ô Dieu des vertus du ciel, que le sacrifice que nous offrons solennellement, en l'honneur de saint Yves, nous inspire le désir de mépriser les choses périssables de ce monde, pour n'aspirer qu'aux biens du ciel, par Jésus-Christ Notre Seigneur.

Préface. Il est vraiment digne et juste, bon et salutaire, que nous vous rendions grâce toujours et partout, Dieu saint, père tout-puissant, Dieu éternel qui êtes glorifié dans l'assemblée des saints, et qui en couronnant leurs mérites, couronnez vos propres dons, qui, dans leur vie, nous procurez l'exemple des vertus, par notre communion avec eux, une sainte compagnie, et leur intercession, un secours puissant. Faites que, ayant au-dessus de nos têtes de si nombreux témoins, nous nous empressions de marcher avec courage, vers la fin que nous devons atteindre, et que nous puissions acquérir avec eux la gloire immortelle et la couronne du ciel. Par Jésus-Christ Notre Seigneur, par le sang duquel nous sommes admis sur le chemin du royaume éternel, par lequel les Anges adorent en tremblant votre divine majesté et tous les chœurs des esprits célestes l'acclament ensemble avec la plus grande allégresse. Nous vous supplions de nous faire admettre à la chanter avec eux, et de dire aussi, en avouant humblement notre foi : Saint. Saint. Saint.

Communion. Il est bon pour les ingrats et les méchants. Vous aussi, soyez miséricordieux, comme votre père au ciel est lui-même miséricordieux.

Postcommunion. Dieu tout admirable dans vos saints, qui nous avez montré saint Yves comme

un modèle de piété, faites que, comme il était plein
de ferveur pour recevoir le sacrement de votre
amour, nous qui sommes rassasiés du même pain
céleste, nous sentions nos cœurs remplis de la
même ferveur et du plus grand amour pour vous,
et que notre vie demeure en vous et repose en vous,
qui vivez et régnez pendant les siècles des siècles.

APPENDICE

—

§ **XXV**. — **Hymnes latines en l'honneur de saint Yves**.

Au temps du roi Louis, lisons-nous dans un
livre récent, l'*Etui de nacre*, il y avait en France
un couvent d'hommes occupés à composer en latin
des proses et des hymnes en l'honneur de la Bienheureuse Vierge Marie. Il s'y trouvait même un
Picard qui les mettait en langue vulgaire et en
vers rimés.

Depuis saint Yves aussi, plusieurs hommes pieux
et savants ont chanté les éloges de notre grand
Saint dans cette même langue latine qui est celle
de l'Eglise, et à l'exemple de ce bon moine picard

dont parle l'auteur, j'ai traduit quelques-unes de ces hymnes, non en vers rimés, mais en langue vulgaire. On en lira peut-être le texte avec plaisir à la fin de ce volume, où je les transcris pour obéir au conseil d'un excellent ami, afin qu'elles ne soient pas perdues pour le public. Ce sera comme une transition entre ce passé glorieux et le présent, qui ne l'a pas été moins pour le développement du culte de saint Yves.

Les n⁰ˢ en chiffres romains correspondent à ceux du livre, § XXII.

I.

Gaude mater Ecclesia,
Et exulta Britannia,
Nam per orbem celebria
Sunt Yvonis solemnia.

Hic tonitrui filius,
Prædicator egregius,
In convescendo sobrius,
Egenis erat socius.

Ipsis una refectio
De prægrossis cibariis,
Nec huic erat plus socio
Quam illis erat socius.

Fidelis in obsequiis
Et justus in judicio,
Discretus in consiliis
Pressis erat præsidio.

Intentus pio studio,
In sedandis discordiis,
Nullaque sibi ultio
De susceptis injuriis.

Una vultûs hilaritas,
Una mentis constancia
Quam non fregit adversitas,
Nec resolvit lætitia.

Assiduo circuitu
Ibat prædicans populis,
Fusco contectus habitu,
Sed coruscans miraculis !

Sit laus trino et simplici
Deo, qui per suffragia
Yvonis tam mirifici
Det nobis cœli gaudia. Amen.

II.

Gaude terra Franciæ,
Et prœsertim Britanniæ
Nobili progenie
  Quæ dedit Yvonem.

Ut bonus fons rivulis,
Fundit aquas singulis
In salutem populis,
    Et vitæ præconem.

Adhærendo studiis,
Consortes ingeniis,
Præcedens scientiis
    Perfectus refulsit.

Pauperum pupillorum.
Causas et orphanorum,
Gratis et miserorum
    Advocatus duxit.

Post hæc *officialis*
Fuit bonis et malis
Ità gratus quod talis
    Nunquam fuit visus.

Exhibens justitiam
Cuilibet propriam,
Sedando discordiam
    Rixis tollit usus.

Post hæc factus *presbyter*,
Curatus, viriliter
Parochianis iter
    Docuit salutis.

N.-B. — *Cette hymne est plutôt une suite d'antiennes rimées pour les premières vêpres de l'office de la Translation. Nous la donnons cependant pour montrer qu'elle est conforme au plan que nous avons suivi pour la vie de saint Yves. Elle se trouve dans le bréviaire du P. S. de Tréguier et les* Monuments originaux *de M. de la Borderie.*

III.

Yvo quis tibi debitas
Sufficit laudes solvere,
Qui ad vitam ressuscitas
Vitæ privatos munere.

Yvo tu flammis imperas
Obsessos a dæmoniis
Mirabiliter liberas,
Tuis sanctis suffragiis.

Yvo cæcos illuminas
Claudis gressum restituis,
Rixas et bella terminas
Pacem firmas et statuis.

Yvo tu curas corpora
A quibusvis languoribus,
Tranquilla reddis æquora
Sedatis tempestatibus.

Yvo solvis à vinculis
Te poscentes humiliter,
Et astas in periculis
Tuos juvans salubriter.

Yvo ad tuos famulos
Quos mundi premunt aspera,
Pios convertens oculos
Nos a tot malis libera.

Laus honor et imperium
Sit Trinitati deicè,
Qui cœli magisterium
Yvoni dat mirificè. Amen.

IV.

Laus resonet hymnidica
In auribus fidelium,
Ut vis Yvonis cœlica
Nobis præstet subsidium.

Concordia angelica
Et beatorum omnium
Laude gaudet gratificà
Propter Yvonis præmium.

Ex patriâ britannicâ
Yvo exortum lilium

In vitâ beatificâ
Possidet cœli solium.

Potestas apostolica
Clementis sexti brachium,
Canonisat authenticâ
Yvonem ex vi clavium.

Honor et laus theatrica,
Trinitati imperium
Tibi sit et justifica,
Nos per Yvonis bravium.

V.

Mater vidit in somnio
Yvonem ejus filium
Fore sanctum eximium
Jesu nostra redemptio.

Sancti Yvonis animam
Dedicavit devotio
Accendit Christi passio
Amor et desiderium.

Yvo in pueritiâ
Sacrum dilexit studium
Quem tua traxit gratia
Deus creator omnium.

Per sacra exercicia
Duxit Yvonem puerum
Deus solâ clementiâ
Homo in fine temporum.

Laus Patri, Nato, Neumati,
Sit per Yvonis opera
Cujus accensi dogmata,
Cœli cernamus munera.

VI.

Qualis mane novo cum caput exerit,
Nullis sol oriens nubibus obsitum
Fructus agricolis nuntiat uberes
    Et lætum populis diem.

Sic nascendo piis Yvo parentibus,
Felices animi primitias puer
Virtutisque dedit quis foret indicans
    Ætas dum faceret virum.

Et jam quam meritis grandibus emicat !
Seu decreta ferat seu sibi creditas,
Ducat pastor oves, moribus exhibet,
    Quos sermonibus edocet.

Huc quos durities impia divitum
Magnatumque premit, currite pauperes

Vindex vestra potens jura tuebitur
      Mæstis subsidium feret.

Quisquis corda gerit conscia criminis
Præconem cupidis auribus audiat
Mox fixus jaculis pectora fervidis
      Culpas fletibus eluet.

O qui pastor oves noscis, amas, foves,
Judex summe, tibi juge decus sonet
Jesu qui superâ quos tibi suscitas
      Reples mente vicarios. Amen.

VII.

Aurora nondum fulgida
Soli præibat lampade
Cum te Deus sacris amans
Vocabat Yvo canticis.

Quin nocte totâ pervigil
Tellure stratus frigidâ
Cordis pios fructus preces,
Fundebat et suspiria.

Ad huc puer jejuniis
Domare corpus ceperat
Quibusque se fraudaverat
Cibis egenos pascere.

Piam domum, pias fores

Mendica cingebat cohors ;
Hæc cæteras inter, domum
Prodibat Yvonis vota.

Hinc pauperum vulgò patrem
Omnis vocare civitas
Gaudebat ; hujus gloriam
Implebat ipse nominis.

Sit summa Christe laus tibi,
Qui quos sacerdos et simul
Judex, ministros eligis,
Sensus et his afflas tuos. Amen.

VIII.

Hymnis laudes concrepamus
Mente salutiferâ,
Yvonem collaudemus
Situm suprà sidera.

Se suprà se elevavit
Adjutrice gratiâ,
Yvo quem Christus ligavit
Charitatis fasciâ.

Lectus ejus erat terra
Et lapis sub capite,
Et sic carnem vicit guerrâ
Corde stante sospite.

Yvo fortis sicut leo
Regalibus servulis
Solus aufert cum trophæo,
Palefredum præsulis.

Pater, Proles et Spiritus
Nos per Yvonis merita,
Ad cœli ducant aditus
Indulgendo demerita. Amen.

IX.

Non parta solo sanguine
Ornat beatos purpura ;
Sunt incruenta quæ suos
Habent triumphos prælia.

Non Yvo flammas non cruces
Non sensit unctos pectines,
Crudelis et durus sibi
Se morte lentâ conficit.

Si lictor illi defuit,
Si vincla, fustes ungula,
Parata pro Christo mori,
Hoc supplet omne charitas.

Corpus subegit castitas
Et liberam mentem fides.

Amor supernis ignibus
Totam litavit hostiam.

Venis apertis omnibus,
Qui velit ultra erumpere
Fraudatus optatâ viâ,
Et fusus in fluctum cruor.

Da Christe nos tecum mori,
Tecum simul da surgere,
Terrena da contemnere,
Amare da cœlestia.

Sit laus Patri, laus Filio
Qui nos triomphatâ nece
Ad astra secum dux vocat,
Compar tibi laus spiritus. Amen.

X.

Laus et honor Trecoriæ.
Decus et decor Galliæ,
Lux et splendor Britanniæ
Beatus Yvo colitur.

Ergo laudes eximiæ,
Dentur suæ memoriæ,
Ac perimmensæ gloriæ
Quâ in cœlo perfruitur.

Ubi ab ipso cernitur
Rex in serenâ facie,
Præcelsus tronus Mariæ,
Qui regis trono jungitur.

Illic sibi conceditur
Subvenire propitiè,
Humanæ indigentiæ,
Ut per orbem dignoscitur.

Claudis gressus revertitur,
Lux cæcis restituitur,
Aegris salus infunditur,
Mortuis vita redditur.

Mutorum lingua solvitur,
Vinctorum funis rumpitur,
Aqua currens dividitur,
Postis longus efficitur.

Incendium extinguitur,
Maris tumor exprimitur,
Hydropisis consumitur,
Et paralysis tollitur.

Dum hostia sustollitur,
Fulgor circum prospicitur,
Fœtus in matre moritur,
Sed incolumis exitur.

Pauper sordens suscipitur
Secum simul convescitur,
Et dum indè egreditur
Valde splendens conspicitur.

Vir a rotà substernitur,
Et aqua fluens sistitur ;
Vir à subtus substrahitur,
Et nihil mali patitur.

Archipræsul affligitur
Febrique mori creditur,
Pro quo Yvo deposcitur
Et vità sanus potitur.

Dœmonium ejicitur,
Æris pestis pellitur,
Hostis furor refellitur,
Stragis clades composcitur.

Planè quod piè petitur
Ab Yvone tribuitur,
Et completur plenariè
Ex ubertate gratiæ.

XI.

Quam labor difficilis
Moles formidabilis,
Sacri ministerii.

Hic dùm vanis abstinet,
Tantum pondus sustinet
Vi cælestis brachii.

Yvo rector strenuus,
Vasti maris arduus
Præcavet pericula.

Bene regens populos,
Quos elisit scapulos,
Repulit quot jacula.

Ceu columna figitur
Nec commissam patitur
Navim sterni flatibus.

Seculus obsequio
Potens et eloquio,
Pastum præbet ovibus

Pectore religio
Linguâ fovens unctio
Manu prodit caritas.

Hinc et indè vigilat
Si quà lupus cursitat
Si struit insidias.

Qui subis cælestia
Quo tendebas, atria
Exules nos respice.

Tu rege propositos
Christe rege subditos
Ab olympi vertice. Amen.

XII.

Quis poli sedem novus intrat hospes
Et ciet festos super astra plausus !
Nempe se reddit socium supernis
    Civibus Yvo !

Yvo virtutis rigidus satelles
Juris assertor fideique præco
Fraudis errorum domitor curuli
    Nube triumphat.

En triumphantem comitatur omnis
Ordo virtutum niveusque candor,
Et pudor castus pietasque vani
    Nescia fastûs.

Ducit æternis radiata flammis
Caritas agmen sua seque donans,
Fratribus fratrum memori faventûm
    Cincta corona.

Yvo qui mixtus superis vocari
Pauperis gaudes viduæque tutor,
Fac tibi tritos studeant patroni
    Pergere calles.

Summa laus ævum tibi sit per omne
Christe qui Judex simul et sacerdos,
Hic tibi fingis supero flagrantes
          Igne ministros. Amen.

XIII.

Quæ dies tanto celebrata cultu
Civitas omnis vetus ad sepulcrum
Advolat, cujus cineres recondit
          Terra beatos.

Hoc memor quondam tumulata saxo,
Trecor Yvonis veneratur ossa,
Quisquis hic orat, sibi mox probabit
          Numen amicum.

Prisca nostrorum pietas avorum
Fluxit ex illo : rediviva surgat
Quos adhùc servat cinis hic sepultos
          Suscitet ignes.

Quæ fuit vivo tibi cura, pastor,
Hanc licet vectus super astra serves ;
Et tuam nostræ bone tutor urbis,
          Respice gentem.

Hæc Deo cives posuêre templa
Quæ tuum dicent sine fine nomen ;

Jure te civem vocat et patronum
Cives et hospes.

Nostra te summum celebrent parentem
Ora, te summo genitum parente ;
Par sit amborum tibi laus per omne
Spiritus ævum. Amen.

Vos compatriotes ont élevé à Dieu ce temple qui portera éternellement votre nom, et c'est avec raison qu'habitant la même ville et le même pays, ils vous ont tous choisi pour protecteur et patron.

SAINT YVES, PRIEZ POUR NOUS.

Lannion, en la fête de saint Thomas-d'Aquin, 7 mars 1893.

TABLE DES CHAPITRES

DE

L'ÉTUDE SUR SAINT YVES

393. — *Saint-Brieuc, imprimerie René Prud'homme.*

www.ingramcontent.com/pod-product-compliance
Lightning Source LLC
LaVergne TN
LVHW011231170726
843501LV00002B/445